CHRISTINE THOMAS

ES MUSS NICHT BLEIBEN, WIE ES IST

Frauen und der Kampf für eine sozialistische Gesellschaft

manifest.

Über die Autorin

Christine Thomas war von 1994 bis 2006 die nationale Frauenorganizerin der »Socialist Party (England and Wales).« Sie hat für die Zeitung »The Socialist« und das Theoriemagazin »Socialism Today« ausführlich über die Frage der Unterdrückung von Frauen geschrieben. Für den Manifest Verlag hat sie unter anderem Einleitungen zur »Entstehung des Patriarchats« von Gerda Lerner (2022) und zu Engels' »Der Ursprung der Familie, des Privateigentums und des Staats« (2020) verfasst.

2. Auflage, 2025
Manifest Verlag (Arnsburg, Koschitzki, Sol e.V. GbR)
Dieffenbachstr. 17
10967 Berlin
Telefon: (030) 24 72 38 02
Email: info@manifest-verlag.de
Internet: www.manifest-verlag.de

Übersetzung und Korrektur: Marc Hausdorf
Satz und Umschlaggestaltung: René Arnsburg
Umschlagfoto: Ausschnitt von einem Plakat der SPD zum 8. März 1914, Karl Maria Stadler (1888 – nach 1943)
Druck: Booksfactory

ISBN 978-3-96156-087-5

Inhaltsangabe

Vorwort zur deutschen Ausgabe

In Dezember 2021 wurden die Mitglieder der vierundzwanzigsten Bundesregierung vereidigt. Das Besondere: Die Hälfte der Minister*innen waren Frauen und die neue Regierung damit das erste deutsche Kabinett mit paritätischer Besetzung. Die regierenden Parteien überschlugen sich mit Eigenlob, was für ein wichtiger Schritt dies für die Emanzipation von Frauen sei. Diese »feministische« Einstellung hinderte die Kabinettsmitglieder nicht daran, weiter mit Katar oder Saudi-Arabien zu paktieren, in denen Frauenrechte mit Füßen getreten werden. Auch Deutschland ist nicht über Nacht zu einem Frauenparadies geworden; die Missstände existieren weiterhin, das Leben von 42 Millionen in Deutschland lebenden Frauen hat sich nicht qualitativ verändert. Und so wichtig war die Parität doch nicht, denn knapp ein Jahr später ist sie durch den Wechsel im Verteidigungsministerium schon wieder beendet.

Warum ändert sich kaum etwas? Kaum ein*e Politiker*in würde behaupten, gegen Gleichstellung von Mann und Frau zu sein. Die Regierung besteht aus einer Reihe selbsterklärter Feminist*innen und doch gibt es keine sichtbaren Verbesserungen. Stattdessen sehen wir, dass lang erkämpfte Errungenschaften während der Pandemie unter Angriff kamen.

Christine Thomas erklärt, warum. Weil die sogenannten Feminist*innen in der Regierung in Wirklichkeit Vertreter*innen eines Feminismus des Scheins, der feierlichen

Phrasen und leerer Versprechen sind – des bürgerlichen Feminismus. Ihr Ansatz wird nie eine Gleichstellung der Geschlechter erreichen. Doch Thomas zeigt in dieser Neuauflage ihrer marxistischen Einführung in das Thema von 2010, dass es auch anders geht. Es ist möglich, den Sexismus zu überwinden.

Sexismus ist nicht naturgegeben

Doch dafür muss man ihn verstehen. Als Marxistin schaut sich Thomas die Vergangenheit an und bilanziert: Zwar existierte Sexismus bereits vor dem Kapitalismus, aber nicht immer. In der langen Zeit vor der Entstehung der Gesellschaften, die auf Privateigentum an Produktionsmitteln basierten, lebten Menschen in kooperativen Gemeinschaften. Die niedrige Produktivität verhinderte eine Ausbeutung von Menschen durch andere Menschen; das Überleben setzte Zusammenarbeit und Solidarität voraus. Die Entstehung der systematischen Frauenunterdrückung war tief verbunden mit dem Aufkommen der Klassengesellschaft. Erst mit der Entstehung von Ausbeutung und Klassengesellschaften begann die Ausbeutung der Frau sowie ihre Unterdrückung. Dies offenbart den Kern des Übels: Die Ungleichheit in den Klassengesellschaften ist die Grundlage für die Ungleichheit der Geschlechter.

Der Sexismus existiert also nicht in einem luftleeren Raum, sondern in einer Gesellschaft, in der es materielle Ursachen für die Unterdrückung der Frau gibt, aus denen sich gesellschaftliche Benachteiligung auf allen Ebenen ergibt. Das bedeutet, dass die Diskriminierung von Frauen nicht in Bewusstseinsprozessen, also dem Denken von Menschen, ihren Ursprung hat, sondern in ihrer materiellen Stellung in der Gesellschaft. Dies wird vor allem deutlich in der Tatsache, dass das Schicksal der Frau im Laufe der Jahrtausende eng an die Rolle der Familie gekoppelt war. Es war der Übergang zur Kleinfamilie, der die Frau aus der gesellschaftlichen Arbeit drängte.

Der Kapitalismus erlaubte Frauen, wieder gesellschaftliche Arbeit in Form von Lohnarbeit zu leisten, doch die alten Muster sind geblieben. Die Hausarbeit muss weiterhin verrichtet werden. Daraus ergibt sich ein Gesamtbild, das sich selbst reproduziert: Aufgrund von Sexismus werden Frauen schlechter bezahlt, dies macht sie häufig abhängig von ihren Partnern, woraus sich wiederum sexistische Vorurteile entwickeln, zum Beispiel dass Frauen oft als Anhängsel ihres Mannes gesehen werden. Oder: Aufgrund von Sexismus erledigen Frauen den Großteil der Hausarbeit, Kinderbetreuung, Pflege etc., dadurch haben sie weniger Zeit für das gesellschaftliche Leben oder politische Arbeit, wodurch sie weniger Raum im öffentlichen Leben einnehmen und den Eindruck vermitteln, weniger relevant zu sein.

Es ist wichtig, Sexismus in den Köpfen zu bekämpfen, gegen Vorurteile und sexistische Witze vorzugehen. Doch um etwas zu verändern, muss die Ursache des Problems angegangen werden. Es ist notwendig, die materielle Benachteiligung aufzuheben, um die Grundlage für das Ende des Sexismus zu schaffen. Das bedeutet in erster Linie den Kampf für das Prinzip »Gleicher Lohn für gleichwertige Arbeit« sowie für Entlastung der privaten Haushalte durch kostenlose Kinderbetreuung, ausreichend kostenlose Pflegeangebote und günstige öffentliche Kantinen in allen Nachbarschaften.

Die herrschende Klasse profitiert

In der bürgerlichen Debatte über Sexismus kommt meist eine Frage zu kurz, nämlich: Wer profitiert von Frauendiskriminierung? Manche politischen Kräfte vertreten die Meinung, dass alle Männer von Sexismus profitieren würden; einige nennen Männer aus dem Grund »privilegiert.« In diesem Zusammenhang ist die Rolle der »Identitätspolitik« nennenswert. Vertreter*innen der Identitätspolitik betrachten verschiedene Diskriminierungsmuster weitgehend als unabhängig voneinander existierend und fokussieren sich auf Verbesserung für die diskriminierte Gruppe (in dem Fall Frauen) auf Kosten der nicht diskriminierten Gruppe (in dem Fall Männer). Da das Konzept gerade in den letzten Jahren an Unterstützung gewann, befindet sich im Anhang des Buchs der Text »Von Privilegien und Rücksäcken« von Hannah Sell, in dem Identitätspolitik und ihre spalterische Folgen analysiert werden.

Doch schon die Autorin arbeitet heraus:

> *»Natürlich haben einige Männer davon Vorteile, wie beispielsweise mehr Freizeit. Aber ein paar Stunden mehr im Fitnessclub oder in der Kneipe verbringen zu können, ist unbedeutend im Vergleich zu den enormen wirtschaftlichen Vorteilen, die sich hieraus für die herrschende Klasse ergeben.«*[1]

Lohndumping, schlechte Arbeitsbedingungen, kostenlose Pflege von Menschen zu Hause und Vieles mehr, was nur durch sexistische Diskriminierung möglich ist, sind für Unternehmer*innen hochprofitabel. Für die Arbeiter*innenklasse sind sie Nachteile.

---

1 S. 72f.

Gleichzeitig ist Diskriminierung ein Werkzeug der Spaltung. Im kapitalistischen System, das auf Ausbeutung, Armut und Diskriminierung basiert, muss die Arbeiter*innenklasse gespalten werden, um die Herrschaft einer Minderheit aufrechterhalten zu können. Sexismus spaltet die Klasse fast genau in der Mitte und eröffnet Kapitalist*innen eine Menge Möglichkeiten, Verschlechterungen für alle Arbeiter*innen durchzusetzen. Deshalb haben Kapitalist*innen ein objektives Interesse an einer Reproduktion sexistischer Vorstellungen und der Spaltung der Arbeiter*innenklasse. Denn wenn die Arbeiter*innen nicht gemeinsam für bessere Löhne und Arbeitsbedingungen für Alle einstehen, sondern sich untereinander um die Reste der riesigen Gewinne streiten, dann fragen sie nicht, wo der tatsächliche Reichtum bleibt – ein ungeheuerlicher Reichtum, der bei Banken und Konzernen in Form von Milliardengewinnen und bei den Reichen in Form von Milliardenvermögen vorhanden ist.

Dies macht den Sexismus zu einer Klassenfrage. Das bedeutet, dass jeder männliche Arbeiter ein Interesse daran hat, dass die Diskriminierung der Frau bekämpft wird. Dagegen liegt es nicht im Interesse einer jeden Frau, Sexismus abzuschaffen. Wenn eine Frau Kapitalistin ist, dann steht sie auf der anderen Seite des Klassenkampfes und verteidigt die Klassengesellschaft. Als Frauen erfahren Kapitalistinnen und reiche Frauen Sexismus – auch wenn sie durch ihr Vermögen damit besser umgehen können, beispielsweise indem sie sich Kinderbetreuung, Haushaltshilfe oder Schwangerschaftsabbruch im Ausland leisten können. Doch in den Worten von Christine Thomas: *»Bei Führungspersonen zählt nicht der individuelle Charakter oder das Geschlecht, sondern welche Klasseninteressen sie* *vertreten.«*[2] Denn als Kapitalistinnen profitieren sie vom Sexismus. Deshalb können wir uns nicht auf reiche und mächtige Frauen in der Wirtschaft und Politik verlassen. Sie werden immer wieder frauenfeindliche Maßnahmen umsetzen, weil sie für den Fortbestand des Kapitalismus notwendig sind, auch wenn es bedeutet, dass die Mehrheit von Frauen in eine kapitalistische Hölle geschickt wird.

Frauen in Krisen

Christine Thomas schreibt aus britischer Sicht. Ihre lebhaften Beispiele und Ausführungen werden in den meisten Fällen für deutsche Leser*innen verständlich und nachvollziehbar sein. Auch wenn die genaue Lage der Frau in unterschiedlichen Ländern unterschiedlich ist, spiegeln sich generelle Tendenzen und Entwicklungen ähnlich in Deutschland wieder. Doch gerade durch die Pandemie verschärften sich viele der genannten Probleme.

Es ist allgemein bekannt, dass Frauen von Krisen meist direkter und brutaler getroffen werden. Gründe hierfür sind vielfältig. Einerseits sind Frauen ökonomisch benachteiligt. Der sogenannte Gender Pay Gap, der den Einkommensunterschied zwischen Männern und Frauen beschreibt, lag in Deutschland 2022 bei 18 Prozent. Hinzu kommt, dass jede dritte Frau – oft ungewollt – sich in »atypischen Arbeitsverhältnissen« befindet, meist Minijobs oder Teilzeitarbeit; dies trifft dagegen nur auf 12,2 Prozent der Männer (Statistik aus 2017) zu. Schließlich vertieft das System von Hartz IV, inzwischen Bürgergeld genannt, die Ungleichheit und Abhängigkeit, da das Gehalt des Partners angerechnet wird. Insgesamt ergibt es einen durchschnittlichen Brutto-Gehaltunterschied von 1192 Euro.

2 S. 90

Aus dem Grund sind Frauen tendenziell weniger in der Lage, finanziellen Puffer aufzubauen oder Verdienstausfälle zu kompensieren. Gleichzeitig befinden sich Frauen öfter in prekären Beschäftigungsverhältnissen, die eine Entlassung leichter machen.

Die oftmals prekäre Situation von Frauen wird verschärft, denn Krisen verstärken Ungleichheiten. Frauen erhalten oft weniger Gehalt, weil sie häufiger in kleinen und mittleren Unternehmen ohne Tarifbindung und mit niedriger gewerkschaftlicher Organisierung beschäftigt sind. Dies resultiert darin, dass obwohl eine ähnliche Anzahl von Frauen und Männern in Kurzarbeit geschickt wurden, Frauen deutlich seltener eine Aufstockung erhielten – hinzu kommt, dass Kurzarbeitergeld auf der Grundlage von Netto-Gehalt berechnet wird und damit die Ungerechtigkeiten des Ehegattensplittings manifestiert. Und schließlich arbeiten Frauen öfter in Branchen, die während einer Krise direkt betroffen sind. Dazu gehören Einzelhandel, Gastgewerbe, Tourismus und Dienstleistungssektor. Nach Krisen brauchen Frauen meist deutlich länger, um wieder eine Arbeit zu finden als Männer.

Die Sol kämpft für ein Ende der wirtschaftlichen Benachteiligung von Frauen. Wir fordern das Prinzip »Gleicher Lohn für gleichwertige Arbeit.« Des Weiteren stellen wir uns gegen alle Formen von Kürzungen und Stellenabbau. Die soziale Stellung von Frauen bedeutet, dass gerade sie von umfassender sozialen Absicherungssystem profitieren würden.

Frauen zu Hause

Im Kapitalismus werden Arbeiterinnen doppelt unterdrückt – einerseits werden sie als Arbeiterinnen zu Profitzwecken ausgebeutet und andererseits werden sie spezifisch als Frauen diskriminiert. Dies äußert sich besonders in der Rolle der Frau in der Familie. Frauen erledigen den Großteil der Hausarbeit. Dazu gehört Putzen, Kochen, Kinderbetreuung etc. Desweiteren pflegen Frauen öfter Familienangehörige, auch bei gleicher erwerbstätiger Situation wie ihre Partner. Insgesamt geht man davon aus, dass Frauen in Deutschland circa eineinhalb Mal so viel Zeit für die sogenannte unbezahlte »Sorgearbeit« aufbringen wie Männer.

Während der Pandemie und des Lockdowns übernahmen viele Menschen, aber auch da insbesondere Frauen, mehr unbezahlte Haus- und Erziehungsarbeit. Vor allem durch die Schulschließungen wurde viel Druck auf die Familien weitergegeben. Und leider führte das zur Verstärkung und Zementierung der traditionellen Rollenverteilung. Zahlreiche Untersuchungen belegen, dass Frauen sich mehr für die Betreuung der Kinder verantwortlich fühlen und dadurch psychisch mehr belastet sind. Außerdem stellt die Zunahme der häuslichen Pflichten die Möglichkeit von vielen Frauen infrage, weiterhin in vollem Umfang der Lohnarbeit nachzugehen.

Recht auf Selbstbestimmung

Eines der wesentlichen Rechte der Frauen, für die international gekämpft wird, ist das Recht auf Schwangerschaftsabbruch und damit das Recht auf Selbstbestimmung über den eigenen Körper. In Deutschland ist Abtreibung ein Straftatbestand und nur unter bestimmten Bedingungen straffrei. Unter anderem muss sie innerhalb der ersten zwölf Wochen der Schwangerschaft durchgeführt werden. Außerdem muss die Frau vorab eine Beratung absolvieren, die »dem Schutz des ungeborenen Lebens« dienen soll.

Diese harmlos klingenden Einschränkungen, die schon in »normalen« Zeiten problematisch sind, wurden im Laufe der Pandemie zu echten Hürden für Frauen, die ihre Schwangerschaft beenden wollten. Aufgrund des Lockdowns reduzierten sich die Möglichkeiten der Beratungen und die Kapazitäten von Praxen.

Es war schon davor schwer genug, eine Praxis zu finden, die Abtreibungen vornimmt. Durch den Paragraphen 219a, der bis Mitte 2022 in Kraft war, wurden Informationen über den Eingriff oder selbst Hinweise, dass solche angeboten werden, als »Werbung« kriminalisiert. Bis zu seiner Abschaffung wurden regelmäßig Ärzt*innen zu Geldstrafen verurteilt, weil sie über Abtreibungsmethoden informiert hatten. Doch auch jetzt sinkt die Zahl der Einrichtungen, die Schwangerschaftsabbrüche vornehmen. Viele wollen sich nicht dem Terror von fundamentalistischen »Prolife«-Aktivist*innen aussetzen. Aber auch sinkt die Zahl der Ärzt*innen, die überhaupt über nötiges Wissen verfügen, weil es aufgrund der Gesetzesbestimmungen nicht zur Standardausbildung gehört.

Frauen können nicht frei sein, wenn sie nicht über ihren Körper verfügen können. Deshalb tritt die Sol für das Recht auf kostenfreie Schwangerschaftsabbrüche ohne Zwangsberatung, sowie kostenlose Verhütungs- und Hygienemittel ein.

Gewalt gegen Frauen

Zum 30. Jahrestag des Mauerfalls führte die Bundesregierung eine Foto-Kampagne mit dem Titel »Das ist sooo deutsch« durch. Eines der massenhaft gehängten Plakate zeigte eine Frau und einen Mann, die sich gefühlvoll umarmen; die Schrift auf ihren Stirnbändern ergibt gemeinsam die Worte »keine Gewalt.« Die Aussage soll anscheinend sein: »Es ist sooo deutsch« gegen Gewalt gegen Frauen zu sein. Ob gewollt oder nicht, verbreitet das Bild die Legende, dass Gewalt gegen Frauen durch Migrant*innen »importiert« werde. Was für eine Lüge!

UN-Women, eine Organisation der Vereinten Nationen, schreibt über das Jahr 2021:

> *»Alle 4,5 Minuten wird eine Frau in Deutschland Opfer partnerschaftlicher Gewalt – alle 45 Minuten schwerer körperlicher Gewalt. Allein 3.527 Frauen waren von ›Vergewaltigung, sexueller Nötigung‹ und ›sexuellen Übergriffen‹betroffen – das ist alle 2,5 Stunden.«*[3]

Die Täter sind dabei meistens Menschen aus dem Bekanntenkreis und am häufigsten der eigene Partner. Durchschnittlich erfolgt täglich ein Mordversuch an einer Frau durch ihren Partner oder Ex-Partner; alle drei Tage ist der Mordversuch erfolgreich.

Es ist makaber, dass für eine Frau das eigene Zuhause einer der gefährlichsten Orte ist. Und gerade deshalb wurde befürchtet, dass ein Lockdown, durch welchen die Möglichkeiten des Opfers, dem Täter zu entkommen oder auszuweichen, beschnitten werden, zum Anstieg der Fälle und der Brutalität von häuslicher Gewalt führen würde. Tatsächlich ist die Zahl der polizeilich registrierten Fälle häuslicher Gewalt in den Jahren 2020 und 2021 insgesamt leicht gestiegen, wobei die Zahlen stark variieren und in manchen Bundesländern ein Rückgang verzeichnet wurde. Da der Lockdown die Opfer isolierte und damit einen Hilferuf erschwerte, liegt es nahe, dass sich die Dunkelziffer swährend der Pandemie erhöht hat.

3 https://unwomen.de/gewalt-gegen-frauen-in-deutschland-2021/

Unabhängig davon, ob der Lockdown zu einem weiteren erheblichen Anstieg geführt hat oder nicht, ist es ein Armutszeugnis für die Herrschenden, dass Gewalt in ihrem System keine Ausnahme, sondern tägliche Realität für Frauen ist. Gewalt und insbesondere Gewalt gegen Frauen ist im Kapitalismus systemimmanent. Sie ist eine Folge der Brutalität des Systems und der Verwendung der weiblichen Sexualität in Werbung und Medien als etwas, was stets für Männer verfügbar ist und ihnen zusteht. Gleichzeitig verschärft wirtschaftliche Abhängigkeit das Problem, da eine Trennung von einem gewaltvollen Partner den Verlust des Lebensunterhalts bis hin zur Obdachlosigkeit bedeuten kann.

Gerade dies zeigt, wie sehr der Kampf gegen Frauenunterdrückung mit dem Kampf für soziale Forderungen verflochten ist. Die Sol kämpft in erster Linie für einen sofortigen und kostenlosen Zugang zu Schutz und Hilfe für Opfer häuslicher Gewalt. Der Staat muss ausreichend Mitteln für genügend Notunterkünfte sowie ein flächendeckendes Angebot von selbstverwalteten Frauenhäusern zur Verfügung stellen.

#linkemetoo

In April 2022 haben mehrere Mitglieder der Partei DIE LINKE Anschuldigungen sexueller Übergriffe gegen Führungspersonen und andere Mitglieder gehoben. Dies zeigt, dass auch linke Organisationen, die politisch gegen Gewalt gegen Frauen eintreten, nicht immun gegen den Sexismus sind. Dies ist nicht überraschend, denn Mitglieder solcher Organisationen leben wie alle anderen Menschen in einer Gesellschaft, in der Sexismus Alltag ist. Dennoch: Linke und insbesondere sozialistische Organisationen, die den Anspruch haben, die gesamte Arbeiter*innenklasse zu vertreten, müssen besondere Anstrengungen unternehmen, um Sexismus in eigenen Reihen zu bekämpfen. Es darf keine Toleranz gegenüber sexistischer Gewalt geben. Die Organisation muss eine Atmosphäre schaffen, in der sexistisches Verhalten angesprochen und reflektiert wird. Deshalb müssen alle Vorwürfe ernst genommen und untersucht werden. Sollten sich Mitglieder als verantwortlich für sexistische Übergriffe erweisen, müssen für sie Konsequenzen folgen. Die Sol tritt dafür ein, in solchen Fällen unabhängige, demokratisch gewählte Untersuchungskommissionen mit der Aufgabe zu betrauen, die Vorfälle aufzuklären und Konsequenzen vorzuschlagen.

Prostitution

Die Ausbeutung der Frau und ihrer Sexualität findet in Prostitution, bei der der Körper der Frau für eine begrenzte Zeit zur Ware gemacht wird, ihre extremste und direkteste Ausprägung. Da in Deutschland seit 2002 eine liberale Gesetzgebung gilt, ist das Land zu einer Hochburg der Prostitutions-»Industrie« geworden mit einem jährlichen Umsatz von 14 bis 15 Milliarden Euro. Durch das Ausmaß verdiente sich Deutschland den Titel »Bordell Europas«, zu welchem organisierte Ausflüge aus anderen Ländern stattfinden. Es ist schwer einzuschätzen, wie viele Menschen als Prostituierte arbeiten. Eine oft genannte, auch wenn nicht empirisch belegte, Zahl geht von 400.000 Menschen in Deutschland aus; es gibt außerdem Schätzungen von bis zu einer Million.

In den letzten Jahren gibt es zunehmend Versuche, auch seitens einiger Linker, Prostitution zu einem normalen

Beruf umzudeuten. Einige Prostituierte bezeichnen sich deshalb souverän als »Sexarbeiterinnen.« Die Befürworter*innen dieser Haltung sagen, dass Prostitution im Bereich der sexuellen Freiheit liege und – solange es freiwillig erfolge – nichts daran auszusetzen sei. Das heißt, für sie ist Prostitution an sich kein Missstand, den man als Ganzes überwinden will, sondern ein Wirtschaftszweig, der zwar problematische Aspekte habe, aber grundsätzlich weiter fortbestehen soll.

Vor dem Hintergrund, dass Menschen, die sich prostituieren, oft mit Ausgrenzung und Verachtung begegnet werden, ist der Wunsch nach einer selbstbewussten und »normalen« Bezeichnung nur zu verständlich. Aber nicht harmlos, denn sie ignoriert die gesellschaftliche Realität. Prostitution und ihre Normalisierung haben Auswirkungen auf die ganze Gesellschaft. Sie beeinflusst das Bild der Frau und zementiert sexistische Vorurteile. Wenn Prostitution als normal angesehen wird, entsteht ein Bild, wonach Frauen käuflich und immer verfügbar seien und nur das Vergnügen des Mannes zur Aufgabe haben. Zusätzlich stellt die Prostitution das vermeintliche Recht des Mannes auf Sex über das Wohlbefinden der Frau.

Gleichzeitig ist Prostitution eben keine Arbeit wie jede andere. Prostituierte nehmen massive psychische Probleme in Kauf. Zu psychologischen Folgen der Prostitution gehören Dissoziation, das heißt Entfremdung vom eigenen Körper, traumatisches Gedächtnis, Angststörung, Persönlichkeitsstörung und viele weitere Traumaerscheinungen. In welchem anderen Beruf erleiden 60 bis 68 Prozent der Beschäftigten posttraumatische Belastungsstörungen vergleichbar mit denen eines Kriegs- oder Folteropfers? Zusätzlich sind Prostituierte besonders Gewalt ausgesetzt. 82 Prozent wurden Opfer von körperlichen Angriffen, 92

Prozent sexuell belästigt, 83 Prozent mit einer Waffe bedroht und 68 Prozent vergewaltigt. Seit der Legalisierung der Prostitution sind mindestens 74 Prostituierte ermordet worden – davon 13 in legalen Bordellen.

Auch die Frage der Freiwilligkeit muss kritisch hinterfragt werden. Prostitution wird immer von Menschenhandel und Zwangsprostitution begleitet, sodass sie nicht davon getrennt betrachtet werden kann. Viele Frauen prostituieren sich, weil sie keine Alternative haben, kein anderes Einkommen finden. Wie freiwillig ist die Entscheidung einer jungen Frau ohne Ausbildung und Job, aber dafür mit großen Schulden? Wie freiwillig prostituiert sich eine illegale Migrantin, der Abschiebung droht? Dies zeigt: Man kann im Kapitalismus nicht von »Freiwilligkeit« sprechen. Denn alle, die kein Vermögen besitzen, sind gezwungen, Geld einzunehmen. Die Meisten tun dies über Lohnarbeit; wenn diese Option allerdings aus diversen Gründen nicht möglich ist, stehen Frauen vor unmöglichen Entscheidungen. Von einer Freiwilligkeit kann keine Rede sein.

Dies verdeutlicht die Notwendigkeit von sozialer Absicherung für alle, die sie brauchen. Deshalb fordert die Sol staatlich finanzierte Hilfsangebote für Prostituierte verbunden mit Umschulungs- und Ausstiegsprogrammen. Diese Angebote müssen für alle gelten, deshalb ist das Bleiberecht für alle ein notwendiger Bestandteil, um Prostitution zurückzudrängen. Um allen in der Arbeiter*innenklasse eine Perspektive zu sichern, fordert die Sol zusätzlich ein öffentliches Investitionsprogramm in den Bereichen Soziales, Bildung, Gesundheit und Umwelt zur Schaffung sicherer und tarifgebundener Arbeitsplätze – finanziert durch die Profite der Banken und Konzerne.

Kann ich denn mein Leben nicht selber bestimmen?

Seit dem Zusammenbruch des Stalinismus und dem selbsterklärten Siegeszug des Kapitalismus fand eine ideologische Offensive statt mit dem Ziel, Probleme zu individualisieren. Die Vorstellung, dass »jede*r seines*ihres eigenen Glückes Schmied*in« sei, ist tief im Bewusstsein breiter Schichten verankert. Wenn es doch rechtliche Gleichberechtigung gibt, warum können dann Frauen nicht selbst erfolgreich werden? Sie haben doch die freie Wahl, sich für besser bezahlte, männlich dominierte Berufe zu entscheiden, sich mehr gegen Hausarbeit zu wehren oder keine Kinder zu haben und sich nichts aus den Schönheitsidealen zu machen. Und es gibt Frauen, die das machen, im Kapitalismus erfolgreich werden oder den Genderrollen trotzen.

Doch daraus den Schluss zu ziehen, dass keine gesellschaftlichen Lösungen notwendig sind, bedeutet sich der Realität zu verweigern. Frauen und Mädchen werden ihr ganzen Leben darauf getrimmt, sich diesen gesellschaftlichen Realitäten zu beugen. Das schränkt die Möglichkeit einer wirklich freien Entscheidung massiv ein. Man kann hier tausende Beispiele nennen; ein besonders anschauliches ist der Einfluss der Gesellschaft auf das Verhältnis von Mädchen zum Fach Mathematik. Es ist ein Fakt, dass (in Deutschland) von den Schüler*innen, die gut in Mathe sind, die meisten Jungs sind. Aber dieser Unterschied ist umso größer, je später er gemessen wird. Und in Untersuchungen an Grundschulkindern wurde herausgefunden, dass Lehrkräfte unterbewusst gerade Jungs in Mathe bevorzugen, indem sie sie öfter zu Wort kommen lassen und öfter loben. Daraus folgt nicht, dass keine Frau gut in Mathe werden kann, sondern dass weniger Mädchen sich für das Fach begeistern und diese dann gegen die Vorurteile der Lehrkräfte und später der Bosse oder von Kolleg*innen ankämpfen müssen. Frauen, die sich für diesen Weg entscheiden, müssen sich ihr ganzes Leben gegen sexistische Vorurteile wehren. Das Beispiel zeigt, wie sexistische Vorurteile in der Gesellschaft auch einzelne Individuen beeinflussen können, ohne dass wir es bewusst wahrnehmen.

Aber vielleicht lohnt sich stattdessen eine andere Frage zu stellen. Statt »was können Frauen dem Kapitalismus geben?« kann man fragen: Was kann denn der Kapitalismus Frauen und Männern geben? Warum soll es denn so sein, dass man sich entscheiden muss – egal ob als Mann oder Frau – ob man lieber Kinder haben will oder Karriere machen möchte? Warum sollen ganze Bereiche wie die der Kinderbetreuung oder Pflege unterbezahlt werden? Die Wahrheit ist: Der Kapitalismus hat unabhängig von Geschlechterungerechtigkeiten der Arbeiter*innenklasse nichts anzubieten.

Frauen in Kämpfen

Im bürgerlichen Diskurs wird nahegelegt, dass Errungenschaften aus politischer Debatte hervorgehen. Bei näherer Betrachtung wird deutlich, dass die großen Errungenschaften in der Menschheitsgeschichte, seien es demokratische Rechte für Alle und für Frauen insbesondere oder soziale Reformen Ergebnisse von Kämpfen oder Nebenprodukte von Revolutionen waren. Nichts wird uns geschenkt. Jede Errungenschaft und jede Verbesserung muss erkämpft und verteidigt werden. Doch gleichzeitig zeigt uns das, dass sich der Kampf für diese Errungenschaften lohnt. Reformen wurden in der Vergangenheit erkämpft. Wir können die Gegenwart und die Zukunft verändern.

Weltweit entscheiden sich Massen von Frauen, an Protesten, Revolten und Revolutionen teilzunehmen. Kaum eine der vielen Massenbewegungen der letzten Jahre hatte keine relevante Beteiligung von Frauen. Im so genannten Arabischen Frühling 2011 spielten Frauen eine bedeutende Rolle. Die Aufstände im Iran, die das Potenzial haben, die frauenfeindliche Diktatur zu Fall zu bringen, werden ebenfalls maßgeblich von Frauen getragen.

Auch in Deutschland bewegt sich etwas. Da Frauen überproportional in Bereichen mit schlechter gewerkschaftlicher Organisierung arbeiten, waren sie in der Vergangenheit seltener in betrieblichen und gewerkschaftlichen Kämpfen involviert. Doch es gibt Hoffnungsträgerinnen. Während der Pandemie wurden eine Reihe von schlecht bezahlten Sektoren wie Einzelhandel, Sozialdienste oder Pflege – alles Bereiche, in denen Frauen häufiger vertreten sind – stets als »systemrelevant« bezeichnet. Dies hatte Einfluss auf das Selbstbewusstsein der Beschäftigten. Und aus der Tatsache, dass die »Held*innen der Pandemie«, die die Gesellschaft am Laufen gehalten haben, mit kaum mehr als Beifall dafür belohnt wurden, folgt eine Verärgerung und Entschlossenheit, sich für die eigenen Interessen einzusetzen.

Dies gilt insbesondere für die Pflege. Schon vor der Pandemie begann eine Bewegung von Krankenhausbeschäftigten für mehr Personal in den Kliniken. Grund ist die unerträgliche Arbeitsbelastung und der Personalmangel in diesem Beruf, was sich in der Pandemie vergrößert hat. Ausgehend von den Beschäftigten an der Berliner Charité, wo Sozialist*innen eine wichtige Rolle in der ver.di Betriebsgruppe spielten, haben mittlerweile in vielen Krankenhäusern Beschäftigte den Kampf für Entlastungstarifverträge aufgenommen und teilweise Erfolge erzielen können. Mit dem Slogan »Mehr von uns ist besser für alle« haben sie sich von dem moralischen Druck befreit, ihre Streiks wären nicht im Interesse der Patient*innen und konnten viel Unterstützung in der gesamten Arbeiter*innenklasse mobilisieren. Auch hier zeigte sich: Verbesserungen müssen erkämpft werden.

Kapitalismus abschaffen

Und Verbesserungen sind möglich. Ein eindrucksvolles Beispiel ist die Geschichte der Russischen Revolution. Dort schaffte die Arbeiter*innenklasse unter Führung der bolschewistischen Partei und mit Unterstützung der Bäuerinnen und Bauern den Kapitalismus ab. In allen Lebensbereichen wurden dadurch unvorstellbare Fortschritte erzielt – insbesondere haben sich Frauen eine Reihe von Errungenschaften erkämpft, die selbst aus heutiger Sicht beeindruckend sind. Diese kurze Zeit der Freiheiten verdeutlicht, wie schnell Verbesserungen umgesetzt werden können, wenn nicht der Profit, sondern die Interessen der Arbeiter*innenklasse im Vordergrund stehen. Das war nur möglich, weil die russische Arbeiter*innenklasse dem Kapitalismus den Garaus gemacht hatte.

Denn die Überwindung von Sexismus ist im Kapitalismus unmöglich. Zum einen profitieren Kapitalist*innen von ihm. Wenn Unternehmer*innen Frauen weniger zahlen können – zum Beispiel aufgrund von sexistischen Vorurteilen – werden sie es tun. Zum anderen benötigt die herrschende Klasse Sexismus als Spaltungsinstrument, um den Kapitalismus zu verteidigen. Im Kapitalismus haben die Leute das Sagen, die von Sexismus profitieren. Sie werden niemals zulassen, dass Frauen den Männern gleichgestellt sind.

Deshalb muss jeder Kampf gegen Frauendiskriminierung ein Kampf gegen das System der Ausbeutung, der Armut und der Diskriminierung sein – gegen den Kapitalismus. Eine Befreiung kann nur durch eine revolutionäre Veränderung der gesellschaftlichen und wirtschaftlichen Strukturen erreicht werden. Eine solche Veränderung liegt nicht nur im Interesse der Frauen. In den Worten von Christine Thomas:

> *»Die Probleme, die der Kapitalismus für Männer aus der Arbeiter*innenklasse erzeugt, überwiegen bei weitem alle Vorteile, die sie möglicherweise in der Familie haben.«*[4]

Der Kapitalismus macht das Leben der großen Mehrheit der Menschen zur Hölle auf Erden – unabhängig von ihrem Geschlecht.

Um den Kapitalismus zu überwinden, muss die Arbeiter*innenklasse geeint agieren. Ohne Frauen, die die Hälfte der Arbeiter*innenklasse ausmachen, ist eine erfolgreiche Revolution unvorstellbar. Deshalb ist das Schicksal der Frau untrennbar mit dem der Arbeiter*innenbewegung verbunden. Um abschließend Thomas zu zitieren:

> *»Eine erfolgreiche Umgestaltung der Gesellschaft ist nur auf Grundlage der bewussten Analyse des Charakters und der Ursachen von Frauenunterdrückung möglich. Es sind alle Hindernisse aus dem Weg zu räumen, die Frauen davon abhalten können, ihre zentrale Rolle bei der eigenen Befreiung und der Befreiung der gesamten Arbeiter*innenklasse wahrzunehmen.«*[5]

Wir haben es in der Hand. In diesem Sinne: Es muss nicht bleiben, wie es ist.

---

4 S. 73.
5 S. 156.

Aachen, Februar 2023

Aleksandra Setsumei ist in der Sozialistischen Organisation Solidarität - Aachen aktiv, schreibt für die Monatszeitung »Solidarität« und die gleichnamige Website Artikel zum Kampf gegen Frauenunterdrückung und vielen weiteren Themen.

Einleitung

Die Idee zur ersten Ausgabe dieses Buches entstand zur Jahrhundertwende. Damals wurde uns versprochen, dass die volle Gleichberechtigung für Frauen zum Greifen nahe sei. Frauen hatten sich in vielen Bereichen gleiche Rechte wie Männer erkämpft. Mädchen waren in der Schule leistungsstärker als Jungen. Der Arbeitsmarkt hatte sich derartig verändert, dass in manchen Ländern Frauen die Mehrheit der Beschäftigten stellen. Wirtschaftliche und soziale Veränderungen stellten traditionelle gesellschaftliche Auffassungen von Frauen- und Männerrollen in Frage und veränderten unverkennbar die persönlichen Beziehungen.

Sicherlich bestanden viele Probleme weiterhin. Trotz Gleichstellungsgesetzen waren die durchschnittlichen Löhne von Frauen in den wirtschaftlich entwickelten Ländern immer noch viel geringer als die Löhne von Männern. Die meisten Frauen nahmen zudem weiterhin den Großteil der Kindererziehung und Hausarbeit auf sich und fühlten sich dabei ausgelaugt, schuldig und unausgefüllt. Jede Woche starben in Großbritannien zwei Frauen durch häusliche Gewalt. Dennoch schien der allgemeine Trend vorwärtszugehen. Viele Frauen und Männer waren überzeugt, dass es angesichts der enormen Fortschritte, die bereits erzielt wurden, nur noch besser werden konnte.

Dann brach die weltweite Finanz- und Wirtschaftskrise aus. Weltweit griffen Regierungen zu brutalen Sparmaßnahmen und machten die zuvor errungenen materiellen Fortschritte zunichte, die das Leben vieler Frauen so sehr verändert hatten. Die Hoffnungen und Bestrebungen vor allem junger Frauen auf eine bessere Zukunft haben einen schweren Schlag erlitten.

Wie sind nun die Zukunftsaussichten? Werden die wichtigen, bereits stattgefundenen Veränderungen die Auswirkungen dieser neuen erschütternden Periode überstehen? Oder wird der Film der Geschichte zurückgespult werden? Können wirtschaftliche und soziale Fortschritte noch errungen werden? Oder sind Ungleichheit, Diskriminierung und Unterdrückung ein unvermeidlicher Teil unseres Lebens?

Dieses Buch liefert Argumente dafür, dass es nicht bleiben muss, wie es ist. Es stimmt, dass es Diskriminierung und Unterdrückung seit Tausenden von Jahren gibt. Allerdings waren Frauen nicht schon immer Menschen zweiter Klasse, wie im ersten Kapitel und im Anhang dargelegt wird. Die meiste Zeit der Menschheitsgeschichte lebten wir in Gesellschaften, in denen dies nicht der Fall war. Natürlich liegen Welten zwischen den Lebensbedingungen damals und heute. Wenn es jedoch in der Vergangenheit eine Zeit ohne Unterdrückung gab, dann ist auch eine Zukunft ohne sie möglich.

Aber wie können wir uns gegen Ungleichheit und Diskriminierung wehren? Sollte der Kampf sich darauf konzentrieren, die Einstellungen, Ansichten und kulturellen Gepflogenheiten der Menschen zu verändern? Können wir im bestehenden System immer noch nennenswerte Fortschritte erreichen, oder ist die Zeit für eine grundlegende Umgestaltung gekommen? Sollten Frauen zusammen mit anderen Frauen gegen ihre gemeinsame Unterdrückung kämpfen, oder sollten sie sich mit Männern zusammentun, um einen tiefgreifenderen Wandel zu erreichen?

Wir versuchen alle diese Fragen von einem sozialistischen und marxistischen Standpunkt aus zu beantworten und dabei einige der Irrtümer auszuräumen, die sich heute um das Thema der Frauenunterdrückung ranken.

Teil 1 umreißt die Geschichte der Frauenunterdrückung bis heute. Er zeigt, wie vor etwa 10.000 Jahren die Unterdrückung durch das Aufkommen von Klassengesellschaften, in denen die Familie zur grundlegenden sozialen Struktur wurde, entstanden ist. Er erklärt, wie die heute vorherrschende Form der Klassengesellschaft, der Kapitalismus, die Probleme, denen Frauen auch heute noch begegnen, aufrechterhält und verstärkt. Außerdem macht er deutlich, wie die Abschaffung der Unterdrückung mit der Abschaffung des Kapitalismus und der Klassengesellschaft verbunden ist. Dieser zweiten Ausgabe wurde außerdem ein Anhang beigefügt, der die in Teil 1 umrissenen Prozesse tiefergehend beleuchtet.

In Teil 2 wird betrachtet, wie wir uns organisieren können, um für die Befreiung der Frau zu kämpfen. Es wird betont, dass es wichtig ist, für jegliche Verbesserung im Leben von Frauen zu kämpfen. Jedoch kann aufgrund der Funktionsweise und der Struktur des Kapitalismus eine wirkliche Befreiung nicht durch schrittweise Reformen des bestehenden Systems erreicht werden.

Eine grundlegende Umgestaltung der Gesellschaftsstruktur ist unabdingbar. Die Hauptkonfliktlinie verläuft dabei nicht zwischen Frauen und Männern. Es geht auch nicht darum, dass Frauen sich selbst verändern müssen. Die wichtigste Aufgabe besteht darin, dass Frauen sich organisieren und mit den Männern aus der Arbeiter*innenklasse[6] vereinen, um gemeinsam den Kapitalismus zu

6 Anmerkung des Übersetzers: Als Arbeiter*innenklasse werden in diesem Buch all jene Menschen bezeichnet, die ihre Arbeitskraft als Ware anbieten müssen oder mussten. Das sind im weiteren Sinne neben den lohnabhängig Beschäftigten Erwerbslose und ein Großteil der Rentner*innen und der Jugend.

beenden und ihn durch eine sozialistische Gesellschaft zu ersetzen.

Eine sozialistische Gesellschaft würde das Leben von Frauen und Männern neugestalten. Dieses Buch gibt einen Eindruck davon, wie dieses andere Leben aussehen könnte und wie eine Welt ohne Diskriminierung, Ungleichheit und Unterdrückung möglich ist.

Teil 1
Geschichte der Frauenunter-drückung

Wurden Frauen schon immer unterdrückt?

»Männer haben eine breite Brust und kleine Hüften, darum haben sie auch mehr Verstand denn die Weiber, welche enge Brüste haben und breite Hüften und Gesäß, da sie sollen daheim bleiben, im Hause sitzen, haushalten, Kinder tragen und ziehen.«

Martin Luther, 1531[7]

Seit Jahrhunderten werden Argumente ins Feld geführt, die biologische Phänomene bemühen, um die Ungleichheit und die Arbeitsteilung zwischen Männern und Frauen als »natürlich« und »ewig« festzuschreiben – Frauen seien für Kinder und Familie zuständig, Männer die Ernährer. Heute würden die meisten Frauen nur lachen, wenn man ihnen sagen würde, dass sie weniger Geld verdienen, weil sie breite Hüften haben, weil ihre Gehirne kleiner sind oder aufgrund ihrer Geschlechtsorgane. Wissenschaft und soziale Einstellungen haben sich weiterentwickelt.

Aber selbst im 21. Jahrhundert behaupten Evolutionspsycholog*innen, dass angeblich allgemeingültige Verhaltensweisen wie männliche Promiskuität[8], Vergewaltigung, Gewalt gegen Frauen und sogar, dass Männer nicht bügeln,

7 Zitiert nach: Martin Luther, in: Weimarer Ausgabe Tischreden 1, 55
8 Promiskuität: Sex mit häufig wechselnden Partner*innen

durch Gene determiniert würden, die das Produkt natürlicher Auslese seien. Die Argumentation mag ausgefeilter geworden sein, aber die Idee »Biologie ist Schicksal« ist nicht verschwunden.

In den siebziger Jahren setzte sich die Frauenbewegung das Ziel, allen Formen der Männerdominanz die Stirn zu bieten, was große Auswirkungen auf das Denken und die Sozialpolitik hatte. Aber einige Ideen des radikalen Feminismus wurzelten selbst im Glauben an angeborene Wesensunterschiede zwischen Männern und Frauen, wenn mit der angeblich fürsorglichen und ernährenden Natur der Frauen und der angeblichen Gewalt und der Aggression der Männer argumentiert wurde.

Andere Strömungen des Feminismus lehnten diese extremen Formen des biologischen Determinismus ab. Sie konzentrierten ihre Erklärungen stattdessen auf gesellschaftliche Strukturen, insbesondere das Patriarchat. Für das Patriarchat gibt es viele verschiedene Definitionen, doch man kann es als institutionalisierte Dominanz der Männer über die Frauen in der Gesellschaft zusammenfassen.

Aber unabhängig davon, ob die feministischen Theorien sich auf Biologie, gesellschaftliche Strukturen oder eine Mischung aus beidem beziehen, begreifen die meisten feministischen Theorien die Vorherrschaft der Männer als allgemeingültig und schon immer existent: eine Vorherrschaft, die schon immer existiert habe, unabhängig von der ökonomischen Basis der Gesellschaft.

Dagegen argumentieren Sozialist*innen und Marxist*innen, dass die Unterdrückung, die Frauen heute erfahren, nicht immer existiert hat, sondern dass die Unterdrückung vor etwa 10.000 Jahren entstanden ist, als sich Gesellschaften entwickelten, die auf Privateigentum basierten und in Klassen geteilt waren. Diese Unterschiede mögen auf den ersten Blick wie Haarspalterei wirken – ohne Auswirkungen auf den heutigen Kampf. Aber dem ist nicht so. Für Sozialist*innen und Marxist*innen ist die Theorie eine Anleitung zum Handeln, um zu verändern, was in dieser Welt falsch läuft.

Wenn das Patriarchat als gesellschaftliche Struktur unabhängig von der Klassengesellschaft existieren würde, könnte daraus geschlossen werden, dass der wichtigste, vielleicht der einzig notwendige Kampf, ein Kampf von Frauen gegen Männer sei. Diese Position haben tatsächlich viele Feminist*innen vertreten.

Sozialist*innen und Marxist*innen hingegen sehen die Dominanz von Männern sowohl in ihren Ursprüngen als auch in ihrer aktuellen Form als untrennbar verbunden mit den Strukturen und Ungleichheiten der Klassengesellschaft. Der wichtigste Kampf ist daher ein Klassenkampf, in dem sich die Kämpfe von Frauen gegen ihre spezifische Unterdrückung mit dem allgemeinen Kampf der Arbeiter*innenklasse für eine grundlegende Umstrukturierung der Gesellschaft und Abschaffung von Ungleichheit und Unterdrückung verbinden.

Der Ursprung der Familie

Der bekannteste marxistische Beitrag zur Diskussion über die Frauenunterdrückung ist »Der Ursprung der Familie, des Privateigentums und des Staats«[9] von Friedrich Engels, dem engsten politischen Mitarbeiter von Karl Marx. Zum Zeitpunkt der Veröffentlichung im Jahre 1884 waren die Ideen des Buches politischer Zündstoff, denn sie

9 Der Titel wurde 2020 mit einem Vorwort der Autorin beim Manifest Verlag neu aufgelegt.

stellten nicht nur die vorherrschende Ideologie über die Rolle von Mann und Frau in der Gesellschaft, sondern das gesamte Gesellschaftssystem als solches in Frage.

Im Ursprung der Familie wendete Engels die marxistische Methode des historischen Materialismus auf vorhandene archäologische, anthropologische und historische Erkenntnisse an. Hieraus entwickelte er seine revolutionären Ideen, wie und warum die Unterdrückung der Frau entstanden ist und wie die Frau befreit werden könne. Er erklärte, dass die sozialen Beziehungen zwischen den Menschen und die Institutionen sowie die Ideen und Werte in der Gesellschaft das Ergebnis besonderer geschichtlicher Umstände sind.

Ihm zufolge war zum Beispiel die Familie, die aus einem männlichen Haushaltsvorstand und von ihm wirtschaftlich abhängigen Familienmitgliedern (Ehefrau und Kindern) bestand, keine natürliche, ewige und unveränderliche Einrichtung, auch wenn die bestehende kapitalistische Ideologie dies gerne behauptete. Nach Engels hat es Gesellschaften gegeben, in denen die bürgerliche Familie nicht die Grundeinheit der Gesellschaft gewesen ist – andere soziale Formen waren vorherrschend und Frauen waren nicht systematisch unterdrückt. Wenn sich die ökonomische Basis der Gesellschaft ändert, schrieb Engels, wenn sich also neue Produktionsmethoden entwickeln, verändern sich auch Institutionen und Auffassungen, allerdings auf eine komplexe und nicht-mechanische Weise.

Wenn dies in der Vergangenheit der Fall war, kann es auch in der Zukunft wieder so eintreten. Eine Umwandlung der ökonomischen Basis der Gesellschaft vom Kapitalismus zum Sozialismus würde auch die sozialen Beziehungen verändern und die Grundlage für die Abschaffung aller sozialen Ungleichheiten und für die Befreiung der Frau schaffen.

Das waren schlagkräftige Argumente, die die offizielle Ideologie erschütterten, welche die kapitalistischen Einrichtungen als ewig und unveränderbar darstellte. Sie waren eine potenzielle Bedrohung für die Existenz des ganzen kapitalistischen Systems, da es zu seiner Erhaltung auf ungleiche soziale Beziehungen, wie die zwischen Männern und Frauen in der Familie und der gesamten Gesellschaft, angewiesen ist.[10]

Engels schrieb Ursprung der Familie vor über 120 Jahren, als es im Vergleich zu heute extrem wenige archäologische und anthropologische Erkenntnisse gab. Inzwischen wurden einige Details in Engels Darstellung durch wissenschaftliche Fortschritte widerlegt.[11] Trotzdem hat die Forschung im Laufe der Jahre die allgemeine Richtung der Analyse von Engels bestätigt.[12]

Es gibt viele Belege dafür, dass es in der Geschichte Gesellschaften gab, die nicht auf der Basis des Privateigentums und der Einteilung in Klassen organisiert waren. Dort gab es keine festen Hierarchien und die sozialen Beziehungen hatten keinen ausbeutenden Charakter. Frauen wurden nicht systematisch durch Männer dominiert oder unterdrückt. Solche Gesellschaften werden wegen ihrer ökonomischen Basis üblicherweise als Gesellschaften von »Jäger*innen und Sammler*innen« bezeichnet und umfassen 99 Prozent der gesamten Menschheitsgeschichte. Die grundlegende soziale Struktur dieser Gesellschaften war der Stamm[13], deren Größe sich nach den Umweltbedingungen richtete. Obwohl die meisten Mitglieder eines

10 Siehe auch Kapital: Die Familie und Frauenunterdrückung heute

11 Das gilt besonders für den ersten Teil des Buches.

12 Vgl. besonders Eleanor Burke Leacock, Myths of male dominance, Monthly Review Press and Eleanor Burke Leacock and Richard Lee, Politics and history in band society, Cambridge University Press 1989

13 Im englischen: kinship group

Stammes biologisch miteinander verwandt waren, war das nicht zwangsläufig der Fall. Wirtschaftlich gesehen waren sie Selbstversorger (Subsistenzökonomie): Die Gruppenmitglieder produzierten nur so viel, wie sie brauchten, um ihre unmittelbaren Bedürfnisse zu stillen. Im Allgemeinen gab es eine auf Geschlecht basierende Arbeitsteilung, die Männer gingen auf die Jagd, während die Frauen Früchte, Nüsse, Beeren und so weiter sammelten. Frauen hatten meistens auch die Hauptverantwortung für die Kinder.

Arbeitsteilung

Obwohl es klare Beweise für Engels Hauptargument gibt, dass Klassengesellschaften und Frauenunterdrückung nur für einen Bruchteil der Menschheitsgeschichte existiert haben und dass die Verhältnisse veränderbar sind, wurde und wird dies angezweifelt.

Verschiedene Strömungen in der Soziologie behaupten, dass die Arbeitsteilung in frühen Gesellschaften – Männer und Frauen haben immer verschiedene Rollen in der Geschichte angenommen – Beweis dafür sei, dass die Unterschiede genetisch bedingt seien. Sie sehen in der unterschiedlichen Rollenverteilung genetisch festgelegte Verhaltensweisen, die sich im Laufe der Zeit aufgrund ihrer Bedeutung für das Überleben der Art herausgebildet haben. Daher sei es natürlich und sozial angemessen, dass Männer arbeiten gehen und »jagen«, um die Familie zu ernähren, während Frauen zu Hause bleiben und sich um die Kinder und den Haushalt kümmern. Dabei sei der »Mann als Jäger« von Natur aus aggressiv, konkurrenzorientiert, dominant und promiskuitiv, während Frauen genetisch darauf programmiert seien, fürsorglich, passiv und monogam zu sein.

Auch manche Feminist*innen sehen die Ursache für die Frauenunterdrückung in angeborener männlicher Aggression und der Tatsache, dass Männer körperlich stärker sind als Frauen und daher Kontrolle über sie ausüben können, besonders über ihre Sexualität.[14]

Soziobiolog*innen argumentieren häufig mit dem Aggressions- und Dominanzverhalten unter Tieren. Allerdings zeigen Forschungen an Tieren, darunter Primaten (wie Paviane und Schimpansen, deren Genmaterial zu über 90 Prozent mit unserem übereinstimmt), dass es unter Tieren sehr viele verschiedene Verhaltensweisen gibt, die von der Umwelt abhängen und die veränderlich sind. Das gesamte Verhalten von Menschen hat eine biologische Grundlage und die Biologie setzt unserem Handeln gewisse Grenzen. Zum Beispiel haben Menschen keine Flügel und können daher nicht von Natur aus wie Vögel fliegen. Dennoch hat unsere Kultur es uns ermöglicht, die Technologie zu entwickeln, um Flugzeuge zu bauen, mit denen wir unsere biologischen Grenzen überwinden können und um die ganze Welt fliegen. Unsere Fähigkeit, unser natürliches Umfeld zu bearbeiten und zu beherrschen, stellt eine kulturelle Entwicklung dar, die uns von allen Tieren unterscheidet. Dies ist der wichtigste Faktor, der die meisten menschlichen Verhaltensweisen beeinflusst.[15]

Das verbreitete Bild früher Gesellschaften beinhaltet einen aggressiven Mann, der allein mit seinem Speer loszieht, um gefährliche wilde Tiere zu erlegen, und dann mit Nahrung für seine abhängige Frau und die Kinder, die geduldig auf ihn warten, siegreich ins Lager zurückkehrt. Belege aus Jäger- und Sammlergesellschaften, die noch heute

14 Vgl. Susan Brownmiller: Against our will

15 Vgl. Steven Rose, RC Lewontin und Leon J. Kamin: Not in our genes, Penguin 1984

bestehen, zeigen, dass dieses Bild falsch ist. Die Jagd war, sofern sie stattfand, in der Regel keine aggressive Unternehmung einzelner, sondern umfasste mehrere Gruppenmitglieder, die zusammen arbeiteten, um ihre Beute zu finden und zu töten. Häufig war die Aufgabenverteilung innerhalb flexibel. In vielen Gesellschaften beteiligten sich Frauen an der Nahrungssuche und der Jagd, besonders wenn sie nicht schwanger waren oder kleine Kinder stillten. Männer spielten ebenfalls bei der Versorgung der Kinder eine Rolle. Beim Sammeln von Nahrungsmitteln wie Früchten und Nüssen, die den überwiegenden Teil der Ernährung in den Jäger- und Sammlergesellschaften ausmachten, entfernten sich Frauen oft weit vom Rest der Gruppe.

In der modernen kapitalistischen Gesellschaft, dem System, in dem wir heute leben, kann die Tatsache, dass Frauen Kinder gebären und die Hauptverantwortung für ihre Erziehung haben, für sie ein großer ökonomischer und sozialer Nachteil sein. Der Mangel an ausreichenden und bezahlbaren Kinderbetreuungsmöglichkeiten führt dazu, dass besonders Frauen aus der Arbeiter*innenklasse in schlecht bezahlte, prekäre Teilzeitjobs gedrängt werden. Sich eine Auszeit zu nehmen, um Kinder zu bekommen, kann die Jobaussichten von Frauen deutlich verschlechtern. Niedrige Löhne und Unsicherheit können es Frauen erschweren, unglückliche Beziehungen zu beenden. Wenn sie es trotzdem tun, drohen ihnen als Alleinerziehenden große wirtschaftliche Schwierigkeiten.

Manche Feminist*innen sind zu dem Schluss gekommen, dass Frauen auch in den frühen Gesellschaften durch die Arbeitsteilung ähnlich benachteiligt waren. Aber auch wenn Frauen und Männer in der Regel unterschiedliche Aufgaben erfüllten, heißt das nicht, dass Frauen notwendigerweise benachteiligt waren oder dass ihre Arbeit und ihr Beitrag zum Lebensunterhalt der Gruppe geringer geschätzt wurden als die Leistungen der Männer. Forschungsergebnisse legen nahe, dass Jäger- und Sammlergesellschaften als kooperative Kollektive organisiert waren, in denen der Beitrag jedes Gruppenmitglieds geschätzt und respektiert wurde. Frauen und Kinder waren nicht wirtschaftlich von einem einzelnen männlichen Ernährer abhängig, sondern alle Gruppenmitglieder waren für ihr wirtschaftliches Überleben aufeinander angewiesen, teilten miteinander und arbeiteten gemeinsam. Also waren Frauen und Kinder nicht unbedingt wirtschaftlich benachteiligt, wenn ein Paar sich getrennt hat, wobei die persönlichen Beziehungen nicht statisch, sondern ständigen Veränderungen unterworfen waren. Die Versorgung der Kinder wurde als gemeinsame Aufgabe zum Wohl der Gemeinschaft betrachtet und war nicht auf eine einzelne, private Familie beschränkt.

Obwohl vielleicht manche Individuen wegen ihrer Weisheit, Erfahrung und Fähigkeiten mehr Prestige oder Einfluss innerhalb der Gruppe besaßen, wurden Entscheidungen im Kollektiv getroffen. Die Menschen entschieden über die Bereiche, für die sie verantwortlich waren.[16]

Kein Einzelner war in der Lage, einem anderen seinen Willen aufzuzwingen. Dies galt auch für die Beziehung zwischen Männern und Frauen.

Warum ging alles schief?

In Ursprung der Familie erklärt Engels, dass die »welthistorische Niederlage des weiblichen Geschlechts« durch revolutionäre Veränderungen der Produktionsweise ver-

16 Vgl. Leacock und Lee: a.a.O.

ursacht wurde: durch die Domestizierung von Tieren und das Aufkommen des Ackerbaus.[17] Diese neue Produktionsweise bewirkte eine radikale Weiterentwicklung von Produktion und Technik, da die Gruppenmitglieder nicht mehr von der Hand in den Mund leben mussten, in dem sie ihre Nahrung durch Jagen und Sammeln beschafften. Sie verfügten nun über die Mittel, mehr zu produzieren, als sie unmittelbar brauchten. Dies wiederum führte jedoch auch zur Entstehung des Privateigentums an den Produktionsmitteln und zur Spaltung der Gesellschaft in Ausbeuter und Ausgebeutete sowie zur Entstehung eines Staatsapparates, der die wirtschaftliche Macht der herrschenden Klasse sicherte. Die Unterdrückung der Frau war eng mit diesen Entwicklungen verbunden, welche auch die patriarchale (vom Mann dominierte) Einzelfamilie hervorbrachten.

Obwohl Engels bei den Details einige Fehler machte, sind sich Anthropolog*innen einig, dass die Jäger- und Sammlergesellschaften vor 8.000 bis 10.000 Jahren einen radikalen Wandel durchmachten, verursacht durch die neuen Möglichkeiten von Ackerbau und Viehzucht. Dieser Wandel wird oft als Neolithische Revolution bezeichnet. Wie alle Revolutionen war diese ein Prozess und kein einzelnes Ereignis. In diesem Fall war es ein Prozess, der mehrere tausend Jahre dauerte und in verschiedenen Teilen der Welt unabhängig voneinander stattfand.

Während die meisten Gruppen vorher umherziehen mussten, um ausreichend Nahrung zum Überleben zu finden, konnten sie jetzt an einem Ort bleiben, was zu einem großen Bevölkerungswachstum führte.[18] Jetzt, da mehr

17 Siehe Anhang für mehr Details

18 Anmerkung des Herausgebers der deutschen Ausgabe: Warum führt es zu einem Bevölkerungswachstum, wenn man an einem Ort bleiben

produziert werden konnte, als zum Überleben notwendig war, gab es für einige Gruppenmitglieder die Möglichkeit, sich aus der Produktion zurückzuziehen und sich auf bestimmte Aufgaben zu spezialisieren. Gruppen und Individuen wurden für die Lagerung, Bewachung und Verteilung des Überschusses, für Handel und Krieg und für die Organisierung der Produktion zuständig, wodurch sie ein gewisses Prestige und einen höheren Status bekamen. Am Anfang erfüllten sie ihre Aufgaben im Auftrag der ganzen Gruppe. Aber aus diesen angesehenen Gruppen, Individuen und Haushalten entstanden in einigen Gesellschaften die ersten ausbeutenden Klassen, weil der Reichtum, über den sie verfügten, und die dafür nötigen Produktionsmittel mit der Zeit als ihr persönliches Eigentum angesehen wurden, das sie an ihre Nachkommen vererben konnten.

Frauenunterdrückung

Die allgemeine Arbeitsteilung zwischen den Geschlechtern hatte die Frauen in den kooperativen Stämmen nicht benachteiligt. Aber in der Entwicklung des ökonomischen und sozialen Wandels wurden von Männern ausgeführte Aufgaben – die Organisierung der Produktion durch Bewässerung und Pflügen, Handel, Verwaltung des Überschusses und andres – zur Grundlage für die Klassenherrschaft und für die systematische Unterdrückung der Frauen,

kann? Gemeint ist, dass die Menschen es nun bis zu einem gewissen Grad in der Hand hatten, das Nahrungsangebot in einem bestimmten Gebiet durch Arbeit zu vergrößern (Bearbeitung von Anbauflächen), und dass daher nicht nur mehr Menschen ernährt werden konnten, sondern dass mehr arbeitsfähige Menschen auch höhere Produktivität bedeutete, während beim Jagen und Sammeln dem Bevölkerungswachstum durch das natürliche Nahrungsangebot enge Grenzen gesetzt wurden und daher Geburtenkontrolle bis hin zur Aussetzung »überschüssiger Kinder« praktiziert werden musste.

obwohl natürlich nicht alle Männer zur herrschenden Klasse gehörten. Dies war ein langwieriger, komplizierter und widersprüchlicher Prozess, weil neue gesellschaftliche Kräfte und Strukturen mit der alten kollektiven Organisation der Gesellschaft in Konflikt gerieten. Während dieses Prozesses ersetzten individuell wirtschaftende Familien den Stamm als wichtigste wirtschaftliche und soziale Einheiten.

Frauen wurden wirtschaftlich abhängig und in der Familie der Kontrolle und Autorität von Männern unterworfen. Mit der Entwicklung eines Staatsapparats wurde im Laufe der Zeit diese Unterdrückung systematisiert und legitimiert.

Folglich haben sich Frauenunterdrückung und Klassengesellschaft nicht als separate Strukturen entwickelt, sondern sind miteinander verbunden, verwurzelt in den gleichen ökonomischen und sozialen Entwicklungen, die vor Tausenden von Jahren stattgefunden haben.

Der Kapitalismus, die heute vorherrschende Form der Klassengesellschaft, hat einige der sozialen Strukturen und Ideologien übernommen, die in früheren Klassengesellschaften existierten, darunter die Familie und den geringeren Status der Frau. Sie sind ein wichtiger Bestandteil des Staatsapparats, der die wirtschaftliche und soziale Vorherrschaft der Kapitalistenklasse sichert.

Aber sie sind nicht unverändert geblieben, sondern wurden durch ökonomische, soziale und politische Prozesse verändert und angepasst. Diese Veränderungen werden deutlich im Vergleich zu anderen Klassengesellschaften und dem Feudalwesen, aber auch innerhalb der zirka 300-jährigen Entwicklungsgeschichte des Kapitalismus. Umgekehrt hat der Wandel der Familie und der gesellschaftlichen Stellung der Frau sich auf andere gesellschaftliche Entwicklungen ausgewirkt.

Die Rolle der Familie

Das Wort »Familie« stammt vom lateinischen »familia«, das die Gesamtheit der Sklav*innen und Sklaven bezeichnete, die einem Mann gehörten. Nicht nur das Wort kann auf die römische Sklavenhaltergesellschaft – eine Frühform der Klassengesellschaft – zurückgeführt werden, sondern auch viele Gesetze, die in kapitalistischen Gesellschaften in Westeuropa und anderswo die Angelegenheiten der Familie regeln. Ein Großteil der Diskriminierung und Unterdrückung, die Frauen bis heute erfahren, kann nur in diesem historischen Kontext vollständig begriffen werden.

Die »patriarchale« Familie der herrschenden sklavenhaltenden Klasse der römischen Zeit war eine hierarchische, ökonomische und soziale Einrichtung, die dem männlichen Haushaltsvorstand, dem »pater familias«, uneingeschränkte Macht über seine Frau, die Kinder, Lehrlinge und Sklav*innen gab – sogar über deren Leben und Tod. Die wirtschaftliche Produktion, die auf dem Besitz und der Ausbeutung von Sklav*innen basierte, wurde über die Familie organisiert. Durch die Familie wurden Vermögen an die Nachkommen der herrschenden Klasse vererbt.

Während Paare, die heirateten, möglicherweise Liebe und Zuneigung füreinander empfanden, ging es bei Ehen in der herrschenden Klasse vor allem darum, Bündnisse mit anderen Familien einzugehen, um dadurch Reichtum und Ansehen zu vergrößern.

Im Feudalismus, der Klassengesellschaft, die die Sklaverei ablöste, spielten Hochzeit und Scheidung für den landbesitzenden Adel eine ähnliche Rolle. Das Hauptziel war, mehr Land und neue Verbündete zu gew*innen und die Macht und den Wohlstand der herrschenden Elite zu vergrößern. In Liedern und Erzählungen aus dem Mittelalter wird Liebe häufig als etwas von der Ehe Getrenntes beschrieben. Auch während der Industrialisierung nutzte die aufstrebende Bourgeoisie die Ehe in ähnlicher Weise: Als Mittel zur Sicherung und Vermehrung von Kapital und zum Erreichen politischer Ziele.

Dies bedeutet nicht, dass Ehepaare keine Gefühle füreinander hatten, aber die Ehe wurde vor allem als eine spezielle Art von Geschäftsvertrag betrachtet. Ehe und Familie waren für die Vererbung von Besitz an gesetzlich festgelegte Erben wichtig, wobei Scheidungsgesetze hauptsächlich die Aufteilung des Eigentums regelten. In den meisten Ländern ist das immer noch der Fall. Sogar Kinder werden von den Gerichten als »Eigentum« der Eltern behandelt.

Für die Menschen, die nicht zur herrschenden Klasse gehörten, stellte sich die Familienrealität jedoch gänzlich anders dar. Sklav*innen in Rom besaßen nicht nur kein Eigentum; sie waren selbst Eigentum und ihnen war gesetzlich verboten zu heiraten. Paare konnten voneinander und von ihren Kindern getrennt werden. Persönliche Beziehungen wurden auseinander gerissen, sobald ein Sklavenbesitzer entschied, sein Eigentum zu verkaufen. Auch während der Entwicklung des Kapitalismus besaß die entstehende Arbeiter*innenklasse im Gegensatz zu den Kapitalisten kein wirtschaftliches Eigentum, das man erhalten, ausweiten oder an die Kinder vererben konnte.

Trotzdem haben die herrschenden Klassen im Lauf der Geschichte meistens ihre eigenen Familienverhältnisse dem Rest der Gesellschaft als Ideal vorgehalten, nach dem sich die anderen Klassen richten sollten. Als wirtschaftlich dominierende Klasse haben sie auch das Rechtssystem, die Religion, die Bildung, die Wissenschaften und die Meinungsbildung allgemein kontrolliert und diese Kontrolle verwendet, um ihre Herrschaft zu stabilisieren und zu verewigen.

Frauen als Ware

Zu römischer Zeit waren Frauen faktisch Handelsgüter, die durch Heirat und Scheidung ausgetauscht wurden. Bis sie heirateten, waren sie Eigentum ihrer Väter. Danach gingen Autorität und Kontrolle an die Ehemänner über. Ehemänner erwarteten von ihren Frauen totalen Gehorsam. Diese Erwartung war in den Gesetzen verankert. Frühe Ehegesetze *»verpflichten die verheirateten Frauen, sich völlig den Launen ihrer Ehemänner zu unterwerfen, da sie keine andere Ausweichmöglichkeit haben und die Männer, ihre Frauen als notwendigen und unveräußerbaren Besitz zu beherrschen.«*[19]

Während Männer am öffentlichen Leben in Politik, Wirtschaft, Kultur und so weiter teilnahmen, beschränkte sich die Rolle der Frauen oft auf die Familie und den privaten Bereich. Sie durften sich nur unter bestimmten Bedingungen öffentlich zeigen. Frauen aus der herrschenden Klasse hatten die Verantwortung, den Haushalt zu überwachen und zu verwalten. Ihre wichtigste Funktion war es, Kinder zu gebären und aufzuziehen, die den Besitz erben würden. Das war ein großer Unterschied gegenüber den Jäger- und Sammlergesellschaften, in denen die »fürsorgliche Rolle« der Frauen[20] keine private, sondern eine gesellschaftliche Aufgabe war. Frauen trugen damit zum Wohl-

19 Zitiert nach: Dobash und Dobash, a.a.O.
20 Im englischen: caring role

ergehen des gesamten Stammes bei und nicht nur einer einzelnen Familie.

Während Frauen in den frühen, noch klassenlosen Gesellschaften sexuelle Freiheit erlebten und die Beziehungen relativ flexibel waren, wurde die Sexualität der Frauen in der Sklavenhaltergesellschaft stark eingeschränkt und kontrolliert, gestützt auf die Religion und die Gesetze. Das schlimmste Verbrechen, das eine Frau aus der herrschenden Klasse begehen konnte, war der Ehebruch; bei Frauen aus anderen Klassen wurde Ehebruch nicht als Problem gesehen.

Der Grund dafür war, dass die Männer sicher sein wollten, die Väter der Kinder zu sein, die ihren Besitz erben würden. In der egalitären, kommunalen Gesellschaft, in der es kein Privateigentum an Produktionsmitteln gab, war dies völlig überflüssig. Zu römischer Zeit galt Ehebruch, definiert als Sex zwischen einer verheirateten Frau und einem nicht mit ihr verheirateten Mann, als Verbrechen am Eigentum – wie Raub. Er konnte mit Scheidung und sogar mit dem Tod bestraft werden.

Der römische Censor[21] Cato beschrieb diese Doppelmoral in einer seiner Reden:

> *»Wenn du deine Frau beim Ehebruch erwischst, kannst du sie ohne weiteres töten. Die Frau jedoch hat nicht das Recht, dich, wenn du Ehebruch begangen hast, auch nur mit einem Finger zu berühren.«*

Es gab auch schwere Strafen für Frauen, die Wein tranken, unverschleiert auf die Straße gingen, Gifte herstellten und für andere Verhaltensweisen, die zum Ehebruch oder zur Abtreibung eines ungeborenen Kindes führen könnten.

21 Der Censor war ein hoher römischer Beamter, der für die Überwachung des Lebensstils der Bürger verantwortlich war.

Von Männern wurde hingegen keine Monogamie verlangt; sie nahmen sich regelmäßig Konkubinen oder gingen zu Prostituierten. Die Prostitution entwickelte sich als andere Seite der (für Frauen) monogamen Familie.

Kontrolle über Frauen

Seit es Klassengesellschaften gibt, wurden überall auf der Welt verschiedene Methoden zur Kontrolle und Einschränkung des Körpers und der sexuellen Freiheit von Frauen entwickelt – vom Schleier bis zum Abbinden von Füßen und der brutalen Praxis der Verstümmelung der weiblichen Genitalien, die Frauen sexuelles Lustempfinden vorenthalten soll.

Heute werden viele der härtesten Beschränkungen, die Frauen international auferlegt werden, mit dem Islam assoziiert. Tatsächlich war der Islam, der im 7. Jahrhundert in Arabien aufkam, fortschrittlich in Bezug auf die Rolle der Frau, verglichen mit den Einstellungen, die in den meisten Regionen der Welt vorherrschten. Nach dem Koran war es Frauen erlaubt, Vermögen zu erben. Es wurde erwartet, dass sie Freude am Sex hatten und sie konnten sich scheiden lassen, wenn das nicht der Fall war – Rechte, für die Frauen in Europa noch bis ins 19. Jahrhundert kämpfen mussten.

Praktiken wie die Verschleierung, Ehrenmorde oder die Verstümmelung der weiblichen Genitalien sind keine Besonderheiten des Islam, sondern wurden auch von anderen Religionen wie Hinduismus und Christentum erzwungen. Die Sexualität der Frauen wurde lange vor dem Aufstieg des Islams kontrolliert, schon seit der Entstehung der ersten Klassengesellschaften. Aber während sich der Islam ausbreitete, übernahm er Praktiken, die in den eroberten Gebieten bereits existierten. Sie wurden im Interesse der herrschenden Elite in die Religion integriert. In allen Klassengesellschaften war die Religion ein Mittel der wirtschaftlich dominierenden Klasse, Ungleichheit und Unterdrückung zu legitimieren und ihre Vorherrschaft zu erhalten.

Der Koran ist das Produkt der Zeit und der Gesellschaft, in der er geschrieben wurde. Er bietet Raum für viele verschiedene Interpretationen. Zum Beispiel haben die rechten, fundamentalistischen Taliban unter ihrer Herrschaft in Afghanistan die brutale Unterdrückung der Frauen durchgesetzt. Dort und in anderen Ländern haben Frauen ihr Leben riskiert, um gegen Einschränkungen zu protestieren, die ihnen von reaktionären theokratischen Regimes auferlegt wurden, wie den Zwang zum Tragen der Burka.

Der Schleier ist historisch gesehen ein Symbol der Unterdrückung, gegen das fortschrittliche Frauen, auch in islamischen Gesellschaften, gekämpft haben. Allerdings wird er nicht unbedingt von allen Muslimas, die ihn im Westen tragen, als Einschränkung empfunden. Es gibt viele Gründe, aus freien Stücken das Kopftuch (oder seltener den Vollschleier beziehungsweise Niqab) zu tragen: Als Mittel die eigene Identität zu verdeutlichen inmitten von Rassismus und Islamophobie; als Ausdruck der Solidarität mit unterdrückten Muslimen in allen Teilen der Welt oder als Akt der Auflehnung gegen imperialistische Aggression. Manche empfinden das Kopftuch auch als befreiend – eine Reaktion auf die kapitalistische Gesellschaft, die Frauen zum Objekt macht. Für sie bedeutet der Schleier, dass die Frau als Individuum und nicht nur als Körper oder Sexobjekt wahrgenommen wird.

Sozialist*innen und Marxist*innen machen auf die Rolle aufmerksam, die alle Religionen in der Geschichte gespielt haben und noch heute spielen – bei der Förderung von Ungleichheit, Ausbeutung und Unterdrückung – und lehnen sie in diesem Sinne ab. Gleichzeitig verteidigen wir das Recht jedes Individuums auf freie Religionsausübung. Frauen sollten nicht gegen ihren Willen gezwungen werden, den Schleier zu tragen, aber sie sollten auch das Recht haben, ihn zu tragen, wenn sie sich dafür entscheiden. Daher unterstützen wir zum Beispiel im Iran die Kämpfe von Frauen für demokratische, religiöse und persönliche Freiheiten.

Genauso unterstützen wir Proteste, zum Beispiel junger Muslimas in Frankreich und anderen Teilen Europas, für das Recht, in der Schule und am Arbeitsplatz das Kopftuch zu tragen. Wir haben auch Proteste von Frauen in westlichen Ländern unterstützt, die für das Recht, über den eigenen Körper zu bestimmen, gekämpft und damit die Rolle der katholischen Kirche angeprangert haben.

Gewalt gegen Frauen

Die im Kapitalismus, in den Medien, der Werbung und der Kultur allgemein vorherrschende stereotype Darstellung von Frauen hat ihre Wurzeln in der Entstehung der Klassengesellschaft.[22] Das gleiche gilt für Gewalt gegen Frauen. Weltweit ist die Gefahr für Frauen zwischen 15 und 44 Jahren, durch gewalttätige Männer verstümmelt oder getötet zu werden, größer als die durch Krebs, Malaria, Verkehrsunfälle und Krieg zusammen genommene Gefahr. Selbst in den entwickelten Industrieländern leidet jede vierte Frau irgendwann in ihrem Leben unter häuslicher Gewalt.

In dem Bemühen, die große Verbreitung der Gewalt bis heute zu erklären, werden die vielfältigsten Gründe angeführt.

22 Siehe auch Teil 2, Kapitel: Der ideologische Rückschlag

Manche sehen wirtschaftliche Probleme, etwa schlechte Arbeitsbedingungen oder Arbeitslosigkeit, als Ursache. Aber solch eine grobe »ökonomisch-reduktionistische« Erklärung ist völlig unzureichend. Häusliche Gewalt gibt es in allen sozialen Klassen, nicht nur unter den Armen und in der Arbeiter*innenklasse. Auch Alkohol wird oft als Grund angeführt. Manche Täter begehen zwar unter Alkoholeinfluss Übergriffe, aber andere werden in komplett nüchternem Zustand gewalttätig. Alkohol kann – ebenso wie Arbeitslosigkeit, lange Arbeitszeiten und die allgemeinen Härten des Lebens in der kapitalistischen Gesellschaft – häusliche Gewalt verschlimmern und Auslöser sein, aber alle diese Faktoren sind nicht die Ursache.

Auch Frauen leiden unter Stress. Tatsächlich könnte man sagen, dass das Leben von Frauen aus der Arbeiter*innenklasse, die meistens den Beruf mit dem Großteil der Hausarbeit und der Kinderbetreuung vereinbaren müssen, noch stressiger ist als das der Männer. Manchmal geht auch von Frauen in Beziehungen Gewalt aus, aber die überwältigende Mehrheit der Fälle von häuslicher Gewalt sind Übergriffe von Männern auf Frauen.

Warum also fühlen sich Männer in Situationen, in denen Frauen dies nicht tun, berechtigt, Gewalt anzuwenden? Männliche Täter versuchen oft ihr Verhalten zu rechtfertigen, indem sie den Frauen die Schuld zuweisen. Die Frauen hätten sie provoziert, durch »Meckern« oder durch Vernachlässigung ihrer »häuslichen Pflichten.« Das Essen sei nicht rechtzeitig fertig gewesen, die Wohnung nicht sauber oder die Kinder zu laut. Infolgedessen glauben viele Frauen, die häusliche Gewalt erfahren, zu Unrecht, sie selbst seien schuld an der Gewalt, insbesondere wenn die Demütigungen schon mehrere Jahre andauern. Vielleicht versuchen sie dann, ihr Verhalten zu verändern und alles zu vermeiden, was den Täter »provozieren« könnte, aber die Gewalt hört nicht auf, in vielen Fällen eskaliert sie sogar.

Aus den »Entschuldigungen« der Täter wird klar, dass traditionelle Vorstellungen auch heute noch Verhalten und Einstellungen beeinflussen: Die Frauen müssten ihren Ehemännern gegenüber loyal und gehorsam sein und die Männer hätten das Recht, sie mit Einschüchterung und Zwang »an ihrem Platz« zu halten.

Die hierarchische, patriarchale Familie ist entstanden, um die wirtschaftlichen und sozialen Erfordernisse der in römischer Zeit herrschenden Sklavenhalterklasse zu erfüllen. Diese Familie hat als zentrale soziale Einrichtung in allen Klassengesellschaften weiter bestanden, obwohl ihre Form natürlich nicht die gleiche geblieben ist.

In den feudalen Gesellschaften des mittelalterlichen Europas war zum Beispiel die Familie des landbesitzenden Adels anders organisiert als die des Bauern-/Leibeigenenhaushalts. Die leibeigene Familie war eine wirtschaftliche Einheit, die Güter für den eigenen Bedarf und für den Grundherrn produzierte. In der Hierarchie der Feudalgesellschaft stand Gott[23] an der Spitze und die Bauern/Leibeigenen ganz unten. Alle kannten ihren Platz in einer starren Gesellschaftsstruktur, die vollständig auf Gehorsam gegenüber Autoritätspersonen basierte und in der ungleiche Rechte und Pflichten herrschten. Die patriarchale Bauernfamilie, in der die männliche Autorität vom Rechtssystem gestützt und von Gott und König legitimiert wurde, reflektierte und verstärkte die gesamtgesellschaftliche Hierarchie und war ein Mittel zur sozialen Kontrolle. Die doppelte Unterdrückung, unter der Bäuer*innen litten, fand ihren deutlichsten Ausdruck im Anrecht des Grundherrn auf Sex mit einer Braut in ihrer Hochzeitsnacht.

23 Anmerkung des Übersetzers: Gott – vertreten durch Adel und Klerus

Jahrhundertelang waren Männer gesetzlich und moralisch angehalten, das Verhalten ihrer Frauen zu kontrollieren. Es galt als völlig legitim und sogar notwendig, dass ein Ehemann physische Gewalt gegen eine »nörgelnde« oder ihre »ehelichen Pflichten« nicht erfüllende Frau anwendete. Wenn es gesetzliche Regelungen gab, bestimmten diese hauptsächlich, wie weit er dabei gehen durfte. Zum Beispiel wird angenommen, dass die englische Redewendung »rule of thumb«[24] von einer solchen Regelung stammt, die besagte, dass der Stock, mit dem ein Mann seine Frau schlug, nicht dicker sein durfte als sein Daumen.

1736 sagte das Oberhaupt der britischen Justiz, Sir Matthew Hale, dass es unter Verheirateten keine Vergewaltigung geben könne, denn *»durch die Heirat und den Ehevertrag hat die Frau sich in dieser Hinsicht ihrem Ehemann unwiderruflich übereignet.«*

Solche Ideen waren jahrhundertelang tief in der Gesellschaft verwurzelt. Erst in den frühen Neunzigern wurde in Großbritannien die Vergewaltigung unter Eheleuten für illegal erklärt.[25] Davor galt gesetzlich noch die Auffassung, dass bei der Heirat der Körper der Frau Eigentum des Mannes wird. Obwohl sich die gesellschaftlichen Einstellungen zu häuslicher Gewalt und Vergewaltigung in den letzten Jahrzehnten stark verändert haben, sind rückschrittliche Ideen immer noch einflussreich. Zum Beispiel werden Vergewaltigungen durch Ehemänner durch die Strafjustiz immer noch zögerlich verfolgt und die Gerichte nehmen diese Taten oft weniger ernst als Vergewaltigungen durch Fremde.

---

24 Daumenregel

25 Anmerkung des Herausgebers der deutschen Ausgabe: Auch in Deutschland ist Vergewaltigung in der Ehe erst seit 1997 strafbar.

Der Kapitalismus selbst ist ein hierarchisches System, das auf Ungleichheit und Ausbeutung zugunsten einer Minderheit basiert. Die herrschende kapitalistische Klasse wendet im Bedarfsfall Gewalt an, um ihre Herrschaft zu erhalten – etwa durch den Einsatz der Polizei gegen streikende Arbeiter*innen und Demonstrant*innen oder durch die Armee in Kriegen für Profite und Prestige. Das kapitalistische System der Ungleichheit, Dominanz und Kontrolle, in dem die Familie eine wichtige Rolle spielt, durchdringt die ganze Gesellschaft bis hin zu den persönlichen Beziehungen. Es stützt sich auf rückständige Ideen, die vor tausenden von Jahren in den frühen Klassengesellschaften entstanden sind.[26]

26 Siehe auch Kapitel: Die Familie und Frauenunterdrückung heute

Die Familie im Kapitalismus

Eine der bedeutendsten Veränderungen der Institution Familie, die die gesamtgesellschaftliche Stellung der Frauen stark beeinflusste, trat in Folge der industriellen Revolution und des Aufstiegs des Kapitalismus ein.

In der vorindustriellen Gesellschaft waren Familien, die nicht zur herrschenden Klasse gehörten, Zentren der ökonomischen Produktion, organisiert durch den männlichen Haushaltsvorstand. Sowohl in der Landwirtschaft als auch im Handwerk spielte die extrem harte Arbeit von Frauen eine zentrale Rolle.

Obwohl die Arbeit zwischen Männern und Frauen eindeutig ungleich verteilt war, wurden die Aufgaben, die Frauen zu Hause erledigten, wie Spinnen, Kinderbetreuung, Putzen oder Feldarbeit, als produktive und notwendige Arbeiten betrachtet und nicht niedriger bewertet als die der Männer. Aber mit der Industrialisierung wurden Güter wie Nahrungsmittel, Getränke und Kleidung, die vorher in Heimarbeit hergestellt worden waren, gemeinschaftlich in Fabriken produziert – während die Produktionsmittel Privateigentum waren.

Das hatte große Folgen für die Familie und die persönlichen Beziehungen. In den frühen Phasen der Fabrikproduktion waren die bevorzugt eingestellten Arbeitskräfte Frauen und Kinder. Dadurch entstand eine klare Trennung zwischen der bezahlten Arbeit, die die Frauen unter barbarischen Bedingungen und brutaler Ausbeutung am Arbeitsplatz leisteten, und den unbezahlten Arbeiten (Putzen, Kochen, Kinderbetreuung und so weiter), die sie weiter traditionell zu Hause erledigten.

In einem Wirtschaftssystem, in dem die Lohnarbeit vorherrscht, wurde diese unbezahlte Hausarbeit entwertet. Diese Entwertung wirkte sich auch auf die Frauen in den Betrieben aus, in denen sie als Arbeiter*innen abgewertet wurden, weniger Lohn bekamen als die Männer und unter schlechteren Bedingungen arbeiten mussten. Auch wenn Frauen aus der Arbeiter*innenklasse in Fabriken schufteten, wurde ihnen in der Gesellschaft weiter die Rolle als Ehefrau, Mutter und Hausfrau zugeschrieben.

Lohnarbeit

Durch die Lohnarbeit in den Fabriken erreichten Frauen eine gewisse wirtschaftliche Unabhängigkeit, die die männliche Autorität innerhalb der Familie schwächte. Gleichzeitig schien sogar die materielle Basis für die patriarchale Vorherrschaft in den Familien der Arbeiter*innenklasse zu verschwinden, da die wirtschaftliche Produktion in den Fabriken unter Kontrolle der Kapitalisten war.

Wie Engels erklärte:

> *»Hier fehlt alles Eigentum, zu dessen Bewahrung und Vererbung ja gerade die Monogamie und die Männerherrschaft geschaffen wurden, und hier fehlt damit auch jeder Antrieb, die Männerherrschaft geltend zu machen. […] Und vollends seitdem die große Industrie die Frauen aus dem Hause auf den Arbeitsmarkt und in die Fabrik versetzt hat, und sie oft genug zur Ernährerin der Familie macht, ist dem letzten Rest der Männerherrschaft in der Proletarierwohnung aller Boden entzogen – es sei denn etwa noch ein Stück der seit Einführung der Monogamie eingerissenen Brutalität gegen Frauen.«*[27]

27 Engels: Ursprung der Familie, des Privateigentums und des Staats, Ber-

Aber trotz der durch die Industrialisierung ausgelösten enormen ökonomischen und sozialen Umwälzungen hat die patriarchale Familie nicht nur überlebt, sondern wurde gestärkt. Die neu entstandene Kapitalistenklasse versuchte, die wirtschaftliche, rechtliche und ideologische Bedeutung der Familie im Interesse ihrer eigenen Klassenherrschaft einzusetzen.

Im Laufe des 19. Jahrhunderts war es ein Zeichen für den wachsenden Wohlstand der Kapitalisten, dass ihre Ehefrauen nicht außer Haus arbeiteten, sondern wirtschaftlich von einem männlichen Ernährer abhängig waren. Zu den wichtigsten Aufgaben der bürgerlichen Frau gehörte, die emotionalen Bedürfnisse ihres Mannes zu befriedigen – als »Engel des Hauses.« Dadurch hielt sie dem Mann den Rücken frei für sein Engagement im öffentlichen Leben: im Unternehmen, an der Börse und in der Politik. Die andere Hauptaufgabe der Frauen bestand in der Fortpflanzung; sie sollten die zukünftige herrschende Klasse gebären und aufziehen. Im Bürgertum galt es als Ehrensache, sich dadurch vom »zügellosen« Adel und vom »nichtsnutzigen« Proletariat abzugrenzen.

Die Situation der Arbeiter*innenklasse war eine völlig andere. Zu Beginn der Industrialisierung war noch längst nicht klar, dass der instabile und krisenanfällige Kapitalismus als Wirtschaftssystem überleben würde. Frauen und sehr kleine Kinder arbeiteten sich in den dunklen Fabriken vielfach buchstäblich zu Tode, während die Kapitalisten noch das letzte Quäntchen Profit aus ihrer Arbeit quetschten. Wenn sie nach Misshandlungen und unerträglich langer Arbeit, für die sie nur einen Hungerlohn erhielten, heimkehrten, fanden sie oft mit Krankheitserregern verseuchte, überbevölkerte Slums vor.

---

lin: Manifest 2020, S. 68.

Unter solch schrecklichen Umständen war es für Frauen unmöglich, sich angemessen um ihre Kinder zu kümmern. Säuglinge und Kleinkinder wurden oft bei älteren Geschwistern gelassen und mit Gin und Opium ruhiggestellt. Die Kindersterblichkeit war extrem hoch und ein Familienleben gab es praktisch nicht. *»Es kommt sehr häufig vor, daß Frauen, die den Abend noch arbeiteten, den nächsten Morgen entbunden sind, ja es ist nicht allzu selten, daß sie in den Fabriken selbst, zwischen den Maschinen niederkommen.«*[28] schreibt Friedrich Engels in »Die Lage der arbeitenden Klasse in England«:

> *»Die Frauen kommen oft schon drei bis vier Tage nach der Niederkunft wieder in die Fabrik und lassen ihren Säugling natürlich zurück.«*[29]

Lediglich auf schnelle Profite bedacht, wehrten die einzelnen Kapitalisten Kämpfe der Arbeiter*innen zur Verbesserung ihrer Arbeits- und Lebensumstände mit brutalen Mitteln ab. Doch als sich der Kapitalismus stabilisierte, fingen weitsichtigere Teile des Bürgertums an, in längeren Zeiträumen zu denken. Sie sahen, dass das ganze System von gesünderen und besser gebildeten Arbeitskräften profitieren würde und waren daher bereit, der Arbeiter*innenklasse einige Zugeständnisse zu machen.

Unter den ersten Reformen waren in den 1830ern eingeführte Schutzgesetze, die die Arbeitszeiten und Tätigkeiten von Frauen und Kindern in den Fabriken beschränkten. Gleichzeitig wurde klar, dass die Familie, die sich in der Arbeiter*innenklasse schon aufzulösen schien, eine wichtige Rolle spielen musste. Sie sollte die vorhandenen Ar-

28 Engels: Die Lage der arbeitenden Klasse in England, Berlin: Manifest 2021, S. 166.
29 ebd. S. 153.

beitskräfte instand halten und die Aufzucht der nächsten Generation von Arbeitskräften sichern, um die Profite für die Kapitalistenklasse zu produzieren.

Die wirtschaftliche und ideologische Rolle der Familie

Das kapitalistische System könnte von einer gesünderen und gebildeteren Arbeiter*innenklasse profitieren, aber die Unternehmer wollten dieses Ziel mit möglichst geringen eigenen Kosten erreichen. Es war in ihrem Interesse, dass die einzelnen Arbeiterfamilien die Verantwortung für die Ernährung, Bekleidung und Pflege aller »unproduktiven« Familienmitglieder übernahmen – also für alle, deren Arbeitskraft nicht im Betrieb ausgebeutet werden konnte: kleine Kinder, Alte, Kranke, Behinderte, Arbeitslose – ohne dass der Staat sich darum kümmern musste.

Die Kapitalisten brauchten auch eine disziplinierte, gehorsame und autoritätsgläubige Arbeiter*innenklasse. Die patriarchale Familie, in der Männer die Kontrolle über Frauen und Kinder hatten und sie auch mit körperlicher Gewalt durchsetzen konnten, war ein nützliches Mittel, der Arbeiter*innenklasse diese Werte einzutrichtern und passende Geschlechterrollen zu fördern. Die Familie diente auch zur Disziplinierung der arbeitenden Männer selbst. Für die Männer war die Verantwortung für die Versorgung aller Familienmitglieder eine enorme Belastung. Die Kapitalisten nutzten diese Verantwortung beispielsweise bei Streiks aus, um Streikende zurück zur Arbeit zu zwingen.

Durch ihre Kontrolle über das Rechtssystem, Religion, Bildung und Ideen im Allgemeinen förderte die herrschende Klasse in den größten kapitalistischen Ländern die bürgerliche Familie. Das »natürliche« und »ewigwährende« Ideal-modell für Familien aller Klassen war, dass die Frauen zu Hause blieben, Kinder großzogen und ökonomisch von ihren Männern abhängig waren.

In der damaligen Propaganda für »Familienwerte« wurde betont, dass es eine angebliche Krise der Arbeiterfamilien gäbe. Am offensichtlichsten war das in Großbritannien, der vorherrschenden kapitalistischen Weltmacht im späten 19. Jahrhundert. Die herrschende Klasse brauchte gesunde und kräftige Arbeiter, um dem britischen Empire als Kanonenfutter zu dienen. Für die schlechte Gesundheit der potenziellen Rekruten wurden »unfähige« Mütter aus der Arbeiter*innenklasse verantwortlich gemacht, die ihren Versorgungs- und Erziehungsaufgaben nicht gewachsen seien. Sie wurden zu Sündenböcken für ein ökonomisches System der Ungleichheit, das nicht in der Lage war, die grundlegendsten Bedürfnisse der arbeitenden Bevölkerung zu befriedigen.

Die körperliche und moralische Gesundheit der Nation und des Empires wurde mit der Gesundheit der Familie gleichgesetzt. Aber die einzige Familienform, die als moralisch gesund betrachtet wurde, war die heterosexuelle bürgerliche Familie. Der Staat förderte Intoleranz und Repression gegenüber Allem, was sie zu bedrohen oder zu untergraben schien. Zum Beispiel wurden Frauen, die uneheliche Kinder gebaren, ins Arbeitshaus gesperrt. 1885 wurde erstmals die Homosexualität kriminalisiert. 1895 wurde der Schriftsteller Oscar Wilde wegen »schwerer Unzucht« zu zwei Jahren harter Arbeit verurteilt.

Es gab keine entsprechenden Gesetze gegen Lesben.[30] Sie wurden als nicht-existent betrachtet, weil man nicht annahm, dass Frauen sexuelle Vorlieben und Bedürfnisse hätten. Sexualität allgemein sollte im Interesse der Fortpflanzung, Bereicherung und Kapitalakkumulation unterdrückt werden. Der berüchtigte Contagious Diseases Act[31] diente der Repression von Frauen, die für die Verbreitung von Geschlechtskrankheiten verantwortlich gemacht wurden. Jede Frau aus der Arbeiter*innenklasse konnte als »gewöhnliche Prostituierte« eingestuft werden. Es konnten Zwangsuntersuchungen an ihr durchgeführt werden. Wenn diese Untersuchungen ergaben, dass sie mit Gonorrhoe oder Syphilis infiziert war, konnte sie im Krankenhaus eingesperrt werden.

Die »ideale« Familie

Gegen Ende des 19. Jahrhunderts hatte die herrschende Klasse die bürgerliche Familie relativ erfolgreich als Idealform etabliert. Ein Grund für diesen Erfolg war, dass das bürgerliche Familienmodell den materiellen Interessen von Arbeiter*innen und Arbeitern zu entsprechen schien. Sie wollten die erdrückenden Bedingungen verändern, unter denen sie gezwungen waren zu leben und zu arbeiten. Sie dachten, dass es besser für verheiratete Frauen wäre, wenn sie nicht lange außer Haus arbeiten müssten und sie mehr Zeit für die Hausarbeit und die Pflege der Kinder und anderer Familienmitglieder hätten. Die Hoffnung war, dass dies das Leben aller Beteiligten verbessern würde.

30 Anmerkung des Herausgebers der deutschen Ausgabe: Dasselbe gilt für die Geschichte der Strafbarkeit von Homosexualität in Deutschland. Während der Paragraph 175 ab 1871 sexuelle Handlungen zwischen Männern unter Strafe stellte, galt dieser für lesbische Frauen nicht. Der Paragraph 175 wurde unter der Nazi-Herrschaft verschärft und in Westdeutschland erst 1969 gelockert.

31 Gesetz über ansteckende Krankheiten

In der Arbeiter*innenklasse gab es Unterstützung für die Idee eines »Familienernährerlohns«, der dem männlichen Haushaltsvorstand ausgezahlt würde und mit dem die Bedürfnisse der ganzen Familie befriedigt werden könnten. Aber in Wirklichkeit erreichte nur ein Teil der Facharbeiter ein entsprechendes Einkommen. Für viele Haushalte waren die Löhne so niedrig, dass alle Familienmitglieder arbeiten mussten, um zu überleben. Frauen, die verwitwet, geschieden oder aus anderen Gründen allein waren, hatten keine andere Wahl als zu arbeiten, obwohl der Lohn einer Arbeiterin oft gerade einmal genügte, um nicht zu verhungern.

Verheiratete Frauen gingen weiter außerhalb der eigenen vier Wände arbeiten, sie verrichteten Heimarbeit, nahmen Untermieter auf oder wuschen für andere. Gleichzeitig wurde von ihnen erwartet zu putzen, zu kochen und alle emotionalen und physischen Bedürfnisse der anderen Familienmitglieder zu befriedigen. Familien aus der herrschenden Klasse und Viele aus der Mittelklasse konnten auf Mägde und Diener zurückgreifen. Für die Frauen aus der Arbeiter*innenklasse bedeutete die »Doppelbelastung« in Verbindung mit zahlreichen Schwangerschaften und Geburten jedoch eine enorme gesundheitliche Belastung.

Die Realität in den Arbeiterfamilien entsprach also bei weitem nicht dem angeblichen Ideal. Trotzdem hat die bürgerliche Familie die gesamte kapitalistische Gesellschaft durchdrungen, Gesetze und Einstellungen geprägt. Ihre Dauerhaftigkeit verdankt die Familie der Doppelrolle, die sie einnimmt. Einerseits stellt sie eine soziale Institution dar, die eine wichtige wirtschaftliche und ideologische Funktion für die Kapitalistenklasse erfüllt.

Andererseits ist sie zugleich ein Ausdruck persönlicher Beziehungen, die für das Leben der meisten Menschen von zentraler Bedeutung sind. Obwohl in der Familie oft Ungleichheit herrscht und es zu Gewalt und Missbrauch kommt, erfüllt sie auch die Bedürfnisse der Menschen nach Liebe, Gemeinschaft und emotionaler und wirtschaftlicher Unterstützung. Im Kapitalismus geraten diese beiden Aspekte jedoch ständig in Konflikt. Es entstehen Spannungen und Widersprüche, die der Kapitalismus nicht auflösen kann.

Verantwortung des Sozialstaats

Armutslöhne und unsichere Beschäftigungsverhältnisse machten es Arbeiterfamilien unmöglich, die grundlegendsten Bedürfnisse aller Familienmitglieder zu erfüllen. Sie lebten in ewiger Angst vor Arbeitslosigkeit, Krankheit oder Invalidität. Kinder waren unterernährt und die Kindersterblichkeit war extrem hoch. Frauen litten an unzähligen Schwangerschaften, die ihre Gesundheit ruinierten, und starben oft bei der Geburt. Die Prostitution florierte und im Alter drohte die totale Verarmung.

In England verdeutlichten im späten 19. Jahrhundert Sozialforscher wie Charles Booth die schreckliche Armut der Arbeiter*innenklasse. In seinem Bericht über das Londoner East End stellte er fest, dass 35 Prozent der Einwohner*innen »arm« waren und ein Drittel von diesen in akuter »Not« lebten. Als für den Burenkrieg[32] mobilisiert wurde, bemerkte die herrschende Klasse, wie sehr sich der körperliche Zustand der Arbeiter durch jahrelange Armut und Verwahrlosung verschlechtert hatte. Nicht weniger als vierzig Prozent der einberufenen Männer wurden für untauglich befunden.

32 Ein imperialistischer Krieg, der von Großbritannien geführt wurde gegen das Land, das heute Südafrika ist.

Um überleben zu können und einen gewissen Schutz gegen die Katastrophen und Probleme des Alltags zu erwirken, schlossen sich Teile der Arbeiter*innenklasse zu Organisationen wie Gewerkschaften, gemeinnützigen Vereinen und Genossenschaften zusammen. Gleichzeitig kämpften sie dafür, dass der Staat die gesellschaftliche Verantwortung für Bildung, Gesundheit und den Lebensunterhalt derjenigen übernahm, die nicht in der Lage waren, für sich selbst zu sorgen, damit diese Verantwortung nicht den einzelnen Familien individuell zufiel, die teilweise nicht die notwendigen Mittel dazu besaßen.

Vor dem Hintergrund wachsender Klassenkämpfe und der Angst vor einer Revolution legte die herrschende Klasse in einigen Ländern die Grundsteine für einen Sozialstaat. Zum Beispiel gründete die liberale britische Regierung unter Lloyd George 1911 eine staatliche Sozialversicherung und führte in einer Phase starker Klassenkämpfe weitere Reformen durch. Das staatliche Gesundheitswesen, das 1948 von einer Labour-Regierung geschaffen wurde, entstand, weil die herrschende Klasse nach dem Krieg einer wütenden und aktiven Arbeiter*innenklasse gegenüberstand, die nicht bereit war, zum Elend der Vergangenheit zurückzukehren, und eine bessere Zukunft forderte.

Obwohl staatliche Renten, Kranken- und Arbeitslosengeld, Kindergeld und Erziehungsgeld oft bei weitem nicht ausreichten, einen erträglichen Lebensstandard zu sichern, milderten sie die Unsicherheiten und finanziellen Belastungen für Arbeiterfamilien. Der Zugang zu Sozialwohnungen, dem öffentlichen Gesundheitswesen, Kindergärten und Einrichtungen für Alte und Behinderte veränderte das Leben der Lohnabhängigen massiv, besonders das der Frauen.

Obwohl der Staat einige Aufgaben übernahm, die vorher von der Familie erledigt worden waren, lag dem Großteil der Sozialpolitik weiterhin die Idee der traditionellen Familie mit einem männlichen Ernährer und seiner wirtschaftlich abhängigen Frau zugrunde. Beispielsweise hatten Frauen in Großbritannien kein eigenes Anrecht auf bestimmte Sozialleistungen, weil angenommen wurde, dass ihre Männer finanziell für sie sorgen würden. So wurde die patriarchale Familie gestärkt. Der Sozialstaat unterschied auch zwischen »rechtmäßigen« Armen und »unrechtmäßigen« Armen, so dass zum Beispiel Witwen mehr Geld bekamen als geschiedene Frauen.

Trotzdem veränderte die Existenz des Sozialstaats das Leben vieler Frauen. Er entledigte sie einiger ihrer häuslichen Aufgaben und gab ihnen so die Möglichkeit, außer Haus zu arbeiten. Der Staat beschäftigte zudem Frauen im Öffentlichen Dienst: Sie bildeten die große Mehrheit der Lehrer*innen, Kranken- und Altenpfleger*innen und so weiter. In Ländern, in denen es sozialen Wohnungsbau und ein Minimum an finanziellen Hilfen gibt, können Frauen unglückliche Beziehungen beenden und haben eine gewisse ökonomische Unabhängigkeit, auch wenn diese nicht ausreicht.

Mittlerweile können sich Frauen in vielen Ländern – erkämpft durch Proteste von Frauen und der Arbeiterbewegung und durch Veränderungen in der öffentlichen Meinung – einfacher scheiden lassen, haben freien Zugang zu Verhütungsmitteln und unter bestimmten Bedingungen das Recht auf einen Schwangerschaftsabbruch. Indem sie Einfluss darauf nehmen können, ob und wann sie Kinder bekommen, haben Frauen mehr Entscheidungsmöglichkeiten, mehr Unabhängigkeit und einen besseren Zugang zu Bildung und Arbeitsplätzen.

Frauen am Arbeitsplatz

In »Ursprung der Familie« schreibt Engels, dass es die erste Bedingung für die Befreiung der Frau ist, das »ganze weibliche Geschlecht« zurück in die gesellschaftliche Produktion zu bringen.[33]

Bezahlte Arbeit außerhalb des Hauses schwächt die ökonomische und finanzielle Abhängigkeit der Frauen von einzelnen Männern innerhalb der Familie und gibt ihnen das nötige Selbstbewusstsein, traditionellen Vorstellungen von ihrer Rolle in der Gesellschaft entgegenzutreten. Wenn Frauen sich zu Hause isoliert um die Kinder kümmern und dabei in die Sogkraft der monotonen Hausarbeit geraten, ist es einfach zu glauben, dass alle Probleme des täglichen Lebens persönlich und individuell seien. Unter solchen Umständen liegt es nahe, sich selbst die Schuld an dem ganzen Elend zu geben. Wenn diese Isolation überwunden wird, erweitert die gemeinsame Arbeit mit Kolleg*innen im Betrieb den Horizont und es wird einfacher, die gesellschaftlichen Ursachen von Problemen zu erkennen. Obwohl die Kapitalistenklasse alles in ihrer Macht Stehende unternimmt, um Spaltungen zwischen den Beschäftigten bezüglich Geschlecht, Herkunft und sexueller Orientierung zu vertiefen, wird das Potenzial für gemeinsamen Widerstand am Arbeitsplatz am deutlichsten sichtbar.

Seit der industriellen Revolution haben Frauen aus der Arbeiter*innenklasse außer Haus gearbeitet. Aber diese Arbeit wurde gegenüber ihrer Rolle als Hausfrau immer als zweitrangig betrachtet. Das ermöglichte den Unternehmern, niedrigere Löhne für Frauen zu rechtfertigen, um

33 Vgl. Sarah Boston, Women workers and the trade unions, Lawrence and Wishart, 1987

sie als billige Arbeitskräfte auszubeuten und ihre Profite zu vergrößern.

Aber die kapitalistische Ideologie passt sich den jeweils aktuellen ökonomischen und sozialen Bedürfnissen der herrschenden Klasse an. Zum Beispiel brauchte das Kapital während der beiden Weltkriege die Arbeitskraft von Frauen in den Munitionsfabriken, um die Männer zu ersetzen, die an der Front kämpfen mussten. Sie ermutigten oder zwangen Frauen, auch verheiratete Mütter, arbeiten zu gehen und Tätigkeiten zu verrichten, von denen sie bisher ausgeschlossen waren.

Diese Frauen bewiesen in der Praxis eine genauso hohe Leistungsfähigkeit wie männliche Arbeiter. Die staatliche Propaganda vermittelte den Frauen, es sei ihre *»patriotische Pflicht«* außer Haus zu arbeiten. *»Männer in die Schützengräben, Frauen an die Werkbänke«* lautete eine Parole im Ersten Weltkrieg in Großbritannien.[34] Während dieses Krieges gingen fast 1,5 Millionen Frauen in die Betriebe. Im Zweiten Weltkrieg waren es über zwei Millionen; viele von ihnen waren verheiratet und hatten Kinder.

Zwangsläufig erhielten die meisten Frauen für die gleiche Arbeit weniger Lohn als Männer. Männliche Arbeiter, besonders in der Maschinenbauindustrie, organisierten sich gegen die »Lohndrückerei.« Sie sahen durch die Arbeiter*innen ihre Löhne und den Wert ihrer Ausbildung gefährdet.

Es gab aber auch gemeinsame Kämpfe für gleiche Bezahlung, da der Frauenanteil in den Gewerkschaften um 150 Prozent stieg. Die Nachfrage nach weiblichen Arbeitskräften zwang den Staat einzuschreiten und Frauen mit Kindern einen Teil der häuslichen Aufgaben abzunehmen.

34 Vgl. Sarah Boston, Women workers and the trade unions, Lawrence and Wishart, 1987

Mit staatlichen Geldern gründeten Gemeinden Kindertagesstätten, die Gesundheitsversorgung für Mütter wurde stark verbessert. Doch als der Krieg beendet war, änderte sich die Propaganda wieder. Weil Millionen Männer nach 1918 nach Hause zurückkehrten, war es nun die »patriotische Pflicht« der Frauen, ihre Arbeitsplätze für erwerbslose Männer zu räumen. Ein stabiles Familienleben galt als notwendig, um die Geburtenrate zu erhöhen und das Land nach den Kriegszerstörungen wieder aufzubauen. Die Kindertagesstätten wurden wieder geschlossen und zehntausende Frauen wurden erneut im Haushalt isoliert und ökonomisch von ihren Ehemännern abhängig.

Auch am Ende des Zweiten Weltkriegs verloren mehr als eine Million Frauen ihre Jobs, obwohl Teilzeitarbeit mittlerweile für verheiratete Frauen als akzeptabel galt. Das entsprach dem Bedürfnis der Kapitalistenklasse nach billigen Arbeitskräften und einer »Reservearmee« von Lohnabhängigen, die im Falle einer Wirtschaftskrise entlassen werden konnten. Die Löhne verheirateter Frauen wurden abwertend als »Taschengeld« bezeichnet. Die Unternehmer hielten es daher für gerechtfertigt, Frauen weiterhin schlechter als Männern zu entlohnen. Doch diese Löhne wurden notwendig für die Arbeiterfamilien, um den Lebensstandard während des Nachkriegsaufschwungs zu erhalten und zu verbessern.

Die Familie und Frauenunterdrückung heute

Heute arbeiten so viele Frauen außer Haus wie nie zuvor. In einigen entwickelten kapitalistischen Ländern stellen sie die Hälfte oder sogar die Mehrheit aller Arbeitenden. Diese »Feminisierung« des Arbeitsmarkts ist ein internationales Phänomen, das auch neokoloniale Länder betrifft. In einigen entwickelten Ländern gab es gleichzeitig mit dem Anstieg des Frauenanteils unter den Beschäftigten einen Rückgang an männlichen Beschäftigten. Manche Kommentator*innen deuten dies als »Gender-Erdbeben« und sehen die Gleichheit in Reichweite.[35] Andere beklagten eine »zu weitgehende« Veränderung der Geschlechterverhältnisse, die die traditionelle Rolle der Männer als Ernährer zerstöre und zum Konflikt zwischen den Geschlechtern führe.

Behauptungen, dass Frauen Männern die Arbeitsplätze wegnähmen, sind allerdings unbegründet. Veränderungen innerhalb des Kapitalismus haben in vielen entwickelten Ländern zu einem Niedergang der Industrie – ein Sektor, der traditionell hauptsächlich männliche Arbeiter beschäftigt – und zu einem Wachstum des Dienstleistungssektors, der traditionell als Sektor von »Frauenberufen« gilt, geführt.

35 Vgl. insbesondere Naomi Wolf: Die Stärke der Frauen, 1993

Natürlich wurde auf der Jagd nach billigen Arbeitskräften ein Teil der Industrie nach Osteuropa, nach China und in neokoloniale Länder verlagert, in welchen oftmals Frauen am Produktionsprozess beteiligt sind, besonders in der Leichtindustrie. Multinationale Konzerne erhalten finanzielle Anreize, sich in »Sonderwirtschaftszonen« niederzulassen, in denen sie Gesundheits-, Sicherheits- und Umweltschutzbestimmungen umgehen und ihre Beschäftigten massiv ausbeuten können. Junge Frauen gelten als besonders gehorsam und formbar und damit als besonders dazu geeignet.

Die Einbeziehung von Frauen in diese Fabriken wirkt sich gewiss auch positiv auf ihr Bewusstsein und ihre Einstellungen aus, wie das auch in Europa und den USA der Fall ist.

Aber die fürchterlichen Bedingungen, unter denen sie arbeiten, ähnlich wie zur Zeit der industriellen Revolution im 19. Jahrhundert, zeigen deutlich, dass die Arbeit außerhalb des Hauses keinesfalls Befreiung bedeutet. Und mit dem Ausbruch der Weltwirtschaftskrise hat sich dieser Prozess in einigen Ländern verlangsamt oder gar umgekehrt.

In den »fortgeschrittenen« kapitalistischen Ländern ist es einer Schicht von besser gebildeten und oft aus der Mittelklasse stammenden Frauen zweifellos gelungen, relativ gut bezahlte Jobs zu bekommen und in einige Bereiche vorzudringen, die zuvor von Männern dominiert waren, wie in den Bereichen Medizin und Justiz. Aber aufgrund tief verwurzelter Diskriminierung stoßen auch diese Frauen an eine »gläserne Decke« – Spitzenpositionen und die höchsten Gehälter sind immer noch weitgehend Männern vorbehalten.

Die meisten Frauen aus der Arbeiter*innenklasse wollen jedoch vor allem den prekären Beschäftigungsverhältnissen entkommen. In den letzten Jahren hat sich in den meisten Ländern nicht nur die Schere zwischen Arm und Reich weiter geöffnet; es ist auch eine Polarisierung unter Frauen entstanden. Die meisten Frauen aus der Arbeiter*innenklasse arbeiten immer noch in den Bereichen Reinigung, Gastronomie und Pflege. Viele dieser Jobs sind eine Verlängerung der Arbeit, die sie unbezahlt zu Hause verrichten. Sie sind deshalb wenig angesehen und schlecht bezahlt. Dies ist auch ein Grund dafür, dass in vielen Ländern die Durchschnittslöhne von Frauen immer noch geringer sind als die Löhne von Männern, obwohl Frauen schon vor Jahrzehnten Gleichstellungsgesetze erkämpft haben. Die Arbeit in schlecht bezahlten Berufen führt zu lebenslanger Armut und Benachteiligung, besonders im Alter.

Neoliberale Offensive

Ende der siebziger Jahre endete der Nachkriegsaufschwung (1950 bis 1973/74) in einer allgemeinen Wirtschaftskrise und sinkenden Profiten für die Unternehmer. Als Reaktion darauf leitete das Kapital eine neoliberale Offensive ein, die heftige Angriffe auf die Löhne und den Lebensstandard der Arbeiter*innenklasse beinhaltete. Für ihr neoliberales Konzept nutzten die Unternehmer die Rolle der Frau als »sorgende Hausfrau und Mutter« in der Familie aus. »Flexible« Arbeitszeiten wurden als »familienfreundlich« propagiert und sollten Frauen angeblich ermöglichen, Lohnarbeit mit Kinderbetreuung und Hausarbeit zu verbinden.[36]

36 Anmerkung des Herausgebers der deutschen Ausgabe: In Deutschland hat die Teilzeitarbeit ebenfalls neue Ausmaße angenommen. Teilzeitarbeit ist Frauenarbeit. 52 Prozent aller erwerbstätigen Frauen üben einen Teilzeitjob aus. 75 Prozent der Teilzeitkräfte sind Frauen. So erklärt sich auch, warum 2010 bereits die Hälfte aller Arbeitnehmer weiblich

Die meisten Frauen (und Männer) würden sich über flexible Arbeitszeiten freuen, wenn sie dabei genug verdienen würden, um ihren Lebensstandard zu sichern und Zeit mit ihren Kindern verbringen zu können. Aber Teilzeitarbeit geht meist mit Armutslöhnen einher. Befristete Verträge, Zeit- und Leiharbeit und andere Formen prekärer Beschäftigung sind »unternehmerfreundlich« – sie führen zu Superausbeutung und zu einer allgemeinen Unsicherheit, die lohnabhängig Beschäftigte enorm belastet und sich negativ auf persönliche Beziehungen und das Familienleben auswirkt. In einer Rezession verschwinden diese Jobs oft als erste und viele, die arbeitslos werden, erhalten noch nicht einmal die begrenzten Leistungen der Arbeitslosenversicherungen.

Darüber hinaus hat die herrschende Klasse, vertreten durch ihre politischen Repräsentanten, zum Angriff auf die Idee der gesellschaftlich bereitgestellten Dienstleistungen geblasen – sie führen schonungslos Privatisierungen und Sozialkürzungen durch. Die meisten Menschen aus der Arbeiter- und Mittelklasse sehen eine ordentliche öffentliche Gesundheitsversorgung, ein öffentliches Bildungs- und Sozialsystem als notwendige Vorraussetzung für ein gutes Leben an.

Die Reformen der Nachkriegszeit, die unter dem Druck einer erstarkten Arbeiter*innenklasse eingeführt wurden, hatten zur Folge, dass öffentliche Dienstleistungen aus den Steuern von Beschäftigten und Unternehmern gemeinsam

waren, der Anteil der Frauen am Arbeitsvolumen sich allerdings nur auf 43 Prozent belaufen hat. Laut Studie des Instituts für Arbeitsmarkt und Berufsforschung gibt jede fünfte Frau an, *»nur deshalb teilzeitbeschäftigt zu sein, weil sie keine Vollzeittätigkeit finden konnte.«* Quelle: www.sueddeutsche.de/karriere/frauen-auf-dem-arbeitsmarkt-gezwungen-zur-teilzeit-1.1090041; IAB-Kurzbericht 09/2011: Susanne Wanger: »Viele Frauen würden gern länger arbeiten.«

finanziert wurden. Vor dem Hintergrund eines starken Wirtschaftswachstums und steigender Profite waren die Kapitalisten bereit, sich darauf einzulassen, um sich sozialen Frieden zu erkaufen.

Aber als die Profite zurückgingen, gingen sie dazu über, Kürzungen bei den Staatsausgaben zu fordern, um weniger Steuern zahlen zu müssen. Außerdem eröffneten die Privatisierungen neue Märkte, in die profithungrige Unternehmen vorstoßen konnten. Sie hofften, dass die Macht und Organisationsstärke der Gewerkschaften dadurch geschwächt würde.

Wenn öffentlich finanzierte Leistungen gekürzt werden, müssen Beschäftigte entweder privat für solche Leistungen bezahlen – was sie sich in den meisten Fällen nicht leisten können, da die Unternehmer Lohnerhöhungen verweigern oder Löhne sogar senken – oder sie müssen ohne sie auskommen. Wieder einmal werden Arbeiterfamilien gezwungen, sich mit ihren unzureichenden Mitteln um die Kinder, die Kranken, die Alten und Behinderten zu kümmern, während öffentlich finanzierte Dienstleistungen zusammengestrichen werden.

Das wird besonders deutlich in einem Land wie Italien, in dem der Sozialstaat, insbesondere die Arbeitslosenunterstützung, absolut unzureichend ist – trotz riesiger, fast revolutionärer Kämpfe der Arbeiter*innenklasse in den siebziger Jahren, die zu bedeutenden Verbesserungen in den Betrieben und der ganzen Gesellschaft geführt haben. Junge Menschen in schlecht bezahlten und prekären Jobs und Erwerbslose bleiben von ihren Familien abhängig. Besonders junge Männer leben oft sogar mit über dreißig Jahren noch bei ihren Eltern. Ohne die Absicherung durch die Familie wären in Italien zehntausende Jugendliche völlig mittellos.

Frauen leiden besonders unter Sozialkürzungen und Privatisierungen. Der hohe Frauenanteil im öffentlichen Dienst bedeutet, dass oftmals Arbeitsplätze und Lebensbedingungen von Frauen bedroht sind und gleichzeitig Kürzungen im öffentlichen Dienst dazu führen, dass sie zu Hause mehr zu tun haben. Wenn Kindergärten geschlossen werden, wird von Frauen erwartet, irgendwie Kinderbetreuung und Arbeit unter einen Hut zu bekommen. Sie sollen alte Verwandte pflegen, wenn es keine erschwinglichen Heimplätze mehr gibt, oder müssen Familienmitglieder mit Behinderungen alleine betreuen, wenn staatlich finanzierte Einrichtungen verschwinden.

Teile und herrsche

Natürlich übernehmen heute in vielen Haushalten auch Männer einige dieser Aufgaben. In den meisten Ländern hat sich die Einstellung von Männern zur traditionellen Arbeitsteilung positiv verändert. Im Durchschnitt verrichten Männer heute mehr Hausarbeit und kümmern sich öfter mit um die Kinder als früher. Aber Meinungsumfragen zeigen, dass es einen großen Unterschied gibt zwischen dem, was Männer glauben, im Haushalt zu tun, und dem, was sie tatsächlich leisten. Männer helfen zwar ein bisschen mehr im Haushalt, aber ein viel größerer Teil der Hausarbeit und Kinderbetreuung wird immer noch von Frauen erledigt. Selbst wenn Männer und Frauen gleichermaßen Vollzeit arbeiten, verbringen Frauen mehr Zeit mit Kinderbetreuung, Putzen, Einkaufen, Kochen und anderen Hausarbeiten.

Manche Feminist*innen meinen, dass alle Männer von der aktuellen Arbeitsteilung zwischen den Geschlechtern gleichermaßen profitieren würden. Natürlich haben einige

Männer davon Vorteile, wie beispielsweise mehr Freizeit. Aber ein paar Stunden mehr im Fitnessclub oder in der Kneipe verbringen zu können, ist unbedeutend im Vergleich zu den enormen wirtschaftlichen Vorteilen, die sich hieraus für die herrschende Klasse ergeben.

Da Dienstleistungen wie Kinderbetreuung, Kochen, Putzen und andere auf dem »Markt« gekauft werden können, wurde mehrfach versucht auszurechnen, wie viel Geld im Kapitalismus jedes Jahr gespart wird, indem diese Arbeiten kostenlos von Frauen für ihre Familien erledigt werden. Die Kosten gehen in die Milliarden und übersteigen sogar das gesamte Bruttoinlandsprodukt der untersuchten Länder.

Die Probleme, die der Kapitalismus für Männer aus der Arbeiter*innenklasse erzeugt, überwiegen bei weitem alle Vorteile, die sie möglicherweise in der Familie haben. Während die neoliberale Offensive zu einer Ausweitung der Teilzeitarbeit geführt hat, gab es auch Angriffe auf die verkürzten Wochenarbeitszeiten, die Teile der Arbeiter*innenklasse in der Vergangenheit erkämpft haben. Viele männliche Beschäftigte arbeiten untragbar lange und können daher wenig Zeit mit ihren Familien verbringen. Anderen männlichen Beschäftigten droht die »Feminisierung« ihrer Jobs[37].

Seit langem kämpfen Frauen aus der Arbeiter*innenklasse für gleiche Ausgangsbedingungen am Arbeitsplatz. Die Kapitalisten behaupten, auch für »Gleichheit« zwischen männlichen und weiblichen Lohnabhängigen zu sein. Aber in ihrer Vorstellung von Gleichheit werden

37 Anmerkung des Herausgebers der deutschen Ausgabe: Damit ist die Angleichung der besseren Arbeitsbedingungen und Entlohnung der mehrheitlich von Männern ausgeübten Berufe auf das Niveau der mehrheitlich von Frauen ausgeübten Berufe gemeint.

nicht die Löhne und Arbeitsbedingungen der Frauen auf das Niveau der Männer angehoben, sondern es findet eine »Angleichung nach unten« statt – Arbeiter werden in schlecht bezahlte, flexible (Teilzeit-)Arbeit gezwungen, um Profite zu vergrößern. Genauso wie sie Migrant*innen, Leiharbeiter*innen, Subunternehmen und so weiter ausnutzen, um die Löhne und Bedingungen für alle Beschäftigten zu verschlechtern.

Im Öffentlichen Dienst werden männliche Arbeiter manchmal aufgefordert, Kürzungen und schlechtere Arbeitsbedingungen hinzunehmen und im Gegenzug werden Verbesserungen für schlecht bezahlte Arbeiter*innen versprochen. Diese Teile-und-Herrsche-Taktik und Versuche, »das Leiden gleich zu verteilen«, sollten durch gemeinsamen Widerstand in den Betrieben entschlossen bekämpft werden.

In den siebziger Jahren, als der Frauenanteil unter den Beschäftigten deutlich geringer war als heute, kämpften manche Frauen für die Anerkennung der unbezahlten Arbeiten der Frauen im Haushalt als »Arbeit« und forderten »Lohn für Hausarbeit.« Sicherlich ist es wichtig, dass der Wert von Hausarbeit und Kinderbetreuung im Kapitalismus anerkannt wird, aber »Lohn für Hausarbeit« ist in Wirklichkeit eine rückschrittliche Forderung, mit der die Hausarbeit Privatsache bleibt und die gleichzeitig stereotype Vorstellungen von der Rolle der Frau in der Familie und der Gesellschaft allgemein stärkt.[38]

38 Anmerkung des Herausgebers der deutschen Ausgabe: Seit die Zeitschrift »Courage« 1977 den Aufruf des »Londoner Kollektivs Frauenmacht« von 1974 veröffentlichte, in dem es hieß: *»Die Frauen in der Welt geben bekannt: Wir putzen Eure Häuser und Fabriken, (…) Wir geben bekannt, dass wir gedenken, für unsere Arbeit bezahlt zu werden!«* wird die Entlohnung von Reproduktionsarbeit auch in Deutschland immer wieder diskutiert. Der Aufruf half, die Bedeutung der Hausarbeit ins Bewusstsein zu rücken. Schätzungen einer OECD-Studie zufolge würde sich das BIP

Sozialist*innen und Marxist*innen fordern stattdessen ein Mindesteinkommen in ausreichender Höhe für Frauen und Männer, die vorwiegend Aufgaben in der Kinderbetreuung, in der Pflege von Angehörigen und im Haushalt wahrnehmen,[39] sowie für Rentner*innen, Studierende und alle, die nicht arbeiten können. Außerdem treten wir für die »Vergesellschaftung« vieler Aufgaben ein, die heute von Frauen individuell zu Hause erledigt werden. Während Engels die Einbeziehung der Frauen in die »öffentliche Industrie« für die erste Vorbedingung zu ihrer Befreiung hielt, fügte er noch hinzu: *»und daß dies wieder erfordert die Beseitigung der Eigenschaft der Einzelfamilie als wirtschaftlicher Einheit der Gesellschaft.« »Die Privathaushaltung verwandelt sich in eine gesellschaftliche Industrie«*[40], schrieb er.

»Haushaltshilfsdienstleistungen« gehören in den letzten Jahren zu den am schnellsten wachsenden Wirtschaftsbereichen. Wenn sich Reiche Putzhilfen, Gärtner*innen und das Essen in guten Restaurants leisten können, warum sollten diese Dienstleistungen nicht öffentlich finanziert und für alle kollektiv zur Verfügung gestellt werden, wie es bei der Gesundheitsversorgung, Bildung und anderen Leistungen der Fall ist?[41]

---

eines durchschnittlichen Mitgliedslandes um 30 bis 50 Prozent erhöhen, wenn unbezahlte Arbeit ein Teil der Rechnung wäre. (Quelle: www.zeit.de/karriere/2011-04/studie-unbezahlte-arbeit). Der Aufruf stieß jedoch innerhalb der linken Frauenbewegung auf erhebliche Kritik, da die Forderung die bestehende Rollen- und Arbeitsverteilung nicht bekämpft, sondern zementiert. Allerdings wurde die Idee in verzerrter Form von verschiedenen Seiten immer wieder aufgegriffen. So forderte der Vertreter des Vatikans, Kardinal Antonelli, anlässlich des 2009 in Mexiko stattfindenden »Welttreffens der Familie« neben dem Verbot von Abtreibung und Scheidung auch die staatliche Bezahlung von Hausarbeit. In Deutschland wird die Debatte besonders intensiv geführt.

39 Im englischen: carer

40 Engels: Ursprung der Familie, des Privateigentums und des Staats, Berlin: Manifest 2020, S. 70, 71.

41 Siehe auch Teil 2, Kapitel: Sozialismus

Dafür wäre allerdings eine grundlegend andere Organisation der Gesellschaft erforderlich. Aufgrund der tiefen Wirtschaftskrise des Kapitalismus wird die herrschende Klasse die Angriffe auf soziale Errungenschaften, die die Arbeiter*innenklasse in früheren Kämpfen erreicht hat, fortsetzen und sich weiter auf die unbezahlte Arbeit der Frauen in der Familie stützen.

Kapitalistische Widersprüche

Es ist einer der Widersprüche des Kapitalismus, dass er sich in seiner historischen Entwicklung einerseits auf die Institution Familie stützte und daher versuchte, sie zu stärken, dass jedoch andererseits gleichzeitig Prozesse im kapitalistischen System stattfinden, die die Familie zersetzen. Natürlich hat die herrschende Klasse trotz allem Gerede von der Wichtigkeit und Heiligkeit der Familie immer wieder familienschädliche Politik betrieben, wenn dies im Interesse des Kapitalismus als unabdingbar betrachtet wurde. Ein Beispiel dafür ist das grausame britische Armengesetz aus dem frühen 19. Jahrhundert. Es sollte die Zuwanderung billiger Arbeitskräfte in die Städte und Fabriken beschleunigen und riss arme Familien auseinander, deren Mitglieder in die gefürchteten Armenhäuser gebracht wurden.[42]

Auch die heutigen Einwanderungsgesetze bedeuten für viele Familien furchtbares Leid. Härtere Urteile der Strafgerichte führen dazu, dass mehr Frauen aufgrund von »Wirtschaftsdelikten« wie Ladendiebstahl im Gefängnis landen und von ihren Kindern getrennt werden.

---

42 Anmerkung des Herausgebers der deutschen Ausgabe: Mit dem britischen Armengesetz von 1834 wurden Hilfszahlungen an arme Familien abgeschafft und alle »arbeitsfähigen« Armen in Arbeitshäuser gezwungen, wo sie unbezahlte Zwangsarbeit leisten mussten.

Die meisten Veränderungen, die die Familie als Institution untergraben, sind jedoch Folgen ökonomischer und sozialer Veränderungen und entstehen nicht durch bewusste Politik. Die Nachfrage der Kapitalisten nach billigen Arbeitskräften und der riesige Zustrom von Frauen – auch Müttern mit kleinen Kindern – auf den Arbeitsmarkt bedeutet, dass die »traditionelle« Familie, in der die Mutter zu Hause bleibt und der Mann allein das Geld verdient, heute in den meisten entwickelten Ländern nur noch in einer Minderheit von Haushalten existiert. Obwohl sich die Entwicklungen von Land zu Land unterscheiden, gibt es im Allgemeinen mehr Scheidungen und Alleinerziehende. Mehr Paare als je zuvor leben zusammen, ohne verheiratet zu sein, und »Patchworkfamilien« werden häufiger.

Es gibt viele Gründe, warum Beziehungen scheitern. Oft liegt es einfach daran, dass sich Menschen verändern, auseinanderentwickeln oder eine Beziehung hinter sich lassen wollen. Aber zweifellos ist der ökonomische und psychische Druck, den der Kapitalismus auf Familien ausübt, ein wichtiger Faktor. Lange Arbeitszeiten und stressige Arbeitsbedingungen, Geldsorgen, schlechte Wohnverhältnisse, die Notwendigkeit, Beruf und Familie unter einen Hut zu bringen – das alles zehrt an den persönlichen Beziehungen. Die wirtschaftliche Unabhängigkeit von Frauen und sich verändernde Einstellungen sind ebenfalls Faktoren. In vielen Ländern wird die Mehrzahl der Scheidungen von Frauen eingereicht. Das deutet darauf hin, dass sich ihre Erwartungen verändert haben und dass sie weniger bereit sind, in Beziehungen zu bleiben, in denen sie sich unglücklich oder unerfüllt fühlen.

Reaktion von Rechts

Darüber, wie mit diesen Veränderungen in der Familie umzugehen ist, gibt es Spannungen und Spaltungen in der herrschenden Klasse, die oft zu widersprüchlicher Politik führen. In den achtziger Jahren gewannen die Ideen der Neuen Rechten, inspiriert von Schriften von Soziolog*innen wie Charles Murray, besonders in den USA und in Großbritannien an Einfluss.

»Neue Rechte« ist ein Sammelbegriff, der verschiedene politische Positionen und Gruppen umfasst, darunter Anhänger*innen des Freien Marktes und der Christlichen Rechten. Ihnen ist gemeinsam, dass sie soziale Probleme wie Kriminalität, Schule-Schwänzen und Drogenmissbrauch als Folge moralischen Verfalls betrachten, der eng mit dem Niedergang und dem Zerfall der patriarchalen Familie verbunden sei.

Dies weist starke Ähnlichkeiten auf mit der »Familienwerte«-Propaganda des späten 19. Jahrhunderts. Die Neue Rechte sieht steigende Scheidungsraten, die wachsende Zahl von Alleinerziehenden und unehelichen Kindern und so weiter als Ausdruck einer Krise, die nur durch die Wiederherstellung der heterosexuellen, patriarchalen Familie überwunden werden könne. Nach ihren Vorstellungen sollen Frauen zu Hause bleiben und die Rolle erfüllen, für die sie biologisch vorgesehen seien: für die Geburt und Betreuung von Kindern.

Dagegen sollen Männer als Ernährer fungieren, die ihre abhängigen Frauen und Kinder disziplinieren. Die Neue Rechte steht für eine Politik, die die traditionelle Einzelfamilie stärkt und andere Formen des Zusammenlebens schwächt. Deshalb fordern sie, dass Scheidungen erschwert werden, damit Ehepaare zusammen bleiben, dass das Steuer- und Sozialsystem Ehen fördert und Alleinerziehende benachteiligt, dass Abtreibung beschränkt wird, damit Frauen weniger Kontrolle über ihre Sexualität haben, und dass Homosexualität bekämpft wird.

Die Ideen der Neuen Rechten konnten einen gewissen Einfluss auf die Regierungspolitik in Großbritannien und den USA gewinnen. Manche politischen Vertreter der herrschenden Klasse glauben offenbar, dass es möglich sei, durch Gesetze und Sozialpolitik das persönliche Verhalten der Menschen zu ändern und »die Familie wieder zusammenzuschweißen.« Aber die meisten sind sich bewusst, dass aufgrund der veränderten gesellschaftlichen Einstellungen jeder Versuch, »die Uhr zurückzudrehen«, auf massiven Widerstand treffen und höchstwahrscheinlich scheitern würde. Trotzdem spielt die Propaganda für Familienwerte eine bedeutende ideologische Rolle. Wenn Regierungen Eltern aus der Arbeiter*innenklasse die Schuld für Schule-Schwänzen und Jugendkriminalität zuschreiben, können sie mit einer gewissen Resonanz rechnen. Die meisten Eltern fühlen sich für ihre Familie verantwortlich und wollen das Beste für ihre Kinder. In einer Situation, in der keine große Partei eine kollektive Lösung für soziale Probleme vorschlägt oder die wahre Ursache benennt, das Profitsystem, das Jugendlichen keine Perspektive bietet und die Profite an die erste Stelle setzt, kann es passieren, dass manche Eltern sich selbst und andere Familien für Probleme verantwortlich machen.

Indem die herrschende Klasse die Familie als Sündenbock benutzt, kann sie von der Krise ihres eigenen Systems ablenken, gleichzeitig die Arbeiter*innenklasse spalten und kollektive Kämpfe für Veränderung untergraben. In diesem Sinn nutzt die herrschende Klasse die Familie weiter als sozialen Kontrollmechanismus.

Obwohl sie die Familie auch unter wirtschaftlichen Gesichtspunkten brauchen, versuchen Regierungen in der Regel nicht aktiv, Frauen aus der Lohnarbeit und zurück an den Herd zu drängen. Im Gegenteil haben der Bedarf der Unternehmer nach flexiblen, billigen Arbeitskräften und etliche Sozialkürzungen dazu geführt, dass immer mehr nicht berufstätige Frauen zur Lohnarbeit gedrängt wurden. In einer von Wirtschaftskrise und Rezession geprägten Situation werden viele Frauen ihre Jobs verlieren, insbesondere wenn der Öffentliche Dienst besonders hart getroffen wird. Aber weil Frauenarbeit für die kapitalistische Wirtschaft lebensnotwendig ist und weil für viele Frauen die Lohnarbeit zum Leben dazu gehört, ist der Stellenabbau in Bezug auf Arbeitsplätze von Frauen normalerweise Teil von allgemeinen Angriffen auf Jobs und öffentliche Dienstleistungen und richtet sich nicht gezielt gegen Arbeiter*innen.

Weil es zu ihren Plänen passt, die Sozialausgaben zu senken, wenn Alleinerziehende arbeiten gehen, statt Sozialhilfe zu erhalten, versuchen die Regierungen in Großbritannien und den USA, sie mit politischen Maßnahmen in Arbeit zu bekommen. Viele Alleinerziehende würden gerne außer Haus arbeiten, aber nur wenn sie ausreichend entlohnt werden, um sich und ihren Kindern einen annehmbaren Lebensstandard zu finanzieren, und die Kinder während der Arbeitszeiten gut betreut sind. Doch viele Alleinerziehende wurden in schlecht bezahlte, prekäre Jobs gedrängt, mit Löhnen kaum höher als die Sozialhilfe. Die Kinderbetreuung wird, sofern es sie gibt, überwiegend durch private Anbieter gestellt, denen der Profit wichtiger ist als die Qualität der Betreuung. Alleinerziehende, die aus gesundheitlichen oder anderen Gründen nicht arbeiten können oder die an ihrem Wohnort einfach keinen Job finden, müssen, so gut es eben geht, von viel zu geringen oder in manchen Fällen nicht vorhandenen Sozialleistungen leben.

Die Regierungen arbeiten mit Zuckerbrot und Peitsche: Auf der einen Seite beschließen sie Steuervorteile, die niedrige Löhne aufbessern und dazu beitragen sollen, Kinderbetreuung zu finanzieren. Auf der anderen Seite werden Alleinerziehende aufgrund von Kürzungen bei Sozialleistungen dazu gezwungen, sich einen Job zu suchen.

Eine Propaganda für »Familienwerte« – die Darstellung der Ehe und traditionellen Einzelfamilie als optimale Möglichkeit, Kinder großzuziehen – spielt eine wichtige Rolle, um die öffentliche Meinung auf Kürzungen bei Sozialleistungen und öffentlichen Diensten einzustimmen.

Das funktioniert jedoch nicht immer. Als die erste »New Labour«-Regierung in Großbritannien 1997 Angriffe auf die Sozialleistungen für Alleinerziehende plante, musste sie aufgrund des starken Widerstands ihre Pläne aufgeben.

Veränderung der gesellschaftlichen Einstellungen

Der Wandel der gesellschaftlichen Einstellungen, der in vielen Ländern stattgefunden hat, führte zu einer allgemein toleranteren Haltung gegenüber Formen des Zusammenlebens, die nicht der »traditionellen« Familienform entsprechen. Bis zu einem gewissen Grad hat sich die kapitalistische Ideologie dieser Veränderung angepasst. Aus der Erkenntnis, dass Hetze gegen Alleinerziehende nicht viele Wählerstimmen bringt und ihnen selbst schaden kann, haben alle großen Parteien in Großbritannien ihren Ton gemäßigt. Sie behaupten, Alleinerziehende nicht stigmatisieren zu wollen und erklären gönnerhaft, sie würden unter schwierigen Bedingungen tolle Arbeit leisten. Angriffe auf den Lebensstandard werden als »Hilfe zur Selbsthilfe« verpackt.

Einige Regierungen haben gleichgeschlechtliche Ehen und eingetragene Partnerschaften legalisiert und gleichgeschlechtlichen Paaren die Adoption von Kindern erleichtert. Wenn dem Kapitalismus ein beispielloser Wirtschaftsaufschwung bevorstünde, viel größer als der nach dem Zweiten Weltkrieg, könnte es theoretisch möglich sein, die Gesellschaft so zu organisieren, dass sie die Familie als ökonomische und ideologische Stütze nicht mehr bräuchte. Dann könnten gesellschaftliche Veränderungen in Bezug auf die Familie und den persönlichen Beziehungen anerkannt werden, ohne sie als Krise darzustellen, die »gelöst« werden müsse.

Aber dies ist eindeutig nicht die Perspektive, die dem Kapitalismus jetzt bevorsteht. Im Gegenteil: Das System steckt in einer schweren Krise, die allgemeine Entwicklungskurve des Kapitalismus zeigt nach unten. Natürlich wird es während des Abschwungs Wachstumsperioden geben, von denen einige auch mehrere Jahre lang anhalten können. Aber wegen der grundlegenden Krise der Profitabilität wird das Wachstum wahrscheinlich schwach und instabil sein. Zusammen mit der enormen Verschuldung von Verbraucher*innen und Staaten bedeutet dies, dass die herrschende Klasse ihre heftigen Angriffe auf die soziale Absicherung fortsetzen wird. Sie bedrohen die Sozialleistungen und öffentlichen Dienste, die von den Arbeiter*innen erkämpft wurden, um einige der Unsicherheiten und Stressfaktoren abzumildern, die ihr Leben zuvor bestimmt hatten, und von denen Frauen besonders profitiert haben.

Die Familie wird daher für den Kapitalismus weiterhin eine extrem wichtige Rolle spielen, ökonomisch wie ideologisch, was unweigerlich zum Konflikt zwischen ihrer Rolle als kapitalistischer Institution und als Ort der persönlichen Beziehungen von Menschen führen wird. Dies wird weitere Zickzacks und Widersprüche in Politik und Ideologie bedeuten.

Am Beispiel der häuslichen Gewalt wird dies besonders deutlich. Die Vorstellung der »Neuen Rechten«, dass Männer die moralische Vorherrschaft und Kontrolle über Frauen in der Familie ausüben sollten, passt nicht zu den veränderten gesellschaftlichen Einstellungen. In der Vergangenheit wurde häusliche Gewalt vom Staat entweder direkt legitimiert oder als »Privatsache« gesehen, in die sich der Staat nicht einmischen sollte. Durch Kampagnen von Frauen und der Arbeiterbewegung insgesamt gilt häusliche Gewalt heute in fast allen Ländern als gesellschaftliches Problem und als Verbrechen, das nicht toleriert werden darf.

Obwohl Regierungen Gesetze geändert und Maßnahmen gegen häusliche Gewalt versprochen haben, wird die Situation durch ihre Agenda der Sozialkürzungen erschwert. Es ist ein Schritt in die richtige Richtung, wenn betroffene Frauen wissen, dass die Gewalt nicht ihre Schuld ist und dass sie sich nicht damit abfinden müssen. Aber wo können sie hingehen und wovon sollen sie leben, wenn die Mittel für Frauenhäuser eingespart werden, wenn es keine Sozialwohnungen mehr gibt und Sozialleistungen zusammengestrichen werden?

In Großbritannien wurde Anfang der neunziger Jahre versucht, Staatsausgaben zu senken, indem Alleinerziehenden, die Unterhalt von Ex-Partnern erhalten, die Sozialleistungen gekürzt wurden. Mit anderen Worten: Um Geld zu sparen, versuchte der Staat, die traditionelle ökonomische Abhängigkeit der Frauen von Männern wiederherzustellen, selbst wenn sie nicht mehr zusammen lebten. Das hatte für Frauen ernsthafte Konsequenzen: Einige Männer nutzen Unterhaltszahlungen als Mittel, um Druck auf ihre Ex-Frauen auszuüben, auch mit Gewalt.

Die Grenzen der Reaktion

Mit einer Vertiefung der Wirtschaftskrise verschärfen sich die Widersprüche. Rechte Regierungen können mit einem reaktionären politischen Programm an die Macht kommen, das Angriffe auf die Frauenrechte vorsieht. Der Anteil der Nichtwähler*innen ist in den letzten Jahren kontinuierlich gestiegen.

Die Ursache hierfür ist eine Entfremdung breiter Schichten, vor allem aus der Arbeiter*innenklasse, vom politischen System. Diese Entwicklung kann dazu führen, dass Parteien mit einer relativ schmalen gesellschaftlichen Basis an die Macht kommen. Eine Schicht von Männern aus der Arbeiter*innenklasse, die ihre Arbeitsplätze in der Industrie verloren hat und keine neue Arbeit findet oder in schlecht bezahlten Jobs festsitzt, könnte für reaktionäre, frauenfeindliche Ideologien besonders anfällig sein.

Während viele Frauen aus der Arbeiter*innenklasse ökonomische und soziale Veränderungen nutzen konnten, um rückschrittliche Auffassungen über ihre Rolle in der Gesellschaft anzugreifen, haben viele Männer erlebt, dass ihre traditionelle Rolle als »Ernährer« immer weiter untergraben wird, ohne dass sich ihnen eine andere Rolle anbietet. Für Männer, die ihre »Männlichkeit« mit dieser Rolle identifizieren, kann diese Entwicklung negative emotionale und psychologische Folgen haben. Ohne Alternativen entsteht hierdurch ein fruchtbarer Boden für Vorurteile.

Weil Sexismus und Diskriminierung in der Gesellschaft seit Jahrtausenden tief verwurzelt sind, hängt zudem eine Minderheit weiter rückwärtsgewandten Ideen an. Diese kann von Parteien als Wählerbasis angesprochen und in Krisenzeiten von der herrschenden Klasse mobilisiert werden, um die Arbeiter*innenklasse zu spalten.

Wie weit die herrschende Klasse die materiellen und sozialen Fortschritte, die Frauen am Arbeitsplatz, zu Hause und in der Gesellschaft erkämpft haben, zurückdrängen kann, wird von der Stärke des Widerstands der Frauen und der ganzen Arbeiter*innenklasse abhängen. Ein wichtiger Teil dieses Widerstands wird eine vereinte, unabhängige politische Alternative der Arbeiter*innenklasse sein, die zu ökonomischen und sozialen Themen kollektiven Widerstand organisiert und die ideologischen Angriffe unter anderem auf die Frauenrechte entlarvt und bekämpft.

Teil 2
Strategien zur Veränderung

»Liberaler« Feminismus

Wie kann die Befreiung der Frau durchgesetzt werden? In der Geschichte des Kampfes für Frauenrechte entstanden auf der Basis unterschiedlicher Analysen der Ursachen der Unterdrückung unterschiedliche Strategien zur Veränderung.

Die »erste Welle des Feminismus«, angestoßen in der Mitte des 19. Jahrhunderts von Frauen aus der Mittelklasse und der wachsenden Kapitalistenklasse, hatte das Ziel, Fortschritte durch Gesetzesänderungen zu erreichen. Ihre Protagonist*innen prangerten die herrschende, gesetzlich legitimierte Ideologie an, nach der es verschiedene Lebensbereiche für Männer und Frauen geben sollte und verheiratete Frauen das Eigentum ihrer Ehemänner waren. Sie kämpften für das Recht auf eigenes Einkommen und Vermögen, das Sorgerecht für ihre Kinder nach Scheidungen und eine Vereinfachung des Scheidungsrechts.

Sie forderten auch für Frauen den Zugang zu höherer Bildung und Lehrberufen und natürlich das Wahlrecht. Im Allgemeinen wollten sie Gleichberechtigung mit den Männern ihrer eigenen Klasse innerhalb der bestehenden Wirtschafts- und Gesellschaftsordnung, auch wenn Einige Anteilnahme an der Situation von Arbeiter*innen zeigten.

Die Auffassung, dass durch schrittweise Reformen im Kapitalismus die Diskriminierung überwunden und Gleichheit erreicht werden könne, hat es in der Frauenbewegung immer gegeben; sie ist bis heute einflussreich. Es wird behauptet, dass Gleichheit durch Antidiskriminierungs- und Gleichstellungsgesetze, durch Aufklärung, die eine Sensibilisierung für die Problematik bewirken und Vorurteile bekämpfen soll, sowie durch Frauen in Führungspositionen erreicht werden könne.

Frauen in Führungspositionen

Auch nach Jahren wichtiger rechtlicher und gesellschaftlichen Fortschritte für Frauen sitzen bis heute unbestritten fast ausschließlich Männer an den Hebeln der gesellschaftlichen Macht. Frauen bleiben in den meisten nationalen Parlamenten und den Leitungsorganen globaler Institutionen, wie der UNO, dem Internationalen Währungsfonds und der Weltbank, eine Minderheit. Gruppenfotos zeigen ein Meer von Männern, uniformiert in Anzügen, zwischen denen nur hier und da mal eine Frau auftaucht. Auch in den Vorständen und Aufsichtsräten internationaler Banken und Konzerne dominieren weiterhin Männer das Bild.[43]

In einer solchen männerdominierten Welt ist es kein Wunder, dass die Parole »Frauen in Führungspositionen« zu einer der Hauptforderungen derer geworden ist, die Gleichheit zwischen den Geschlechtern wollen. Einige begründen dies mit ihrer Sicht auf die »weibliche Natur«, die anders beziehungsweise dem Mann überlegen sei. Es gäbe biologische oder gesellschaftlich gewachsene Unterschiede. Frauen gelten als weniger aggressiv und angriffslustig. Mit mehr Frauen in globalen Führungspositionen gäbe es weniger Kriege und Konflikte.

43 Anmerkung des Herausgebers der deutschen Ausgabe: Der Frauenanteil in Aufsichtsräten deutscher Großkonzerne stagniert seit Jahren bei rund zehn Prozent. Würde man die Vertreter*innen der Arbeitnehmerseite herausrechnen, ergäbe sich nur ein Frauenanteil von drei Prozent in den Aufsichtsräten. In den Vorständen der DAX-Unternehmen liegt der Frauenanteil ebenfalls bei nur drei Prozent. Quelle: www.zeit.de/karriere/2009-09/frauen-in-aufsichtsraeten

Anderen geht es nicht um die Natur der Frauen. Sie meinen, dass Frauen in Führungsposition mehr Entscheidungen zugunsten ihresgleichen, also der gesamten Frauenwelt, treffen würden – so wie es heute die mächtigen Männer zu tun scheinen. Wo Frauen hohe Ämter erreicht haben, ist dies aber nicht automatisch eingetreten. Margaret Thatcher war von 1979 bis 1990 britische Premierministerin. In diesen elf Jahren hat sie ein brutales Programm neoliberaler Angriffe durchgeführt, das für die gesamte Arbeiter*innenklasse schwerwiegende Folgen hatte, besonders für Millionen von Arbeiter*innen – und damit Menschen desselben Geschlechts wie Thatcher. Arbeitsplätze im öffentlichen Dienst wurden abgebaut, Kindergärten und andere Einrichtungen geschlossen und Alleinerziehende stigmatisiert.[44]

Es stimmt, dass Thatcher eine besonders aggressive und konfrontative Politikerin war, die nie behauptet hatte, sich für Frauenrechte einzusetzen. Aber bei Führungspersonen zählt nicht der individuelle Charakter oder das Geschlecht, sondern welche Klasseninteressen sie vertreten. Es gibt zweifellos weibliche Vorstandsvorsitzende und Manager*innen in Unternehmen, die sich als »Feminist*innen« betrachten. Aber private Unternehmen existieren, um Profit zu erwirtschaften. Wenn die Profite bedroht sind, zwingt »der Markt« die Unternehmen, alle möglichen Maßnah-

44 Anmerkung des Herausgebers der deutschen Ausgabe: In Deutschland gibt es mit Angela Merkel eine der wenigen Frauen an der Spitze einer Regierung in Europa. Doch ihr Geschlecht hat nicht zu einer sozialeren Politik oder einer Politik im Interesse von Frauen geführt. Die Lohnunterschiede zwischen Frauen und Männern bestehen fort, die Ausweitung der Teilzeitarbeit und Prekarisierung von Arbeit trifft Frauen besonders hart. In der Familienpolitik sollen durch das ab 2013 geplante Betreuungsgeld Frauen zurück an den Herd gedrängt werden. Die Kürzung des Elterngelds traf vor allem Erwerbslose. Für ALG II-Empfänger*innen wurde das Elterngeld abgeschafft.

men zu treffen, um zu überleben – egal, wie brutal sie auch sind. Wenn dies bedeutet, Beschäftigte zu entlassen oder ihre Löhne zu senken und Arbeitsbedingungen zu verschlechtern, werden sie diese Maßnahmen umsetzen, egal, ob Männer oder Frauen davon betroffen sind.[45]

Genauso verteidigen bürgerliche Politiker*innen in der Regierung letztlich nur die Interessen der herrschenden Klasse, auch wenn sie mit dem Versprechen gewählt wurden, Frauenrechte durchzusetzen. Selbst wenn sie für Frauen positive Gesetze einführen, zum Beispiel gegen häusliche Gewalt, müssen sie im Interesse der Unternehmer handeln, welche eine Wirtschafts- und Sozialpolitik verlangen, die Jobs und öffentliche Dienstleistungen abbaut. Doch gerade darauf sind Frauen aus der Arbeiter- und Mittelklasse angewiesen.

Spürbare und nachhaltige Veränderungen sind für diese Frauen nur möglich, wenn das ganze kapitalistische System in Frage gestellt wird, doch dazu sind die kapitalistischen feministischen Politiker*innen nicht bereit.

»Postfeminismus«

In den neunziger Jahren haben zahlreiche »Postfeminist*innen« erklärt, die Gleichheit der Geschlechter stünde vor der Tür. Frauen hätten eine Vielzahl an Reformen erreicht, so dass es für sie keine gesetzlichen Hürden mehr gäbe. Mädchen bekämen bessere Schulnoten als Jungen,

45 Anmerkung des Herausgebers der deutschen Ausgabe: Ein gutes Beispiel in Deutschland stellt Frau Schaeffler dar. Jahrelang bereicherte sie sich an der Ausbeutung der über 60.000 Arbeiter und Arbeiterinnen in ihrem Unternehmen. Laut US-Wirtschaftsmagazin Forbes gehört die Familie Schaeffler mit einem Vermögen von 5,4 Milliarden Euro zu den hundert reichsten Familien der Welt. Als ihr Unternehmen nach der Übernahme von Continental in die Schieflage gerat, weinte sie Krokodilstränen und bettelte beim Staat um Hilfe.

Frauen setzten sich auf dem Arbeitsmarkt durch und bekämen immer mehr einflussreiche Machtpositionen. Das wichtigste Hindernis für die Gleichheit sei nicht das ökonomische und soziale System des »Patriarchats«, sondern die Einstellung der Frauen selbst. Laut den »Postfeminist*innen« habe der Feminismus Frauen zu lange als »Opfer« dargestellt. Um stärker zu werden, müssten Frauen den »Opferstatus« hinter sich lassen und die neuen Möglichkeiten nutzen, die sich ihnen präsentierten.[46] Sie betonen die Notwendigkeit individueller Veränderung statt kollektiver Kämpfe. Damit stellt ihre Ansicht ein Abbild der Ideen der neoliberalen Regierungen, insbesondere der USA und Großbritanniens, dar. Die herrschende Ideologie verlangt »Eigenverantwortung« und behauptet, dass es an den persönlichen Schwächen der Menschen läge, wenn sie nicht erfolgreich seien – und nicht am System. Frauen müssten folglich nicht die Gesellschaft, sondern sich selbst verändern.

Es gab einige Versuche von »Alt-Feminist*innen«, sich den besonders über die Medien verbreiteten Ideen des »neuen Feminismus« entgegenzustellen. In ihrem Buch »Die ganze Frau« beschreibt Germaine Greer die Unterdrückung und Diskriminierung, unter der Frauen weiterhin leiden.[47] Aber ihre Analyse ist einseitig: Sie blendet die enormen ökonomischen und sozialen Veränderungen aus, die seit der Frauenbewegung der späten sechziger und siebziger Jahre stattgefunden haben.

»Postfeministische« Ideen haben teilweise eine Grundlage in der materiellen Realität. Frauen haben im Kampf um gleiche Rechte große Fortschritte erzielt und Diskriminierung ist in den meisten fortgeschrittenen kapitalis-

46 Vgl. Naomi Wolf: a.a.O.

47 Vgl. Germaine Greer: The Whole Woman, Doubleday 1999

tischen Ländern gesetzlich verboten. Gesellschaftliche Einstellungen zu Frauen haben sich binnen relativ kurzer Zeit gewandelt, zum Beispiel akzeptieren heute die meisten Menschen, dass Frauen außer Haus arbeiten. Diese Veränderungen wirken sich auch auf die Beziehungen zwischen Männern und Frauen aus. Zweifellos fühlen zahlreiche Frauen sich ökonomisch und sexuell selbstbewusster. Viele Frauen, besonders junge und gebildete, merken, dass sie die gleichen Qualitäten wie Männer, wenn nicht noch mehr, besitzen. Während ihnen die gesellschaftlichen Ungleichheiten oft bewusst sind, glauben sie trotzdem, dass sie persönlich Erfolg haben werden. Bei manchen wird dies auch der Fall sein. Aber die meisten Frauen aus der Arbeiter*innenklasse stoßen in ihrem Bemühen um eine Verbesserung des eigenen Lebens an eine Grenze, egal, wie entschlossen sie ihr Ziel verfolgen mögen. Diese Grenze ist die ökonomische, materielle und kulturelle Ungleichheit - ein Kernbestandteil des Kapitalismus. Die Frau aus der Arbeiter*innenklasse, die keine angemessene, bezahlbare Kinderbetreuung findet, hat meistens keine andere Wahl, als einen schlecht bezahlten Teilzeitjob anzunehmen. Die Alleinerziehende, die studieren will, um ihre »Chancen« im Leben zu verbessern, wird durch Kürzungen bei Stipendien, Erhöhungen der Studiengebühren und Kita-Schließungen davon abgehalten.

Die Schere zwischen Arm und Reich hat sich international immer weiter geöffnet. Damit vergrößert sich gleichzeitig der Abstand zwischen solchen Frauen, die auf der Karriereleiter in die Höhe geklettert sind, auch wenn sie dabei nicht bis nach ganz oben gelangen, und den Frauen, die ganz unten verbleiben. Aber natürlich sind auch Frauen, die durch die wirtschaftlichen und gesellschaftlichen Veränderungen ihre Situation verbessern konnten, weiterhin der sexuellen und kulturellen Unterdrückung ausgesetzt, die alle Frauen betrifft.

Einstellungen verändern

Kampagnen zur Sensibilisierung für Sexismus und Diskriminierung sind wichtig und können eine gewisse Wirkung haben. Wir können und sollten individuelle Vorurteile und rückständige Einstellungen in Frage stellen, dafür kämpfen, sexistisches Verhalten zu ändern und uns gegen Geschlechterstereotypen wehren. Dabei können wir uns jedoch nicht der Realität entziehen, dass individuelle Ansichten, Verhaltensweisen und Identitäten von Geburt an durch das vorherrschende Wirtschafts- und Gesellschaftssystem konstruiert, geformt und beeinflusst werden, durch die Werte, Bilder und sozialen Rollen, die durch ein komplexes Geflecht ideologischer Institutionen und Mechanismen - Familie, Bildung, Justiz, Medien, Werbung, Kunst und Kultur, Religion, Wissenschaft usw. - reproduziert und gefördert werden und die von uns allen, oft unbewusst, verinnerlicht werden. Kämpfe, die darauf abzielen, uns selbst oder andere zu verändern, werden also unweigerlich durch die Zwänge des kapitalistischen Systems selbst eingeschränkt.

Sozialistische Veränderung

Der Kapitalismus ist nicht imstande, Sexismus und Diskriminierung zu beenden und die Befreiung der Frau zu ermöglichen, da er selbst auf Ungleichheit, Ausbeutung und Unterdrückung basiert. Zwar können Verbesserungen im Leben von Frauen erkämpft und einige auch durchgesetzt werden, aber die Krise des kapitalistischen Systems hat zur Folge, dass diese Fortschritte begrenzt und ständig in Gefahr sind. Echte Befreiung kann daher nicht durch eine schritt- und stückweise Umgestaltung des bestehenden Systems erreicht werden. Wir brauchen eine revolutionäre Veränderung der gesamten Struktur und Funktionsweise der Gesellschaft. Aufgrund der doppelten Unterdrückung, die Frauen im Kapitalismus als Arbeiter*innen und als Frauen erleben, haben Frauen aus der Arbeiter*innenklasse ein besonderes Interesse daran, die Gesellschaft zu verändern. Durch die Abschaffung aller Ungleichheiten in Bezug auf Reichtum, Macht und Autorität würde eine sozialistische Gesellschaft die Grundlage für die Befreiung aller Frauen schaffen.

Sozialismus

In einer sozialistischen Gesellschaft würden die Produktionsmittel zur Schaffung von Wohlstand der kleinen nicht gewählten Elite, deren Ziel die Profitmaximierung ist, entzogen und der demokratischen Kontrolle der arbeitenden Bevölkerung unterstellt.

Die Gesellschaft könnte durch Planung auf die Bedürfnisse der Mehrheit ausgerichtet werden, statt nur einer privilegierten Minderheit zu dienen. Auf diese Weise könnte die Grundlage für die Abschaffung von Armut, Ungleichheit, Gewalt, Unterdrückung und Umweltzerstörung gelegt werden. Alle bestehenden Technologien und der vorhandene Reichtum könnten zum Wohl der ganzen Gesellschaft und ökologisch nachhaltig eingesetzt werden. Neue Technologien und neuer Wohlstand könnten geschaffen werden, indem Überproduktion und Verschwendung, die der Kapitalismus hervorbringt, verschwinden und die Produktion im Sinne von Mensch und Natur geplant wird.

Heutzutage werden, trotz demokratischer Fassade die Entscheidungen über die meisten Themen, die unser Leben betreffen, letztlich von der kleinen Minderheit getroffen, die die Wirtschaft und die Gesellschaft kontrolliert. Eine sozialistische Gesellschaft, in der die Banken und großen Unternehmen in öffentlichem Eigentum sind, würde den Beschäftigten ermöglichen, selbst die Kontrolle über alle Aspekte ihres Lebens zu übernehmen. Durch demokratisch gewählte Komitees in den Betrieben und Wohngebieten könnten sie auf jeder Ebene an der Gestaltung der Gesellschaft mitwirken.[48]

48 Vgl. Hannah Sell: Socialism in the 21st century, Socialist Publications Ltd 2002

Wirtschaftliche Unabhängigkeit

Eine sozialistische Gesellschaft würde das Leben aller Frauen entscheidend verändern, insbesondere das der Arbeiter*innen. Das Ende der profitorientierten Produktion und ihre Ersetzung durch demokratische kollektive Planung würde Ressourcen freisetzen, die ein Mindesteinkommen und einen guten Lebensstandard für alle ermöglichen würden.

Dadurch würde Frauen wirtschaftliche Unabhängigkeit garantiert, der Armut, insbesondere der Altersarmut, ein Ende bereitet und damit Frauen ermöglicht, wirklich frei über ihre persönlichen Beziehungen zu entscheiden. Eine Planwirtschaft würde in öffentliche Dienstleistungen wie Kinderbetreuung, Altenpflege und Hilfen für Menschen mit Behinderungen investieren und so die Belastung verringern, unter der heute Familien – und besonders Frauen – leiden. Im Kapitalismus werden Frauen ständig Schuldgefühle bereitet – wenn sie zu Hause bleiben wollen, um sich um ihre Kinder zu kümmern und dafür Sozialleistungen beanspruchen, aber auch wenn sie die Kinder alleine lassen, um zur Arbeit zu gehen. Gute, flexible Kinderbetreuungsmöglichkeiten, die Kindern und Eltern gut tun, würden Schuldgefühle überflüssig machen und Eltern eine echte Wahlmöglichkeit geben.

Auch durch eine drastische Verringerung der Wochenarbeitszeit würde sich das Leben von Frauen und Männern verändern. Man hätte mehr Zeit für Beziehungen, Freizeitaktivitäten, Ausbildung und Bildung. Frauen könnten dadurch ihre Potenziale voll ausschöpfen, was für die meisten im Kapitalismus unmöglich ist. Sie könnten auch an der demokratischen Entscheidungsfindung und Leitung der Gesellschaft teilnehmen, ob im Betrieb, im Wohngebiet oder auf einer höheren Ebene.

Öffentliche Daseinsvorsorge

In der kapitalistischen Gesellschaft ist der Mangel an Wohnraum für viele Lohnabhängige und Jugendliche sehr problematisch. Wenn Beziehungen scheitern, können Frauen aus der Arbeiter*innenklasse obdachlos werden oder gezwungen sein, in miserablen Unterkünften zu leben. Auch das Verhältnis zwischen Männern aus der Arbeiter*innenklasse und ihren Kindern leidet im Fall der Trennung, weil die Sozialsysteme und die Wohnungen auf die Kleinfamilie – Mann, Frau, ein bis zwei Kinder – zugeschnitten sind. Qualitativ hochwertige öffentliche Wohnungen könnten hingegen flexibel an die Bedürfnisse der Menschen angepasst werden. Die Belastungen, die teure oder zu kleine Wohnungen für die persönlichen und familiären Beziehungen verursachen, würden entfallen. Wenn Beziehungen aus irgendeinem Grund enden, würden weder Frauen noch Kinder oder Männer benachteiligt. Und wenn die heutige Kleinfamilie keine ökonomischen und sozialen Funktionen mehr zu erfüllen hätte, könnten Menschen frei Beziehungen eingehen und zusammenwohnen, mit wem sie wollen; verschiedenste Formen wären möglich.

Im Sozialismus könnten auch Nutzer*innen demokratisch an der Verwaltung der Leistungen der öffentlichen Daseinsvorsorge beteiligt werden. Ein demokratisch geplanter und integrierter Nahverkehr würde beispielsweise die Bedürfnisse aller Nutzer*innen und der Umwelt berücksichtigen. Andere Dienstleistungen, die jetzt von privaten Firmen angeboten werden und oft nur für Reiche zugänglich sind, könnten von der Gesellschaft für alle zur Verfügung gestellt werden. Öffentliche Restaurants von bester Qualität würden es allen ermöglichen, auswärts zu essen, statt zu Hause zu kochen, falls sie dies möchten. Auch viele andere Hausarbeiten könnten kollektiv erledigt werden. Im Kapitalismus findet das gewissermaßen schon statt, aber die Hilfe von Reiniger*innen, Gärtner*innen und Innenarchitekt*innen können sich hauptsächlich die Reichen leisten. Neue technische Entwicklungen könnten die Plackerei und Monotonie vieler Tätigkeiten verringern - im Betrieb wie im Haushalt.

Echte Wahlfreiheit

Ein sozialistisches Gesundheitswesen wäre angemessen ausgestattet, um wissenschaftliche und technische Fortschritte zum Nutzen Aller einzusetzen. Investitionen in präventive Maßnahmen würden massiv erhöht. Das würde für Frauen eine bessere Gesundheitsversorgung bedeuten und gleichzeitig die Freiheit zu entscheiden, ob und wann sie Kinder bekommen.

Obwohl ein verbesserter Zugang zu Verhütungsmitteln und zu Abtreibung das Leben von Frauen in vielen Ländern enorm verändert hat, gibt es bis heute keine wirklich »freie Wahl.« Verhütungsmittel sind nicht hundertprozentig sicher, nicht immer verfügbar und bergen oft Risiken für die Gesundheit der Frau. In einer sozialistischen Gesellschaft würden die Unternehmen, die Verhütungsmittel herstellen, in öffentliches Eigentum überführt und ins Gesundheitssystem integriert. Durch die Abschaffung der Profitorientierung könnten bessere Verhütungsmöglichkeiten erforscht werden, die größere Sicherheit bieten und das Gesundheitsrisiko für Frauen verringern. Auch andere Probleme wie Menstruations- und Wechseljahresbeschwerden könnten besser erforscht und schließlich bessere Heilmittel entwickelt werden.

Heute ist das Recht von Frauen auf Abtreibung sogar in Ländern mit relativ liberalen Gesetzen gefährdet – aufgrund von finanziellen Kürzungen und moralischem und religiösem Gegenwind. In Italien weigern sich zum Beispiel mehr als siebzig Prozent der Ärzt*innen im öffentlichen Gesundheitswesen aus »Gewissensgründen«, Abtreibungen durchzuführen. Oft werden sie von der katholischen Kirche unter Druck gesetzt. In Italien sind Abtreibungen in Privatpraxen verboten.

In einer sozialistischen Gesellschaft wäre der Zugang zu einem möglichst sicheren und frühen Schwangerschaftsabbruch für alle Frauen, die ihn brauchen, sichergestellt. Doch die Zahl der ungewollten Schwangerschaften würde sowieso zweifellos erheblich sinken – durch bessere Verhütungsmöglichkeiten, durch eine Sexualaufklärung, die von den heutigen moralischen und sozialen Fesseln befreit ist, und durch die ökonomischen Veränderungen im Leben von Frauen und Männern. Paaren mit Fruchtbarkeitsproblemen würde aufgrund von Geldmangel oder moralischen Einwänden nicht das Recht entzogen, Kinder zu bekommen. In einer Planwirtschaft könnten Ressourcen für die Entwicklung von Behandlungsmethoden bei Unfruchtbarkeit eingesetzt werden und die Ausgaben für die Erforschung von Umwelteinflüssen und anderen Ursachen für Unfruchtbarkeit massiv erhöht werden.

Gesellschaftliche Einstellungen

Selbst in einer so kurzen Darstellung wird klar, dass sich durch einen Wechsel von der Anarchie des Profitsystems zu einem demokratisch geplanten sozialistischen System die materielle Lebenssituation der ganzen Arbeiter*innenklasse und insbesondere von Frauen drastisch verbessern würde. Darüber hinaus, wie Engels dargelegt hat, bewirkt eine Veränderung der ökonomischen Basis der Gesellschaft auch eine Veränderung der sozialen Beziehungen.

Der Kapitalismus basiert auf dem Privateigentum an den Produktionsmitteln und seine Triebfedern sind Profit und Konkurrenz. Er ist ein auf Ausbeutung und Ungleichheit basierendes System. Dies spiegelt sich in sozialen Strukturen, in den Werten und der Kultur der Gesellschaft und in den persönlichen Beziehungen wider.

Im Sozialismus wäre die Wirtschaft dagegen in kollektivem Eigentum und demokratisch strukturiert. Ausbeutung, Ungleichheit und Hierarchie würden ersetzt durch Kooperation. Dies würde sich zwangsläufig auf die Verhältnisse der Menschen untereinander und die gesellschaftlichen Einstellungen auswirken, wie wir am Beispiel der frühen Jäger- und Sammlergesellschaften gesehen haben.

Eine Gesellschaft, die nicht auf Privateigentum, Vermögens- und Machthierarchien basiert und in der die Familie keine soziale und ökonomische Institution mehr darstellt, wäre die Grundlage für die völlige Abschaffung von Gewalt gegen Frauen.

Wären Frauen wirtschaftlich wirklich unabhängig und würde das Profitstreben nicht mehr vorherrschen, würden auch Frauenkörper nicht mehr darauf reduziert werden, eine Ware zu sein, die man kaufen oder verkaufen kann. Kapitalistische Doppelmoral, Moralisierung und Genderstereotype würden uns nicht mehr vorschreiben, wie wir aussehen, wie wir uns verhalten und wie wir unsere Sexualität und Identität ausleben sollen.

Die materiellen Veränderungen, die der Sozialismus hervorbringt, wären der Grundstein für die völlige Abschaffung aller Formen von Unterdrückung. Aber Einstellungen, die über Jahrtausende von Klassengesellschaften geprägt wurden, werden nicht über Nacht verschwinden, nur weil sich die materiellen Bedingungen geändert haben. Menschen, die im Kapitalismus geboren und aufgewachsen sind, verinnerlichen von Geburt an Bilder, Ideen und Verhaltensnormen. Tief verwurzelte Ideen und Einstellungen können sich, auch nachdem ihnen die materielle Basis entzogen wurde, lange halten. Deshalb könnte man im Sozialismus im Rahmen eines demokratischen Bildungssystems und demokratisch kontrollierter Medien, eine Kampagne starten, um ideologische »Überbleibsel« der kapitalistischen Gesellschaft wie Sexismus, Rassismus und Homophobie herauszufordern und zu verändern.

Die russische Revolutionärin Alexandra Kollontai hat die Verbindung zwischen sozialem und ökonomischem Wandel und sexuellen und persönlichen Beziehungen im späten 19. und frühen 20. Jahrhundert untersucht. Für Kollontai war »das Private politisch«, lange bevor die zweite Welle der Frauenbewegung diesen Slogan bekannt machte. Sie schrieb von der Notwendigkeit einer »Revolution in der menschlichen Psyche.« Nur die ökonomische Basis der Gesellschaft zu ändern, würde nicht ausreichen, um die Frauenunterdrückung zu überwinden; auch eine kulturelle und psychologische Revolution wäre notwendig. Das traf besonders in Russland zu, einem wirtschaftlich und sozial rückständigem Land, in dem mehrheitlich Bauern lebten. Aber auch in fortgeschrittenen kapitalistischen Ländern, wo sich die gesellschaftlichen Einstellungen relativ schnell verändert haben, wäre eine kulturelle Revolution erforderlich.

Was geschah in Russland?

Alexandra Kollontai war Mitglied der Bolschewiki, der Partei, die 1917 eine revolutionäre Massenbewegung von Arbeiter*innen und Bäuer*innen anführte. Diese Bewegung stürzte Kapitalismus und Großgrundbesitz und begann in Russland, einen Arbeiterstaat zu errichten.

Dieses Ereignis von welthistorischer Bedeutung inspirierte Arbeiter*innen in der ganzen Welt und machte ihnen bewusst, dass es eine Alternative zum kapitalistischen Horror gab und eine sozialistische Veränderung der Gesellschaft möglich war.

Der darauffolgende Aufstieg einer stalinistischen Bürokratie zerstörte viele Errungenschaften der Revolution. Sie stärkte die Argumentation derer, die behaupteten, eine sozialistische Revolution würde zwangsläufig entarten und Frauenunterdrückung und Patriarchat würden in einer sozialistischen Gesellschaft weiter bestehen.

Der Zusammenbruch der Sowjetunion und der osteuropäischen Staaten in den späten achtziger und frühen neunziger Jahren löste einen neuen Sturm von antisozialistischer Propaganda aus, die den Kapitalismus als einzig mögliches und belastbares Wirtschafts- und Gesellschaftssystem darstellte.

Errungenschaften der Revolution

Die echten Fortschritte, die die russische Revolution der gesamten Arbeiter*innenklasse und besonders den Frauen brachte, gerieten in Vergessenheit oder wurden bis zur Unkenntlichkeit verzerrt. Die Frauenbefreiung war ein Kernpunkt des Programms der Bolschewiki und die Revolution machte radikale Reformen möglich. Diese Errungenschaften übertrafen bei weitem die Fortschritte, die Frauen in wirtschaftlich weiter entwickelten kapitalistischen Ländern erreicht hatten.

Zum Beispiel wurde die Ehe zu einem einfachen Verwaltungsakt, beide Partner hatten das Recht, sich scheiden zu lassen. Alle Frauen, die einen Schwangerschaftsabbruch brauchten, konnten diesen legal und kostenlos vornehmen lassen. Homosexualität wurde legalisiert. Das Prinzip »Gleicher Lohn für gleiche Arbeit« wurde eingeführt. Neue Arbeitsschutzgesetze verbesserten die Situation der Arbeiter*innen. Sie hatten jetzt Anspruch auf 16 Wochen bezahlten Mutterschutz; stillende Mütter mussten nur noch vier Tage in der Woche arbeiten und hatten ein Recht auf regelmäßige Stillpausen.

Aber neben diesen wichtigen Fortschritten erkannten die Bolschewiki auch, dass die Belastung der Frauen durch Hausarbeit in der Familie überwunden werden musste. Dies würde ihnen ökonomische Unabhängigkeit, Entscheidungsfreiheit in den persönlichen Beziehungen und eine vollständig gleichberechtigte Teilhabe in der Gesellschaft ermöglichen.

In ihrem 1919 beschlossenen Programm erklärte die Kommunistische Partei (wie die Bolschewiki sich seit 1918 nannten): »Die Partei, die sich nicht auf die formale Gleichberechtigung der Frauen beschränkt, ist bestrebt, die Frauen von den materiellen Lasten der veralteten Hauswirtschaft zu befreien, indem sie an deren Stelle kommunale Häuser, öffentliche Speisehäuser, zentrale Wäschereien und Kinderkrippen setzt.« Hausarbeit und Kinderbetreuung sollten keine individuelle, private Aufgabe der Frauen in der Familie sein, sondern vergesellschaftet und öffentlich vom Staat bereitgestellt werden.

Kindertagesstätten, Kindergärten, öffentliche Wäschereien und Restaurants wurden eröffnet und das kostenlose Schulessen eingeführt. In Petrograd, damals die am stärksten industrialisierte russische Stadt, entschieden sich 1920 neunzig Prozent der Bevölkerung in öffentlichen Restaurants zu essen.

Wandel der Einstellungen

Aber die Arbeiterregierung musste auch das bestehende Bewusstsein von Männern und Frauen berücksichtigen. Frauen waren ein bedeutender Teil der Lohnabhängigen (40 Prozent während des Ersten Weltkriegs). Sie wurden aufgrund dessen wirtschaftlich unabhängiger und schätzten ihre Rolle in der Gesellschaft anders ein. Trotzdem lebten die meisten Frauen – und Männer – auf dem Lande, wo in der bäuerlichen Familie noch patriarchale Strukturen und rückständige Auffassungen vorherrschten – das männliche Familienoberhaupt übte Macht und Kontrolle über seine Frau aus. Viele Bäuer*innen lehnten die öffentliche Kinderbetreuung ab; sie glaubten, die Regierung wolle ihnen die Kinder wegnehmen. Sie misstrauten allem, was sie als Gefahr für die Familie oder ihrer Rolle darin sahen. Im Programm von 1919 ist daher auch zu lesen: »Aufgabe der Partei ist gegenwärtig vorwiegend die ideologische und erzieherische Arbeit, um alle Spuren der früheren Ungleichheit beziehungsweise der Voreingenommenheit, besonders unter den zurückgebliebenen Schichten des Proletariats und der Bauernschaft, konsequent zu tilgen.« Eine bewusste Kampagne war notwendig, um die in der Gesellschaft tief verwurzelten rückständigen und reaktionären Einstellungen gegenüber Frauen zu überwinden.

Zu diesem Zweck gab es koordinierte Maßnahmen, um Frauen aktiv am Aufbau der neuen Gesellschaft zu beteiligen. Schon bei der Durchführung der Revolution hatten Frauen eine wichtige Rolle gespielt. Die Februarrevolution 1917 hatten Arbeiter*innen ausgelöst, die am Internationalen Frauentag zu Tausenden zu den Fabriken marschiert waren und Frieden, Brot und den Sturz der Zarenherrschaft gefordert hatten. Ihre Tatkraft beim Umbau der Gesellschaft und für ihre eigene Befreiung war nun unverzichtbar.

1919 wurde für die politische Arbeit unter Frauen eine eigene Frauenabteilung der Kommunistischen Partei gegründet, die Zhenotdel. Auf allen Ebenen entstanden »Frauenkommissionen«, um die Frauen in die Partei und den Aufbau der neuen Gesellschaft einzubeziehen. Die Zhenotdel arbeitete an Themen wie Kinderbetreuung, Wohnraum, Gesundheitsversorgung und Prostitution. Sie organisierte Delegiertenkonferenzen der Arbeiter*innen und Bäuer*innen und delegierte Frauen zur Arbeit in Behörden und der Partei. Junge Arbeiter*innen beteiligten sich mit großem Einsatz an der Öffentlichkeitsarbeit unter Frauen auf dem Land und in abgelegenen Gebieten.

Die Zhenotdel veröffentlichte Zeitungen und Magazine, organisierte Diskussionen und Ausstellungen und entwickelte neue Methoden zur Stärkung des Selbstbewusstseins von Frauen, von denen viele nicht lesen konnten. Besonders schwierig war es, Muslima in Zentralasien zu erreichen, wo weibliche Freiwillige manchmal physisch angegriffen oder sogar grausam ermordet wurden. Trotz der extrem gefährlichen Bedingungen gingen sie weiter auf die Frauen in diesen Gebieten zu und führten geheime Treffen durch, etwa in Badehäusern.

Die Revolution entfesselte enorme kreative Potentiale, die sich auf jeden Lebensbereich der Menschen auswirkten, auch auf sexuelle und persönliche Beziehungen. Besonders junge Menschen hinterfragten die bestehenden Formen des Zusammenlebens und experimentierten mit neuen Möglichkeiten, miteinander zu leben und umzugehen.

Grenzen der Befreiung

Obwohl die Führungskräfte der Kommunistischen Partei die besten Absichten hegten, war ihrem Programm für die sozialistische Veränderung und Frauenbefreiung durch die kulturelle und materielle Rückständigkeit Russlands Grenzen gesetzt. Der Weltkrieg, der das Land ruiniert hatte, und ein brutaler Bürgerkrieg, in den die imperialistischen Mächte eingriffen, um den neuen Arbeiterstaat zu zerschlagen, verschlimmerten die Lage.

Kollontai erkannte, dass die Vergesellschaftung der »Frauenarbeit« in einem unterentwickelten, durch Krieg und Bürgerkrieg verwüsteten Land nicht leicht umsetzbar war. 1919 und 1920 starben allein 7,5 Millionen Russ*innen an Hunger und Epidemien. 1920 erreichte die industrielle Produktion in Russland nur 12,9 Prozent des Standes von 1913.

So gab es zwar viele Gemeinschaftsrestaurants in der Hauptstadt, aber ihre Zahl in den anderen Gebieten war sehr unterschiedlich, oft gab es gar keine. Häufig war das Essen so schlecht, dass Arbeiter*innen lieber einen Bogen um die Volksküchen machten und stattdessen zu Hause aßen. Das trug dazu bei, die traditionelle Aufgabenverteilung in der Familie wiederherzustellen.

Die vorherrschenden materiellen Bedingungen behinderten auch Versuche, die persönlichen Beziehungen zu verändern. 1921 wurden die Neue Ökonomischen Politik

(NEP) und mit ihr, zeitlich begrenzt, Marktmechanismen eingeführt, um die Produktion wiederzubeleben. Als Folge davon stieg die Arbeitslosigkeit stark an, besonders viele Frauen verloren ihre Arbeitsplätze. 1923 waren 58 Prozent der Arbeitslosen in Petrograd Frauen. Formal hatten Frauen das Recht, sich scheiden zu lassen, aber in Wirklichkeit hatten die meisten aufgrund Arbeitslosigkeit und Armut keine Wahl. Sie mussten aus wirtschaftlicher Not in unglücklichen Beziehungen bleiben.

Durch ihre Arbeit konnten die Mitglieder der Zhenotdel sehr erfolgreich das Bewusstsein der Frauen verändern. Sie stellten sicher, dass sich die Partei und die Regierung mit ihren Problemen befassten, und ermutigten Frauen, sich an der Verwaltung der Gesellschaft zu beteiligen. Aber die Arbeit der Frauenabteilung wurde behindert – durch den Bürgerkrieg, durch Personalmangel und die Tatsache, dass die Frauen an Erschöpfung durch ihre Aufgaben in der Familie und am Arbeitsplatz litten.

Konterrevolution

Die Bolschewiki hatten immer argumentiert, dass es unmöglich ist, den Sozialismus in einem Land aufzubauen, insbesondere nicht in einem wirtschaftlich und kulturell so rückständigen wie dem damaligen Russland. Die Revolution musste international ausgeweitet werden, in die fortgeschrittenen kapitalistischen Länder wie Großbritannien und Deutschland. Alle Reformen, die die Arbeiterregierung einführte, waren daher nicht nur im Interesse der russischen Arbeiter*innen und Bauern, sondern dienten als Beispiele für die Arbeiter*innenklassen in anderen Ländern. Sie sollten sie motivieren, sich für eine revolutionäre Veränderung der Gesellschaft zu organisieren.

In vielen Ländern wurden Arbeiter*innen und Arbeiter von den Ereignissen in Russland inspiriert. In Europa und anderen Ländern brachen revolutionäre Bewegungen aus. Doch gelang es keiner von ihnen, den Kapitalismus zu stürzen. Der Grund dafür lag in den Schwächen der jeweiligen revolutionären Führungen in diesen Ländern. Das Scheitern dieser Revolutionen und die daraus entstehende Isolation Russlands verstärkte die Demoralisierung in der russischen Arbeiter*innenklasse, welche bereits geschwächt war durch Krieg, Hungersnot und lange Arbeitszeiten.

Die wirtschaftliche Rückständigkeit des Landes und die internationale Isolation der Revolution trugen dazu bei, dass die Arbeiterdemokratie und viele Errungenschaften der Revolution demontiert werden konnten. Gleichzeitig gelangte eine bürokratische Elite an die Macht, deren Ziel vor allem die Verwaltung der Gesellschaft mit dem Ziel des eigenen Machterhalts war. Während die Planwirtschaft, basierend auf staatlichen Eigentum an den Produktionsmitteln, bestehen blieb, wurde die Arbeiterkontrolle und -verwaltung durch die Räte durch eine bürokratisch-zentralistische Kommandowirtschaft von oben ersetzt. Die Wirtschaft wuchs, jedoch verbunden mit extremen Lasten für das Leben von Arbeiter*innen und Bauern und die Umwelt.

Errungenschaften von Frauen untergraben

Die Interessen der Arbeiter*innen, darunter auch der Frauen, wurden unter der Leitung Stalins den Interessen der Bürokratie untergeordnet. 1928 erzwang Stalin die Industrialisierung und die Kollektivierung des Landes. Er war getrieben von der Angst, dass die stärker werdenden prokapitalistischen Elemente in der Sowjet-Gesellschaft zur Bedrohung für die Herrschaft der Bürokratie werden könnten. Durch die Industrialisierung und Kollektivierung wurden Millionen von Frauen zur Lohnarbeit gezwungen. Gleichzeitig ließ man öffentliche Einrichtungen wie Kindergärten, Volksküchen und Wäschereien absichtlich verkommen – viel mehr als dies wirtschaftlich notwendig gewesen wäre.

Grund dafür war, dass die Rückkehr der patriarchalen Familie im Interesse der Bürokratie war, die sie als Instrument zur sozialen Kontrolle brauchte. Sie spiegelte die hierarchische Struktur des bürokratischen Staats wider und wurde zu einem Ort, wo besonders junge Menschen diszipliniert werden konnten, damit sie die Macht der bürokratischen Elite nicht in Frage stellten. Daher wurden viele Gesetze zur Stärkung der Familie als ökonomischer und sozialer Einheit erlassen. Weil mehr Arbeitskräfte gebraucht wurden, startete die Regierung Propagandakampagnen über die Freuden der »Mutterschaft« und forderte von den Frauen eine höhere Geburtenrate.

Viele rechtliche Verbesserungen, die die Revolution den Frauen gebracht hatte, wurden wieder zurückgenommen. Scheidungen wurden erschwert, Abtreibung in den meisten Fällen verboten. In den Jahren 1938/39 wurden 12,7 Prozent aller Todesfälle von Frauen, die in Städten lebten, durch illegale Abtreibungen verursacht.

1930 wurde die Zhenotdel formal aufgelöst, obwohl die ursprünglichen Ziele der Revolution, wie die volle ökonomische, soziale und sexuelle Gleichheit der Geschlechter, noch lange nicht erreicht waren.

Sozialistische Demokratie

Entgegen der Darstellung der Verteidiger des Kapitalismus ist eine bürokratische Degeneration nicht das unvermeidbare Ergebnis jeder sozialistischen Revolution. Genauso wenig stimmt es, dass die Unterdrückung der Frau ewig existieren wird, selbst im Sozialismus. Der Aufstieg der stalinistischen Bürokratie und die Zerstörung der Errungenschaften der Revolution haben ihre Ursache in den spezifischen Verhältnissen, die damals in Russland und international bestanden.

Eine demokratische Arbeiterregierung in einem wirtschaftlich weiter fortgeschrittenen Land, stünde heute nicht vor denselben ökonomischen und kulturellen Problemen, wie die Bolschewiki nach der Revolution 1917.

Allerdings gilt: Der Sozialismus würde zwar die Grundlagen für die Veränderung der ökonomischen und sozialen Beziehungen schaffen, aber notwendig wäre auch die aktive Teilnahme von Frauen und Männern aus der Arbeiter*innenklasse an der Planung und Lenkung der Gesellschaft, ebenso wie eine Veränderung der Auffassungen und Einstellungen. Hinzu kommt, dass die kapitalistischen Kräfte in den anderen Ländern erneut eine ernste Bedrohung darstellen würden. Deshalb kann Sozialismus nur international durchgesetzt werden und muss auf einer Arbeiterdemokratie basieren.

Klasse und Identität

Welche Rolle spielen Frauen heute im Kampf für eine sozialistische Gesellschaft? Sozialist*innen und Marxist*innen gehen davon aus, dass die Arbeiter*innenklasse die einzige Kraft ist, die den Kampf für eine fundamentale Veränderung der Gesellschaft führen kann. Das ist keine »romantisierende«, traditionelle Verklärung der Arbeiter*innenklasse, sondern in ihrer Stellung im kapitalistischen Produktionsprozess begründet. Der Kapitalismus ist ein auf Wettbewerb und Profitproduktion ausgerichtetes System. Der Mehrprodukt, auf dem der Profit basiert, entsteht durch die Ausbeutung der unbezahlten Arbeit der Arbeiter*innenklasse.

Es gibt einen ständigen Kampf um diesen Überschuss zwischen den Besitzern der Produktionsmittel, den Kapitalisten und den Produzent*innen, den Arbeitenden. Dieser äußert sich in Auseinandersetzungen am Arbeitsplatz um Löhne, Arbeitszeiten, Arbeitsintensität und -bedingungen sowie im Kampf um den Erhalt und den Ausbau der öffentlichen Daseinsvorsorge. Die Arbeiter*innenklasse hat daher ein gemeinsames Interesse, ihre Ausbeutung im Kapitalismus zu bekämpfen und zu beenden.

Andere Klassen und Gruppen wie Kleinunternehmer und Bauern leiden ebenfalls unter den Ungerechtigkeiten des kapitalistischen Systems und können sich am Kampf für eine andere Gesellschaft beteiligen. Trotzdem haben sie eine andere ökonomische und soziale Stellung in der Produktion und eine andere Perspektive als die Arbeiter*innenklasse. Wenn Lohnabhängige kollektiv die Arbeit verweigern, haben sie die Möglichkeit, die ganze Wirtschaft lahm zu legen.

Diese potenzielle, kollektive Stärke in den Betrieben und der Einfluss, den sie damit auf die gesamte Gesellschaft ausüben können, lässt ihnen die Hauptrolle beim Sturz des Kapitalismus und dem Aufbau einer neuen Gesellschaft zufallen.

Einheit der Arbeiter*innenklasse

Natürlich wird im Kapitalismus immer wieder versucht, die Arbeiter*innenklasse entlang verschiedener Linien wie Geschlecht, ethnischer Herkunft und sexueller Orientierung zu spalten und damit ihre Fähigkeit untergraben, gemeinsam ihre Lebensumstände und die ganze Gesellschaft zu verändern. Zum Beispiel versuchen Unternehmer durch die geringere Entlohnung von sogenannten »Frauenberufen« die Löhne und Arbeitsbedingungen für alle zu drücken. Manchmal tappen männliche Arbeiter selbst in die »Teile und Herrsche«-Falle, wenn sie versuchen, Frauen auszugrenzen, statt sich gemeinsam zu organisieren, um gleiche Löhne und Arbeitsbedingungen für alle Beschäftigten durchzusetzen. Genau den gleichen Mechanismus können wir zurzeit in vielen Ländern in Bezug auf Migrant*innen und Migranten feststellen.

Sozialist*innen und Marxist*innen kämpfen daher für die größtmögliche Einheit der Arbeiter*innenklasse in Arbeits- und sozialen Kämpfen. Wir treten für den Aufbau unabhängiger Arbeiter*innenorganisationen ein, darunter politische Parteien, die den kollektiven Kampf der Beschäftigten unterstützen und dazu beitragen, dass Selbstbewusstsein der Arbeiter*innen zu stärken und ihnen zu helfen, sich über ihre Rolle bei der Veränderung der Gesellschaft klar zu werden.

Wir glauben nicht, dass die Befreiung der Frau oder die Beseitigung der heutigen Probleme der Arbeiter*innenklasse durch Reformen im Kapitalismus durchgesetzt werden können. Trotzdem ist der Kampf für Reformen und zur Verteidigung früherer Errungenschaften wichtig. Nicht zuletzt, da sich im Kampf für Reformen das Selbstbewusstsein der Kämpfenden erhöht und die Erkenntnis wächst, dass diese Kämpfe verallgemeinert und das ganze System überwunden werden muss.

Ein Sieg, etwa in einer Kampagne gegen Kürzungen beim örtlichen Frauenhaus, kann den Beteiligten und anderen bewusst machen, dass gemeinsames Handeln zu Verbesserungen führen kann. Doch selbst wenn eine solche Kampagne scheitert, werden viele neue Fragen bei den Beteiligten aufgeworfen. Beispielsweise warum Mittel bei einer Einrichtung gekürzt werden, die so wichtig ist für Frauen, die unter häuslicher Gewalt leiden, und warum in diesem Gesellschaftssystem offensichtlich Profite wichtiger sind als die Gesundheit und Sicherheit von Frauen.

Damit sich Kämpfe zu einer erfolgreichen Umgestaltung der Gesellschaft entwickeln können, ist eine Partei notwendig, die in ihrem Programm die Tagesforderungen der Arbeiter*innen mit der Notwendigkeit der revolutionären Umwälzung verbindet, wie es die Bolschewiki in Russland erfolgreich praktiziert haben.

Frauen als Lohnabhängige

Da Frauen heute in den entwickelten Industrieländern ungefähr die Hälfte der abhängig Beschäftigten stellen (in einigen sogar die Mehrheit), werden sie wahrscheinlich eine entscheidende Rolle im Kampf für eine andere Gesellschaft spielen. Selbst als sie in den Betrieben eine kleine Minderheit waren, haben Frauen aus der Arbeiter*innenklasse heroische Kämpfe geführt, um ihre Rechte zu verteidigen und auszuweiten. Die Gründe, aktiv zu werden, waren meist Gründe, die auch Männer aus der Arbeiter*innenklasse bewegten: niedrige Bezahlung, lange Arbeitszeiten oder unsichere Arbeitsbedingungen. Aber zwangsläufig haben sie auch spezielle Themen aufgegriffen, die für sie als Frauen und als Arbeiter*innen wichtig waren – in den Betrieben und allgemein in der Gesellschaft.

So wurde der Kampf für das Frauenwahlrecht in Großbritannien im 19. Jahrhundert von Frauen aus der Mittel- und Oberklasse aufgenommen, aber bald auch aktiv von Arbeiter*innen unterstützt, die zum ersten Mal öffentlich wahrgenommen wurden. Wenig bekannt ist das Beispiel der Textilarbeiter*innen, die in nordenglischen Fabriken Massenunterstützung für das Frauenwahlrecht organisierten.[49] Textilarbeiter*innen wie Selina Cooper brachten das Thema Frauenwahlrecht in ihre Arbeiter*innenorganisationen ein. Ortsvereine der Baumwoll-Gewerkschaft befragten ihre Mitglieder zu der Frage, ob das Frauenwahlrecht zu einem Thema der Gewerkschaften gemacht werden sollte *»in der gleichen Form, wie die politische Vertretung der Arbeiter zu einem Thema der Gewerkschaften geworden ist.«*[50]

49 Anmerkung des Herausgebers der deutschen Ausgabe: Die Textilindustrie war bereits zu dieser Zeit von Arbeiterinnen dominiert, allerdings wurden die Betriebe von Männern geleitet, auch die Vorarbeiter waren Männer. Die Arbeiterinnen litten nicht nur unter den schlechten Arbeitsbedingungen, sondern waren zusätzlich sexistischen Schikanen ausgesetzt. So hatten beispielsweise die Toilettenkabinen in den Betrieben keine Türen. Selina Cooper, eine der ersten Gewerkschafterinnen und Mitglied der Independent Labour Party (ILP), versuchte die Lage der Arbeiterinnen in Gewerkschaft und ILP zu thematisieren und organisierte unter anderem Kampagnen zur Einführung von Türen in den Toilettenkabinen. In der Kampagne für das Stimmrecht von Frauen konnten 1901 29.359 Stimmen in Lancashire, eine von der Textilindustrie dominierte Gegend, gesammelt werden. Selina Cooper, erste weibliche Delegierte der ILP, überreichte die Unterschriften dem Unterhaus.

50 Jill Liddington; Jill Norris: One hand tied behind us, 1978

In ähnlicher Weise haben Frauen in Arbeiter*innenorganisationen entschlossene Kampagnen zu Themen wie Abtreibung, Selbstbestimmung über den eigenen Körper, sexuelle Belästigung, häusliche Gewalt und Pornographie durchgeführt.

Häusliche Gewalt

Bei manchen dieser Themen ist nicht auf den ersten Blick erkennbar, was sie mit dem Arbeitsplatz zu tun haben. Häusliche Gewalt wurde, wie der Name schon sagt, lange als Privatangelegenheit angesehen, die hinter verschlossenen Türen zu Hause stattfindet. Trotzdem haben Gewerkschafter*innen und Gewerkschafter in der »Campaign Against Domestic Violence«[51] mitgewirkt, die von der Socialist Party[52] Anfang der neunziger Jahre gegründet wurde. Das Ziel der Kampagne war es, das Thema häusliche Gewalt als wichtige Frage in Betrieben und Gewerkschaften zu verankern. Die Kampagne zu diesem Thema, das so viele Frauen betrifft, hat damals bewirkt, dass in jeder großen Gewerkschaft in Großbritannien die Frage der häuslichen Gewalt offiziell zu einem Thema geworden ist.

Die Kampagne hat deutlich gemacht, dass Frauen, die unter Gewalt und Misshandlungen leiden, häufig einen hohen Krankenstand aufweisen, weil sie im Falle einer Misshandlung durch den Partner Zeit benötigen, damit die Verletzungen nicht mehr sichtbar sind. Bei der Krankmeldung im Betrieb geben sie dann meist nicht den wahren Grund an, sondern sprechen von »Grippe« oder »Magenverstimmung.« Da viele Betriebe drakonische Überwachungsmaßnahmen zur Reduzierung des Krankenstandes eingeführt haben,[53] drohen Frauen, die häusliche Gewalt erfahren, Re-

51 Kampagne gegen häusliche Gewalt

52 Damals Militant Labour, britische Sektion des CWI, Anm. d.Ü.

53 Anmerkung des Übersetzers: Auch in Deutschland gibt es eine Zu-

pressalien bis zur Kündigung. Möglicherweise müssen betroffene Arbeiter*innen auch wegziehen, um ihrem Peiniger zu entkommen.

Weiterbildungsmaßnahmen für Vertrauensleute und Betriebsräte zum Umgang mit häuslicher Gewalt können es Arbeiter*innen erleichtern, sich an sie zu wenden. In der Kampagne wurde betont, dass die Gewerkschaften, die in Großbritannien noch etwa sechs Millionen Mitglieder haben, eine wichtige Rolle dabei spielen müssen, Problembewusstsein dafür zu schaffen. Ziel muss sein, rechtliche Veränderungen durchzusetzen und für Verbesserungen einzutreten, die Frauen wirtschaftlich unabhängiger von ihrem Mann machen und ihnen ermöglichen, gewalttätige Beziehungen zu beenden. Nötig ist beispielsweise die Schaffung von Frauenhäusern, die Durchsetzung eines angemessenen Mindestlohns und bessere Kinderbetreuung.

»Klassenübergreifende« Bündnisse

Sozialist*innen und Marxist*innen begreifen Frauenunterdrückung als Klassenfrage. Deshalb wird uns oft vorgeworfen, wir würden die Tatsache ignorieren, dass alle Frauen, nicht nur Arbeiter*innen, unterdrückt werden. Das ist eine verzerrte Darstellung unserer Analyse. Wenn wir Frauenunterdrückung als »Klassenfrage« bezeichnen, meinen wir, dass sie in der Klassengesellschaft verwurzelt ist und dadurch aufrechterhalten wird. Wir meinen, dass ein gemeinsamer Kampf der Arbeiter*innenklasse gegen den Kapitalismus notwendig ist, um auch die Frauenunterdrückung ein für alle Mal zu überwinden.

---

nahme von sogenannten »Krankenrückkehrgesprächen« und anderen Versuche, um Beschäftigte, die sich krankmelden, zu überwachen. Dies geht einher mit einem Tiefstand von Krankmeldungen.

Natürlich betreffen Themen wie sexuelle Selbstbestimmung, Gewalt gegen Frauen und allgemein Sexismus alle Frauen, egal, zu welcher Klasse sie gehören. Deshalb haben sich in der Geschichte Frauen immer wieder klassenübergreifend zu unabhängigen Organisationen zusammengeschlossen, um gemeinsam gegen die Unterdrückung zu kämpfen.

In manchen akademischen »postfeministischen« Kreisen, die oft mit dem Postmodernismus verbunden sind, wird behauptet, dass die Unterschiede zwischen Frauen heute so groß seien und Frauen so viele verschiedene Identitäten hätten – basierend auf Klasse, ethnischer Zugehörigkeit, sexueller Orientierung, Alter, Gesundheitszustand, Lebensstil – dass man nicht mehr von »Frauen« als gemeinsamer sozialer Kategorie sprechen könne. Gemeinsame Kämpfe von Frauen seien deshalb irrelevant. Andere Strömungen betonen, wie sich verschiedene soziale Identitäten überschneiden und überlagern, ohne jedoch wirklich zu verstehen, wie all diese Unterdrückungen mit dem kapitalistischen System als Ganzem verbunden und darin verwurzelt sind.

Sicherlich war ein großer Fehler vieler radikal-feministischer Theorien, neben ihrer »ahistorischen« Betrachtung der Frauenunterdrückung, dass sie »Frauen« und »Männer« als undifferenzierte Gruppen betrachtet und Unterschiede anhand von Klasse, Ethnien und anderem ignoriert haben.

Die ökonomische und soziale Klassenzugehörigkeit beeinflusst stark, wie Frauen Unterdrückung wahrnehmen. Häusliche Gewalt beispielsweise gibt es in jeder Klasse. Die Gründe, warum Frauen in Gewaltbeziehungen bleiben, sind ziemlich komplex und berühren physische, emotionale, psychologische und ökonomische Momente. Aber wenn es kein Geld für Frauenhäuser gibt und die Kommune Sozialwohnungen privatisiert, leiden darunter vor allem Frauen aus der Arbeiter*innenklasse, die kein Geld für ein unabhängiges Leben zur Verfügung haben und möglicherweise gezwungen werden, gegen ihren Willen in einer Gewaltbeziehung zu bleiben.

Wenn das Recht auf Abtreibung eingeschränkt wird, können sich reiche Frauen meistens eine Abtreibung im Ausland leisten, während arme Frauen entweder ein ungewolltes Kind austragen oder einen illegalen, oft gefährlichen Abbruch vornehmen lassen müssen.

Aber trotz dieser wichtigen Unterschiede wird es wahrscheinlich immer wieder gemeinsamen Widerstand und gemeinsame Kämpfe von Frauen aus unterschiedlichen Klassen geben, solange die Frauenunterdrückung besteht.

Wo sich solche Kampagnen entwickelt haben, gab es allerdings Spannungen und Meinungsverschiedenheiten über ideologische Fragen und darüber, mit welcher Strategie die Bewegung erfolgreich sein kann.

Die Methoden und Ziele der Textilarbeiter*innen, die für die Einführung des Frauenwahlrechts kämpften, unterschieden sich beispielsweise von denen der Führung der »National Union of Women's Suffrage Societies« (NUWSS)[54]. Die

54 Anmerkung des Herausgebers der deutschen Ausgabe: Die NUWSS formierte sich 1897 aus siebzehn verschiedenen Gruppierungen und Organisationen für das Frauenwahlrecht.
In der konstitutionellen Monarchie konnten bis 1832 in Ausnahmefällen Frauen wählen, wenn sie Familienoberhaupt innerhalb der herrschenden Klasse waren. Mit der Einführung des »Reform Act« wurde auch dieses Recht abgeschafft. Über dreißig Jahre später wurde das Frauenwahlrecht erstmals von einem linksliberalen Mann beantragt, ohne Erfolg. In dieser Zeit gründeten sich viele Gruppen und Organisationen für das Frauenwahlrecht, vornehmlich für verheiratete und bürgerliche Frauen. An den Forderungen spalteten und vereinigten sich viele. Der bedeutendste gemäßigte Flügel in der Stimmrechtsbewegung war die NUWSS. Sie organisierte Versammlungen, Petitionen und Vortragsreihen und finanzierte diverse Bücher und andere Schriften. Die breite Vereinigung orientierte auf das Parlament und vollzog in den Jahren ihres Bestehens die unterschiedlichsten Schwankungen und Abspaltungen. Mal wurden die Konservativen, mal die Liberalen und schließlich auch die Labour Partei in Wahlkämpfen

Sprecher*innen dieser Organisation kamen aus der Mittelklasse und betonten die »Gleichheit der Geschlechter« und die Bedeutung diskreter parlamentarischer Lobbyarbeit.

Frauen »*wollen ihre politische Macht nicht, um damit zu prahlen, dass sie die gleichen Rechte haben wie Männer*«, erklärte Selina Cooper.

> »*Sie wollen sie aus den gleichen Gründen, wie die Männer: um ihre Lebensbedingungen zu verbessern.*«[55]

Sylvia Pankhurst[56] beschreibt in »The Suffragette Movement«, wie die Frauen im Londoner East End, mit denen

---

unterstützt – je nachdem, wer der größte Hoffnungsträger für das Frauenwahlrecht zu sein schien. Auf ihrem Höhepunkt 1913 umfasste sie 100.000 Mitglieder und über 600 Organisationen und Gesellschaften.
Der erste Weltkrieg lähmte die Vereinigung – die inneren politischen Differenzen spitzten sich zu. Einige Mitglieder waren gegen den Krieg, andere dafür. Letztendlich wurde die Arbeit eingestellt.
Im Frühjahr 1917 verabschiedete das Parlament ein beschränktes Stimmrecht für Frauen – es galt für Frauen über 30 und Familienoberhäupter einer bürgerlichen Familie, Ehefrauen in einer bürgerlichen Familie, Frauen mit einem Universitätsabschluss oder Frauen mit Eigentum und Rentenrate über fünf Pfund. Erst 1928 wurde das uneingeschränkte und volle Stimmrecht eingeführt.

55 Liddington, Jill: The life and times of a respectable rebel, 1984

56 Anmerkung des Herausgebers der deutschen Ausgabe: Sylvia Pankhurst war bekennende Kommunistin. Sie wendete sich 1912 von der WSPU (siehe nächste Fußnote) ab und gründet im Osten Londons die »East London Federation for Women's Suffrage (ELFWS)«, aus der später die inoffizielle »Kommunistische Partei, britische Sektion der 3. Internationale - CP (BSTI)« wird. Später löst sich die CP (BSTI) in der offiziellen britischen Sektion der Dritten Internationale (CPGB) auf.
Sylvia Pankhurst vertritt die Position, dass individuelle Terroranschläge zu keinen Veränderungen führen und orientiert auf die Arbeiter*innenklasse. Sie verbindet den Kampf für das Frauenwahlrecht mit sozialen Forderungen und organisiert Kampagnen für soziale Verbesserungen für Arbeiterinnen und Arbeiter. Die bedeutendste Forderung ist «Gleicher Lohn für gleiche Arbeit.« Die ELFWS ändert diverse Male ihren Namen, schließlich nennt sie sich «Socialist Workers Federation.« Pankhurst vertritt eine linksradikale Haltung gegenüber der Zusammenarbeit mit der traditionellen »Arbeiter*innenpartei« und spricht sich gegen Beteiligung an bürgerlichen Wahlen aus. Zum Weiterlesen: Lenin, »Der linke Radikalismus, die Kinderkrankheit im Kommunismus«, Berlin, Manifest 2017.

sie arbeitete, niedrige Löhne und Arbeitshetze abschaffen wollten. Sie hatten zum Ziel, die Bedingungen für unverheiratete Frauen, Prostitutierte und Mütter mit Kindern zu verbessern. Die Durchsetzung des Wahlrechts sahen sie als Möglichkeit, ihr Leben in sozialer und ökonomischer Hinsicht zu verändern.

Die Gefahr des Separatismus

In der Geschichte haben Arbeiter*innen in den Männern ihrer Klasse potenzielle Verbündete im Kampf für ihre Rechte als Arbeiter*innen und Frauen angesehen. Wenn sich heute Bewegungen von Frauen verschiedener Herkunft und Klassenzugehörigkeit entwickeln, würden wir versuchen, sie auf die Organisationen der Beschäftigten zu orientieren. Wir würden erklären, welche Rolle diese Organisationen dabei spielen können, einzelne Kämpfe gemeinsam voranzubringen, die Gesellschaft zu verändern und die Unterdrückung, unter der alle Frauen leiden, zu beseitigen.

Radikale Feminist*innen sind hingegen immer wieder zu dem Schluss gekommen, dass sich Frauenbewegungen von allen Organisationen, an denen Männer beteiligt sind, fernhalten sollten. In der »Kampagne gegen Häusliche Gewalt« gab es beispielsweise große Differenzen zwischen der Mehrheit, die die Kampagne auf die Gewerkschaftsbewegung orientieren wollte, und einer Minderheit, die diese Orientierung ablehnte, weil Gewerkschaften von Männern dominiert sind und Männer Frauen misshandeln. Dieser Minderheit war auch gegen die Teilnahme männlicher Gewerkschafter an Demonstrationen. Wenn sich diese separatistische Position durchgesetzt hätte, hätte sie die Kampagne deutlich geschwächt und ihre Wirkung im Betrieb und insgesamt verringert.

Arbeiter*innenorganisationen verstehen allerdings nicht zwangsläufig die Bedeutung von Kampagnen zu Themen, die insbesondere Frauen betreffen. Sie orientieren ihre Forderungen und Strategien auch nicht automatisch an den Bedürfnissen von Frauen. Oft mussten Arbeiter*innen lange und harte Auseinandersetzungen führen, um Vorurteile zu überwinden und männliche Arbeiter (manchmal sogar andere Arbeiter*innen) davon zu überzeugen. Sie mussten deutlich machen, dass es im Interesse aller Beschäftigten ist, diese Themen ernst zu nehmen; dass sie weder »zweitrangig« noch eine »Ablenkung« von wichtigeren Fragen sind.

Wenn die Arbeiter*innenorganisationen diese Fragen nicht aufgreifen, besteht die Gefahr, dass separatistische Ideen an Einfluss gew*innen können. Dies war im Kampf um das Wahlrecht in Großbritannien der Fall. Die Women's Social and Political Union (WSPU, besser bekannt als »Suffragetten«)[57] entstand als Arbeitsgruppe in der In-

57 Anmerkung des Herausgebers der deutschen Ausgabe: Als Suffragetten wurde der radikale und später terroristische Flügel der Wahlrechtsbewegung erstmals 1905 von »The Daily Mail« bezeichnet, nachdem zwei führende Mitglieder der WSPU eine Versammlung mit einem Parlamentsabgeordeneten störten, in eine Rangelei mit der Polizei gerieten, verhaftet und schließlich zu Bußgeldern verurteilt wurden. Die »Women's Social and Political Union« wurde 1903 als Antwort auf die gemäßigte Politik der NUWSS gegründet. Einige Gründungsmitglieder waren auch Mitglieder der ILP und orientierten auf die Arbeiterinnen. Die erste Aktion Mai 1904 war eine Kundgebung vor dem Unterhaus, an dem eine Gruppe von Textilarbeiterinnen und über 400 Mitglieder der «Women's cooperative guild« teilnahmen. Die WSPU stand der ILP sehr nahe und hoffte auf eine starke parlamentarische Vertretung. 1906 schlossen sich verschiedene Arbeiter*innenorganisationen zur Labour Partei zusammen und weigerten sich, das Frauenwahlrecht ins Programm aufzunehmen. Das bedeutete für die WSPU eine herbe Niederlage.
So griffen sie zu immer radikaleren und später auch terroristischen Aktionen. Anfangs wurden Versammlungen gestört, später Schaufenster zerstört und Gebäude in Brand gesetzt. Nachdem im November 1910 eine Delegation der WSPU dem Unterhaus eine Petition überreichen woll-

dependent Labour Party[58] und verfolgte ursprünglich eine Orientierung auf die Arbeiterbewegung. Zwischen 1910 und 1914 geriet die Regierung der Liberalen unter Druck durch eine Welle von Arbeitskämpfen der Bergarbeiter, Eisenbahner und Hafenarbeiter, die sich auf andere Beschäftigte ausweitete, darunter auch nicht-organisierte Arbeiter*innen in der Industrie. In Irland drohte ein Bürgerkrieg, um die Selbstverwaltung durchzusetzen. Die Bewegung für das Frauenwahlrecht heizte die soziale Unruhe weiter an, die nicht nur die liberale Regierung, sondern das kapitalistische System als Ganzes bedrohte. In den Worten des russischen Revolutionärs Leo Trotzki fiel »ein Schatten der Revolution« auf Großbritannien. Aber gerade während sich die soziale Krise verschärfte, entfernte sich die WSPU schrittweise von der Arbeiterbewegung, teilweise wegen der Positionen ihrer Sprecher*innen aus der Mittelklasse, aber auch weil sich die Labour Party weigerte, das Frauenwahlrecht zu fordern.

Individuelle »Militanz« wie Steine-Werfen und später sogar Brandstiftung und Bombenanschläge wurden zur wichtigsten Protestform. Diese Strategie war keine

---

te, wurde diese von der Polizei brutal auseinandergejagt. Nach diesem «schwarzen Freitag« wurden Anschläge auf Luxusgüter verübt.
Die größten Unterstützerinnen kamen aus der Arbeiter*innenklasse. Die Suffragettenbewegung war die radikalste in Organisation und Aktion im internationalen Vergleich, allerdings spiegelte sich die Radikalität nicht im Programm wieder. Die Widersprüche innerhalb der Bewegung spitzten sich zu, eine bedeutende Abspaltung wurde von Sylvia Pankhurst vorangetrieben. Trotz Spaltungen befand sich die Bewegung vor dem Ersten Weltkrieg auf dem Höhepunkt. Dann näherte sie sich den Konservativen an – aus der Hoffnung heraus, dass diese das Frauenwahlrecht im Parlament durchsetzen würden. Die endgültige Degeneration der WSPU wurde vollzogen, als sie offen den Ersten Weltkrieg unterstützten und einige führende Mitglieder zu glühenden Patriotinnen wurden.

58 Anmerkung des Übersetzers: Unabhängige Arbeiter*innenpartei, 1893 gegründete sozialistische Partei in Großbritannien. Sie trat ab 1906 zeitweilig der damals gegründeten Labour Party bei.

Unterstützung für die Massenbewegung zur Erlangung des Frauenwahlrechts, sondern unterhöhlte sie vielmehr. Schließlich bewegte sich die WSPU in eine separatistische Richtung. So behauptete die Sprecherin Christabel Pankhurst (Sylvia Pankhursts Schwester), 75 bis 80 Prozent aller Männer seien mit Gonorrhoe infiziert, und erfand den Slogan »Wahlrecht für Frauen und Keuschheit für Männer.«

Die Frauenbewegung

Die »zweite Welle« der Frauenbewegung, die in den späten sechzigern und siebziger Jahren in Europa und den USA aufkam, entwickelte sich vor dem Hintergrund einer Radikalisierung der Gesellschaft wie Protesten gegen den Vietnamkrieg, dem Kampf der Schwarzen für Bürgerrechte, Studierendenbewegungen, Kämpfen der Arbeiter*innenklasse und Revolutionen in der kolonialen Welt.

Art und Größe der Frauenbewegung waren von Land zu Land unterschiedlich. Zum Beispiel war die aktive Beteiligung in den USA größer als in Großbritannien. Allerdings gab es in Großbritannien eine viel stärkere Verbindung zwischen Frauen- und Arbeiterbewegung, da hier die Organisationen der Arbeiterbewegung stärker waren und eine Arbeiter*innenpartei existierte, die Labour Party, wenn auch unter bürgerlicher Führung.

Bereits 1968 streikten Näher*innen bei Ford in Dagenham (London) für die Angleichung ihrer Löhne an die männlichen Facharbeiter. Sie lösten eine Welle von Kämpfen für gleiche Bezahlung aus. Kämpfe wie diese inspirierten andere Schichten von Frauen und umgekehrt wurden viele Arbeiter*innen von den Forderungen der Frauenbewegung beeinflusst. Das Ergebnis war eine große Veränderung im Denken und den Einstellungen von Frauen und der gesamten Gesellschaft. Es kam zu wichtigen rechtlichen Veränderungen wie dem »Equal Pay Act« und dem »Sex Discrimination Act«[59].

In Italien war die Frauenbewegung eng mit der radikalen Linken verbunden. Sie wurde zur Massenbewegung, die sich parallel zu einer fast aufstandsartigen Bewegung der Arbeiter*innenklasse entwickelte. Die Frauen erreichten große Fortschritte wie das Recht auf Abtreibung und Scheidung. Selbst in Ländern, in denen die Frauenbewegung zahlenmäßig kleiner war, hatten ihre Ideen, insbesondere in Bezug auf die Familie, Gewalt gegen Frauen und das Recht auf Selbstbestimmung über den eigenen Körper, großen Einfluss auf die Gesellschaft.

Aber es kam zu großen Spaltungen, die zur Dominanz des radikalen Feminismus und zum Zerfall der Bewegung Ende der siebziger Jahre führten. Der radikale Feminismus bot keine zukunftsweisende Strategie für die Mehrheit der Frauen. Für einige hörte das »Private« auf, »politisch« zu sein. »Kulturelle Feminist*innen« betonten die Bedeutung femininer Werte und individueller Lebensstile, sprachen von separaten »kulturellen Räumen« für Frauen. Sich selbst zu verändern wurde wichtiger, als die Gesellschaft zu verändern.

Die Idee »separater Räume« erschien einer kleinen Minderheit von Frauen attraktiv, sie war jedoch kein gangbarer Weg für die große Mehrheit. Andere radikale Feminist*innen suchten sich Jobs im Bereich der institutionalisierten Gleichstellung – in lokalen Stadtverwaltungen oder der nationalen Regierung oder in Frauenzentren. Die dort geleistete Arbeit war sehr wichtig, zum Beispiel die Hilfe für vergewaltigte Frauen, doch das Ringen um Reformen und

59 Gesetz für gleiche Bezahlung; Gesetz gegen Geschlechterdiskriminierung.

zur Verteidigung des Erreichten hatte immer weniger zu tun mit dem Kampf für die grundlegende Veränderung der Gesellschaft.

Mit anderen Worten: Weil der radikale Feminismus faktisch die Grenzen des kapitalistischen Systems akzeptierte, wurde er zu einer weiteren Variante des »liberalen Feminismus.« Aber obwohl der radikale Feminismus eindeutig daran gescheitert ist, eine dauerhafte Lösung für die Probleme von Frauen aufzuzeigen, ist es möglich, dass seine Ideen in der Zukunft wieder eine Bedeutung erlangen. Männer dominieren weiterhin alle Ebenen der Gesellschaft. Diskriminierung und Sexismus sind nicht verschwunden. Die Zahl von gewalttätigen Übergriffen auf Frauen ist sehr hoch. Daher kann die Ansicht, dass die Männer an der Unterdrückung der Frauen schuld sind und sich folglich der Kampf in erster Linie gegen die Männer und das »Patriarchat« richten muss, noch einen gewissen Anklang finden. Dies gilt besonders, wenn die Arbeiter*innenorganisationen keine echte Alternative anbieten.

Vor dem Hintergrund eines allgemeinen Rückgangs des kollektiven Kampfes der Arbeiter*innenklasse sind in den letzten Jahren Bewegungen zur Frage der Identität - der Identifikation mit einer bestimmten sozialen Gruppe, die eine Unterdrückung aufgrund von Geschlecht, *Rasse*[60], sexueller Orientierung, Behinderung usw. teilt - stärker in den Vordergrund getreten. Diese Bewegungen gegen ge-

60 Eleonora Roldán Mendívil und Bafta Sarbo schreiben: »*Wir [verwenden] den Begriff Rasse hervorgehoben, weil wir der Meinung sind, dass sich die Geschichte dieses Begriffs nicht sprachlich durch die Verwendung des englischen race aufheben lässt, er jedoch unabdingbar ist, um über Rassismus als soziale Vermittlung in Gesellschaften sprechen zu können.*« (Mendívil/Sarbo: Warum Marxismus? In: Mendívil/Sarbo: Die Diversität der Ausbeutung. Berlin 2022, Dietz Verlag, S. 37f.) In diesem Sinne wird der Begriff *Rasse* in diesem Buch ebenfalls verwendet. (Anm. d. Verlags)

meinsame Unterdrückung stellten oft ein wichtiges politisches Erwachen für die Beteiligten dar und spiegelten im Zuge der Wirtschaftskrise manchmal auch eine aufkeimende antikapitalistische Perspektive wider. Sie waren jedoch eher individualistisch orientiert und konzentrierten sich auf die Änderung von Einstellungen und Verhaltensweisen statt auf strukturelle Veränderungen. Zwar wird häufig die Klassenunterdrückung anerkannt, doch wird diese lediglich als eine von mehreren Formen der sozialen Unterdrückung betrachtet. Infolgedessen wird die Arbeiter*innenklasse nur als ein Akteur unter vielen verstanden und nicht als zentraler Akteur im Kampf gegen Unterdrückung.

Ideologischer Rückschlag

Der Zusammenbruch der Frauenbewegung war ein Rückschlag für den gemeinsamen Widerstand gegen Diskriminierung und Unterdrückung. Dies wurde durch den Rechtsruck der ehemaligen Massenparteien der Arbeiter*innen noch verstärkt, welche in vielen Ländern in offen kapitalistische Parteien (wie die Labour Party in Großbritannien) umgewandelt wurden. Dieser Rechtsruck fand vor dem Hintergrund des lang anhaltenden Wirtschaftsaufschwung in den achtziger Jahren statt und wurde durch den Zusammenbruch der stalinistischen Regimes in Osteuropa und der Sowjetunion verstärkt. Daraufhin folgte international der ideologische »Sieg« des kapitalistischen »freien Marktes.«

Die Gewerkschaftsführungen wurden von der Entwicklung angesteckt und setzten auf Sozialpartnerschaft und Zusammenarbeit mit den Unternehmern, statt auf Streikaktionen und gemeinsamen Widerstand zur Verbesserung der Lebensumstände.

Wie wir schon gesehen haben, führten diese Entwicklungen zum Abbau vieler Errungenschaften im Betrieb und zu Sozialkürzungen, die Frauen und Männer aus der Arbeiter*innenklasse erkämpft hatten.

Man könnte auch allgemein behaupten, dass sich gleichzeitig das Bewusstsein zur Frauenfrage und ihrer Unterdrückung zurückentwickelt hat und Bilder und Verhaltensweisen wieder auftauchen, die in der Vergangenheit als sexistisch und entwürdigend verstanden worden wären. Aber diese Entwicklung ist ein komplexer und widersprüchlicher Prozess, der nicht verkürzt und einseitig betrachtet werden sollte. Zum Beispiel hat sich die gesellschaftliche Haltung zu häuslicher Gewalt vollkommen verändert und die meisten Menschen verstehen, dass häusliche Gewalt gegen Frauen ein Verbrechen ist und nicht toleriert werden darf. Während mehr Frauen als je zuvor verstanden haben, dass häusliche Gewalt kein privates Problem ist, mit dem sie sich abfinden müssen, nimmt ihnen jedoch der verschärfte Sozialabbau zunehmend die Möglichkeiten, der Gewalt zu entkommen.

»Neuer« Sexismus

Trotz allem wächst in allen Ländern ein Phänomen, das als »neuer Sexismus« bezeichnet wird. Sex und weibliche Körper werden wieder und ausgiebig zur Werbung für verschiedene Produkte eingesetzt, von Schokolade über Hygieneartikel bis hin zu Autos. Pornographie, die früher auf das oberste Regalbrett an Kiosken verbannt war, ist zur Massenware geworden – früher in sogenannten Männermagazinen, heute über wenige Klicks im Internet verfügbar. Striptease-Clubs an den Hauptstraßen, die als der am schnellsten wachsende Sektor der »Unterhaltungs- und

Freizeitindustrie« gelten, haben schäbige Striplokale in Seitenstraßen ersetzt und gelten jetzt als »seriös.« An den Universitäten organisieren Studierende Schönheitswettbewerbe und sogar Gewerkschaftsfunktionär*innen definieren Prostitution als »selbstgewählten Lebensstil.«

In der Vergangenheit gab es relativ erfolgreiche Kampagnen der Frauen- und Arbeiterbewegung, die deutlich machten, dass sexistische Abbildungen Frauen zum Objekt degradieren und schwächen. Indem sie Frauen als einzelne Körperteile und nicht als denkende, vollständige Wesen darstellen, verstärken sexistische Bilder die Auffassung, dass Frauen unterlegene Menschen zweiter Klasse sind. Dadurch fördern sie Ungleichheiten wie niedrigere Löhne. Zudem erscheinen dadurch Frauen als Sexobjekte, ständig verfügbar für Männer. Dies kann zu vermehrten sexistischen Übergriffen und Gewalt gegen Frauen führen.

Wer diesen »neuen« oder auch »Retro-« Sexismus kritisiert und bekämpft, wird oft als prüde, sexuell verklemmt und humorlos dargestellt. »Diesmal ist es anders«, wird behauptet. Ja, früher wäre so etwas sexistisch gewesen und hätte Frauen zum Objekt gemacht und entwürdigt. Aber jetzt ist es angeblich »ironisch«, »was zum Lachen«, auch für die »Mädels«, weil sie heute angeblich mehr Macht und die Freiheit haben, ihre Sexualität zu zeigen und zu genießen. Deshalb sollen sie über sexistische Witze lachen und selbst welche reißen, sie können selbst in Stripclubs gehen und Lap-Dance[61] lernen, sie können sexuelle Bilder von sich posten und Pornographie produzieren und konsumieren, ohne sich herabgesetzt oder entwürdigt zu fühlen.

61 Anmerkung des Übersetzers: Lap-Dancing ist eine Variante des sogenannten Tabledance, bei dem die Tänzerin zwischen den Beinen oder auf dem Schoß des sitzenden männlichen Gastes »tanzt.«

Es ist eindeutig eine positive Entwicklung, dass Frauen ihre Sexualität frei ausdrücken können, dass sie anziehen können, was sie wollen, so leben können, wie sie wollen und von den moralischen Beschränkungen der Vergangenheit befreit sind. Aber in einer kapitalistischen Gesellschaft, in der Ungleichheit institutionalisiert ist und in der alles, auch Sex, zu einer käuflichen Ware reduziert wird, ist das ein sehr begrenztes und verzerrtes Bild von sexueller »Befreiung.«

Es mag sein, dass eine Minderheit von gut bezahlten Stripper*innen ihre Arbeit als befreiend erlebt und dass manche Frauen nichts Falsches daran sehen, zusammen mit Männern in Stripclubs zu gehen. Doch Striptease fördert immer noch die Wahrnehmung von Frauen als Objekte, über die Männer Kontrolle ausüben. Selbst wenn Pornohefte von Frauen herausgegeben werden und Frauen selbst Pornos kaufen und sie das anmacht, werden in der Produktion der Pornos Frauen ausgebeutet und missbraucht und haben Pornofilme den gesellschaftlichen Effekt, Frauen zu Lustobjekten zu machen.

Es stimmt, dass sich die Einstellungen beim Thema Gewalt gegen Frauen im Allgemeinen verbessert haben, aber nach wie vor erlebt durchschnittlich jede vierte Frau irgendwann in ihrem Leben Gewalt durch einen Partner oder Expartner und jede siebte wird vergewaltigt.[62]

---

62 Anmerkung des Herausgebers der deutschen Ausgabe: Diese Zahlen gelten so ähnlich auch für Deutschland. Die letzte umfassende repräsentative Studie zu Gewalt gegen Frauen wurde im Jahr 2004 erstellt. Darin wird dargelegt, dass 25 Prozent der in Deutschland lebenden Frauen Opfer von Gewalt durch aktuelle oder frühere Beziehungspartner sind (häusliche Gewalt).
Insgesamt haben 40 Prozent der Frauen in Deutschland seit ihrem 16. Lebensjahr körperliche und/oder sexuelle Gewalt erlebt. 42 Prozent der in Deutschland lebenden Frauen haben psychische Gewalt erfahren, zum Beispiel durch Einschüchterung, Verleumdungen, Drohungen, Psycho-

Junge Frauen sind besonders bedroht. Beim Blick unter die Oberfläche wird klar, wie stark verwurzelt rückschrittliche Ideen immer noch sind. Umfragen unter jungen Männern und Frauen in Großbritannien haben besorgniserregende Ergebnisse zur Folge gehabt: Eine große Minderheit meint, dass ein Mann in manchen Situationen eine Frau schlagen darf, zum Beispiel, wenn sie mit einem anderen Mann geschlafen hat. Die überwältigende Mehrheit glaubt, dass Mädchen und Frauen manchmal Gewalt und sexuelle Übergriffe durch ihre Kleidung provozieren. Sexistisches Mobbing und Übergriffe in Schulen sind weit verbreitet – sei es in der Form von Beleidigungen wie »Schlampe« oder »Hure«, herabwürdigenden und sexistischen Kommentaren und Bildern auf sozialen Medien, oder körperlichen Missbrauch.

Die herrschende Kultur spiegelt diese und andere sexistische Einstellungen und Verhaltensweisen wider und verstärkt sie. Comedians tragen mit Witzen über sexuelle Gewalt dazu bei, die realen Erfahrungen von Frauen kleinzureden und männliche Gewalt zu normalisieren. Beim sogenannten »Victim Blaming« werden Frauen selbst für sexuelle Gewalt und Belästigung verantwortlich gemacht, weil ihre Kleidung oder ihr Verhalten »provokant«, unverantwortlich oder außerhalb der für ihr Geschlecht vorgeschriebenen Normen sei.

terror. Die Studie stellt heraus, dass Gewalt gegen Frauen überwiegend durch Partner oder Expartner und im häuslichen Bereich verübt wird. Gewalt gegen Frauen wird oftmals verschwiegen, besonders wenn es sich um den eigenen Partner handelt: 37 Prozent der von körperlicher und 47 Prozent der von sexueller Gewalt Betroffenen haben mit niemandem darüber gesprochen. (Quelle: Monika Schröttle / Ursula Müller (2004): Lebenssituation, Sicherheit und Gesundheit von Frauen in Deutschland. Eine repräsentative Untersuchung zu Gewalt gegen Frauen in Deutschland; unter: www.bmfsfj.de/publikationen) .

Kampagnen gegen Sexismus

Weil anti-sexistische Positionen zunehmend mit Lustfeindlichkeit gleichgesetzt werden, akzeptiert eine Schicht von jungen Frauen sexistische Verhaltensweisen, die früher zu Protest und Ablehnung geführt hätten, und übernimmt diese sogar teilweise selbst. Andere dulden Sexismus, obwohl sie ihn unangenehm finden, entweder weil sie nicht für prüde oder humorlos gehalten werden wollen oder weil sie sich isoliert fühlen und keine Möglichkeit sehen, sich zu wehren. Das ist besonders in Betrieben ohne gewerkschaftliche Organisierung der Fall, wo Frauen sexuell belästigt werden und keine andere Möglichkeit sehen, als die Belästigung zu ertragen oder den Job zu verlieren.

Sexistische Darstellungen und sexistisches Verhalten schwächen und entwürdigen nicht nur Frauen, sie verringern auch die Kampfkraft der Arbeiter*innenklasse, weil sie Uneinigkeit zwischen Männern und Frauen erzeugen können. Die Gewerkschaften und Arbeiter*innenorganisationen sollten sie deshalb am Arbeitsplatz und in der Gesellschaft allgemein bekämpfen. Allerdings muss bei Kampagnen gegen Sexismus die Veränderung des Bewusstseins in den letzten Jahren berücksichtigt werden. Das heißt, es muss geduldig und umsichtig erklärt werden, immer mit dem Klassencharakter des Kapitalismus im Blick, warum sexistische Darstellungen und sexistisches Verhalten inakzeptabel sind.

Es ist zum Beispiel ein großer Unterschied, ob man, wie rechte Moralapostel und Verteidiger der Familienwerte, Darstellungen ablehnt, weil sie explizit Sex zeigen, oder ob man sich gegen die Verwendung weiblicher Körper zur Bewerbung von Produkten und zur Erzeugung von Profit wehrt. Gemeinsame Kampagnen können helfen, die Wachsamkeit gegenüber sexistischem Verhalten zu verstärken und deutlich zu machen, wie Großkonzerne die Gesellschaft dominieren und kontrollieren. Zum Beispiel könnte eine Kampagne gegen die Genehmigung eines Stripclubs zeigen, wie diese Clubs rückständige Einstellungen und Ansichten zu Frauen konservieren und dabei den großen »Unterhaltungs«-Konzernen enorme Profite bescheren. Diese Herangehensweise unterscheidet sich grundlegend von der moralisierender, rechter Politiker, die die Darstellung von Sexualität und »unmoralisches« Verhalten verbieten wollen. Wir haben diesen Ansatz international in Kampagnen unter anderem gegen Sexismus in Schulen, gegen »Männermagazine« und Lap-dance-Clubs erfolgreich umgesetzt.

Es macht auch einen Unterschied, ob Arbeiter*innen in einem Betrieb gemeinsam sexistische und entwürdigende Darstellungen von Frauen entfernen und dadurch das Bewusstsein in der Frage heben oder ob man ein gesetzliches Verbot solcher Bilder in der Gesellschaft fordert. Zensur kann ungewollte Folgen haben. Zwei radikale Feminist*innen, Andrea Dworkin und Catherine McKinnon, haben viele Jahre lang für ein Verbot von Material gekämpft, das sie als »schädlich für Frauen« betrachtet haben. 1992 wurde in Kanada eine von Dworkin und McKinnon abgeleitete Definition von Pornographie ins Strafgesetzbuch aufgenommen. Binnen zweieinhalb Jahren wurden daraufhin in 50 Prozent der feministischen Buchläden Material beschlagnahmt oder vom Zoll eingezogen. Hauptsächlich betroffen war schwule und lesbische Literatur. Der Zoll beschlagnahmte unter anderem den Titel »Weenie-Toons! Women Artists Mock Cocks«[63] aufgrund angeblicher »Herabwürdigung des männlichen Penis.«[64]

63 Auf deutsch in etwa: »Weibliche Künstler verspotten Schwänze«
64 Vgl. Nadine Strossen: Defending Pornography, 1995

Die »Sexindustrie«

Seit der Entstehung der Klassengesellschaft ist Sex eine Ware, die gekauft und verkauft werden kann. Doch erst in der kapitalistischen Marktwirtschaft durchdringt die Warenform alle Bereiche, wie die Begriffe »Sexindustrie« und »Sexarbeit« zeigen. Sex sells. Sex zu verkaufen wird zunehmend zu einer akzeptierten normalen Wirtschaftbranche.[65] Das geht so weit, dass manche Jobs in der Sexindustrie von Jobcentern offen beworben werden und in einigen europäischen Ländern Frauen vor die Wahl gestellt wurden, solche Jobs anzunehmen oder kein Arbeitslosengeld mehr zu bekommen.

Die Sexindustrie umfasst einen weiten Bereich - vom brutalen Handel mit Frauen als Sexsklav*innen und Gewaltpornographie bis zu Stripteaseclubs und Telefonsex-Hotlines. Der Ausbeutungsgrad ist zwischen und auch innerhalb der verschiedenen Bereiche recht unterschiedlich. In allen jedoch werden die beteiligten Frauen zu einem gewissen Grad ausgebeutet und unterdrückt. In allen werden sie zum Objekt degradiert. Dadurch werden die ungleichen Machtverhältnisse verstärkt, die die Grundlage für Gewalt und Missbrauch sind.

Die Sexindustrie profitiert von den furchtbaren ökonomischen und sozialen Bedingungen, unter denen Frauen im Kapitalismus leiden: niedrige Löhne, Armut, Schulden, aber auch Misshandlungen – sexuell, emotional und phy-

65 Anmerkung des Herausgebers der deutschen Ausgabe: Einer Studie von 2011 zufolge, kann sich jede/r dritte Studentin oder Student in Berlin vorstellen, ohne Einschränkungen beziehungsweise unter gewissen Umständen sein/ihr Studium mittels Prostitution (darunter zählten die Autoren auch Begleitservice, Strippen und Telefonsex) zu finanzieren. Reale Erfahrungen hatten allerdings nur 3,7 Prozent der Befragten. (Quelle: Berliner Zeitung. Anschaffen für's Studium. Siehe: www.berlinonline.de/berliner-zeitung/berlin/344558/344559.php)

sisch. All dies sind Faktoren, die dazu beitragen, dass Frauen in der Sexindustrie arbeiten.

Nur eine sozialistische Umgestaltung der Gesellschaft und in Zuge dessen die Überwindung von Armut und Ungleichheit, die dem Kapitalismus immanent sind, könnte die Grundlage für die völlige Abschaffung der Sexindustrie bilden. Aber wie sollen wir uns heute zu dieser Industrie und den Frauen verhalten, die dort tätig sind? Sollten Sozialist*innen und Marxist*innen zum Beispiel die gewerkschaftliche Organisierung von »Sexarbeiter*innen« oder die Legalisierung der Prostitution unterstützen? Beide sind kontroverse Fragen, die in der letzten Zeit wichtig geworden sind.

Organisierung von »Sexarbeiter*innen«

Als Sozialist*innen und Marxist*innen bekämpfen wir die Sexindustrie. Wir haben uns an erfolgreichen Kampagnen zur Schließung von Lap-Dancing- und Strip-Clubs oder gegen die Erteilung von Lizenzen für diese Art der »Unterhaltung« beteiligt.

Wir fordern Ausstiegs-Möglichkeiten für Frauen, die in der Sexindustrie arbeiten wie beispielsweise Umschulungen und Ersatzarbeitsplätze. Wir fordern einen angemessenen Mindestlohn zur Überwindung von Armut, Stipendien und die Abschaffung von Studiengebühren (viele, die in der Sexindustrie arbeiten, sind Studierende), hochwertige Kinderbetreuung, höhere Ausgaben für Missbrauchsopfer, Therapieeinrichtungen für Suchtkranke (in vielen Ländern sind die Mehrheit der Straßenprostituierten drogenabhängig), Frauenhäuser und Zufluchtsorte für Opfer von Menschenhandel und ein Bleiberecht für diese Frauen und - am wichtigsten - den Aufbau von Massenparteien der Arbeiter*innenklasse mit einem sozialistischen Programm, um eine grundlegende Veränderung der Gesellschaft zu erkämpfen.

Wir lehnen die Sexindustrie ab, nicht die Frauen, die dort arbeiten. So lange es diese Industrie gibt, sollten diese Frauen den bestmöglichen Schutz bekommen, um so gut es geht Schaden abzuwenden und Risiken zu minimieren. Wir würden für das Recht von Sexarbeiter*innen auf gewerkschaftliche Organisierung eintreten, wenn sie sich organisieren wollen, um – auch wenn das nur sehr begrenzt möglich ist – die Ausbeutung zu verringern und ihre Arbeitsbedingungen zu verbessern.

Sich gegen gewerkschaftliche Organisierung zu stellen, würde bedeuten, diesen Frauen das Recht auf eine sicherere Umgebung abzusprechen, weil sie ihren Körper verkaufen. Das ist eine moralische Herangehensweise, keine marxistische. Aber wir stimmen nicht mit der Position überein, derzufolge es eine »freie Entscheidung« sei Sex, zu verkaufen und die Sexindustrie nicht anders sei als jede andere Lohnarbeit und dass für diese »Jobs« zum Beispiel in Jobcentern frei geworben werden sollte. Wir wollen die Sexindustrie abschaffen und nicht legitimieren, aber wir glauben auch, dass die beteiligten Frauen das Recht haben, sich zu organisieren, um weniger ausgebeutet zu werden.

Prostitution

In Bezug auf Prostitution und die Frage der Legalisierung ist unsere Herangehensweise ähnlich. In Ländern, in denen Prostitution verboten ist, führen die Gesetze hauptsächlich zur Kriminalisierung und Gefährdung der Prostituierten. Sie tragen nicht dazu bei, Prostitution zurückzudrängen. In Großbritannien erhalten Frauen beispielsweise regelmäßig Bußgelder, weil sie Sex anbieten, und verkaufen ihren Körper dann wieder, um die Strafe bezahlen zu können. Frauen trauen sich zudem oftmals nicht, Gewaltverbrechen und Misshandlungen anzuzeigen, weil sie Angst haben, verhaftet oder abgeschoben zu werden.

Wir gehen gegen die Bedingungen vor, die Frauen in die Prostitution zwingen, und fordern Maßnahmen, die ihnen helfen, einen Ausweg zu finden. Gleichzeitig unterstützen wir aber Maßnahmen, die Gewalt, Ausbeutung und Repression gegen Prostituierte durch Freier, Zuhälter und Menschenhändler, die sie kontrollieren, oder den Staat, der sie kriminalisiert, vermindern. Diese Maßnahmen müssten allerdings sorgfältig ausgewertet werden, um sicherzustellen, dass sie Frauen auch tatsächlich schützen. Das sogenannte Nordische Modell der Kriminalisierung von Freiern, welches von vielen europäischen Ländern übernommen wurde, wird von vielen Prostituierten abgelehnt. Sie glauben, dass es die Gefahr durch gewalttätige Männer, tatsächlich erhöht.

Wir setzen uns für die Abschaffung von Strafverfolgung für Frauen in Prostitution ein. Wir würden allerdings keine Legalisierung unterstützen, die aus der Prostitution einen »normalen Beruf« macht, in dem Frauen in private (oder seltener öffentliche) Bordelle gezwungen werden und Unternehmer (oder Behörden) zu Zuhältern werden, die mit dem Verkauf weiblicher Körper immense Profite machen. Dadurch wird Ausbeutung und Missbrauch legitimiert.

Die Schönheitsindustrie

In einem System, das auf Ungleichheit, Hierarchie und Ausbeutung basiert; in dem die Medien, die Mode-, Schönheits-, Sex- und Freizeit-Industrien in den Händen großer

Konzerne sind, können gewöhnliche Frauen und Männer nicht bestimmen, was produziert wird. Unternehmen beuten für Profite alles Mögliche aus und versuchen ständig, neue Märkte für ihre Produkte zu schaffen, wobei sie bestehende Denkweisen in der Gesellschaft für sich nutzen, sie verstärken und erhalten. Dies fängt in einem sehr jungen Alter mit »Mädchen-« und »Jungenspielzeug« an.

Die milliardenschwere Schönheitsindustrie begünstigt und verstärkt die Einstellung, dass das Aussehen einer Frau wichtiger ist als ihre Gedanken und Handlungen. Frauen werden ständig mit Bildern eines »Ideals« bombardiert, das die meisten nie erreichen können. Trotzdem geben sie Millionen für Make-up, Haut- und Haarpflegeprodukte, Diätnahrungsmittel, Kleidung und sogar Schönheitsoperationen aus, in der Hoffnung, dass sie glücklicher, sexier und erfolgreicher - privat und beruflich - sein werden, wenn sie dünner und einen attraktiveren Körper haben.

Nur ein kleiner Prozentsatz der Frauen ist mit ihrem Körper zufrieden. Bereits elfjährige Mädchen fühlen sich zu dick und machen Diäten. Es wäre zu einfach zu sagen, dass das in den Medien propagierte Frauenbild die Ursache für Essstörungen wie Magersucht und Bulimie ist, aber es trägt sicherlich dazu bei und kann den Heilungsprozess verzögern. Auch Männer werden zunehmend zur Zielgruppe der Schönheits-, Mode- und Freizeitindustrien, weil die großen Unternehmen neue Märkte suchen oder künstliche Märkte schaffen, die sie ausbeuten können.

Die Sorge um das eigene Aussehen kann das Selbstvertrauen und Selbstwertgefühl von Frauen mindern. Die amerikanische Autorin Susan Faludi schreibt von einem kulturellen »backlash« gegen das wachsende Selbstvertrauen der Frauen: Ihr zufolge sollen Frauen »zurück in ihre Kiste« gesteckt werden.[66] Aber obwohl es tatsächlich Rückschritte bei vielen ökonomischen und sozialen Errungenschaften gegeben hat, die von Frauen erkämpft wurden, sollte man dies nicht mit einer Verschwörung der Großkonzerne oder des »Patriarchats« gleichsetzen, um die Frauen unten zu halten. Konzerne nutzen und fördern die Ängste und Unsicherheiten von Frauen mit dem einzigen Ziel, Profite zu erzielen. Alle anderen Folgen sind sekundär, auch wenn sie dazu führen, den Widerstand gegen ihr System zu schwächen.

Der Wiederaufbau von Arbeiter*innenorganisationen als Mittel zum gemeinsamen Kampf wird bei der Bekämpfung von »altem« und »neuem« Sexismus notwendig sein. Für den Wiederaufbauprozess ist es entscheidend, Sexismus und die kulturelle Unterdrückung von Frauen als Teil eines größeren ideologischen Mechanismus zu verstehen. Dieser Mechanismus dient dazu, das kapitalistische System zu erhalten. Es ist nicht nebensächlich, das gesamte kapitalistische System herauszufordern, sondern zentral für den Kampf zur Überwindung aller Formen von Ungleichheit und Unterdrückung.

In den Kampf ziehen

Immer wieder und auf verschiedene Weise haben sich Frauen in der Geschichte an Bewegungen und Kämpfen beteiligt. Gerade weil sie als Arbeiter*innen doppelt unterdrückt sind, gehören sie potenziell zu den entschiedensten Aktivist*innen. So schlossen sich in den Textilfabriken des 19. Jahrhunderts besonders stark von der Ausbeutung betroffene Arbeiter*innen mit ihren männlichen Kollegen in Gewerkschaften zusammen, um für ihre Rechte zu kämpfen.

66 Vgl. Susan Faludi: Backlash, 1991

In manchen Branchen wurden Frauen durch männliche Arbeiter aus den Gewerkschaften ausgeschlossen, da sie von ihnen als Konkurrenz betrachtetet wurden und die Männer Sorge hatten, dass dadurch ihre Löhne gedrückt würden. Manche Männer waren der Meinung, dass Frauen nach Hause und nicht in die Fabrik gehören. Wenn ihnen der Beitritt in die bestehenden Gewerkschaften verwehrt wurde, gründeten Arbeiter*innen ihre eigenen Verbände, während sie gleichzeitig für die Einheit mit den männlichen Arbeitern kämpften.

Sogar die am stärksten ausgebeuteten und unterdrückten Arbeiter*innen, die nicht gewerkschaftlich organisiert waren und von der Gewerkschaftsbürokratie als »unorganisierbar« eingestuft wurden, führten heroische Kämpfe.

So waren es die »match girls«[67] im Londoner East End, die den Anstoß gaben für eine massive Welle von Kämpfen am Ende des 19. Jahrhunderts in Großbritannien. Diese wurde als »New Unionism«[68] bekannt. Zehntausende, vorher nicht organisierte Beschäftigte bildeten neue, kämpferische Gewerkschaften. Elf Stunden pro Tag schufteten die Arbeiter*innen in den Streichholzfabriken unter fürchterlichen Bedingungen für Hungerlöhne. Für kleinste Fehler wurden drakonische Bußgelder gegen sie verhängt. Entgegen der Einschätzung von Pessimisten traten sie in den Streik und setzten, mit Unterstützung von Sozialist*innen, die meisten ihrer Forderungen durch, darunter auch das Recht zur Gründung einer Gewerkschaft.

67 Frauen, die in der Streichholz-Fabrik arbeiteten
68 »Neue Gewerkschaftsbewegung«

Die Periode des »Great Unrest«[69] von 1910 bis 1911 brachte auch extrem ausgebeutete Arbeiter*innen in Aktion, besonders im East End und South London:

> *»Marmeladen- und Konservenarbeiter*innen, Lumpensammler*innen, Arbeiter*innen in Konditoreien, Flaschenspüler*innen, Blechkastenmacher*innen, Kakaomacher*innen, Brennereiarbeiter*innen, alle geschundenen Fabrikarbeiter*innen [...] streikten für Lohnerhöhungen [...] und die meisten hatten Erfolg.«*[70]

Ähnliche Bedingungen gibt es heute noch in den postkolonialen Ländern. Zum Beispiel die Situation oftmals sehr junger Arbeiter*innen, die sich tapfer gegen die brutalen sklavenähnlichen Bedingungen wehren, unter denen sie im Kapitalismus gezwungen sind, zu leben und zu arbeiten. Auch in den »fortgeschrittenen« industrialisierten Ländern gab es bedeutende Streiks von extrem ausgebeuteten Arbeiter*innen, wie in den USA, wo Gebäudereiniger*innen– überwiegend Frauen und Migrant*innen – für das Recht auf gewerkschaftliche Organisation kämpften, und unterbezahlte Arbeiter**innen, besonders aus dem Fast-Food-Sektor, sich in der Massenbewegung für einen Mindeststundenlohn von 15 Dollar organisierten.

Angriffe abwehren

Frauen sind in der Geschichte sowohl in ihrer »traditionellen« Rolle als Mutter und »Hausfrau« als auch als

69 Anmerkung des Übersetzers: »Great Unrest« bedeutet auf Deutsch »Große Unruhe.« Es war eine Periode, die von einer Vielzahl von Streiks für höhere Löhne aber auch für bessere Arbeitsbedingungen geprägt war. Viele gewerkschaftlich unorganisierte Arbeiter*innen beteiligten sich an dieser Streikwelle.

70 Zitiert nach: Sarah Boston: a.a.O.

Verbraucher*innen in den Kampf getreten. Zum Beispiel hat die »Women's Cooperative Guild«[71] in Großbritannien Ende des 19. und zu Beginn des 20. Jahrhunderts Kampagnen gegen die sinkende Lebensmittelqualität und für eine bessere medizinische Versorgung von Müttern während Schwangerschaft und Geburt geführt. Obwohl sie die überlieferte Arbeitsteilung zwischen Männern und Frauen in der Familie meist nicht in Frage gestellt haben, traten sie für Änderungen im Leben der Arbeiter*innenklasse ein: für organisierte, gemeinsame Kinderbetreuung, Einkäufe und Wäschereien, Restaurants. Die an diesen Kämpfen beteiligten Frauen arbeiteten meist nicht außer Haus, waren aber dennoch Teil der Arbeiterbewegung und bezogen Position zu betrieblichen Fragen wie der Angleichung der Löhne. Auch die sexuelle Gesundheit der Frauen war für sie ein wichtiges Thema.

Heute sind es oftmals Frauen, die an der Spitze von Kampagnen zur Verteidigung öffentlicher Einrichtungen, gegen Privatisierungen und Sozialabbau stehen. Wenn ein Krankenhaus geschlossen wird, leidet die ganze Bevölkerung darunter, aber Frauen sind oft besonders davon betroffen. Sie nutzen häufiger Gesundheitseinrichtungen, weil sie Kinder bekommen und großziehen. Zudem arbeiten viele Frauen im öffentlichen und zunehmend ehemals öffentlichen Dienst. Wenn aufgrund der Wirtschaftskrise Regierungen Kürzungen vornehmen, werden Frauen zwangsläufig eine wichtige Rolle im Widerstand gegen diese Angriffe spielen. Bildung, Kinderbetreuung, Wohnungsbau, Öffentlicher Nahverkehr, Umweltschutz, Sozialleistungen: in all diesen Bereichen haben Frauen für Verbesserungen gekämpft und werden es auch weiterhin tun.

71 Verband der Frauengenossenschaften

Frauen spielen auch eine wichtige Rolle bei der Unterstützung streikender Männer. Der Streik der britischen Bergarbeiter 1984 bis 85 konnte nur über so eine lange Zeit aufrecht erhalten werden, weil Frauen Suppenküchen organisierten, auf Versammlungen sprachen, Geld sammelten und Streikposten verstärkten. Die Frauen der Bergarbeiter, aber auch andere Frauen aus der Arbeiter*innenklasse haben bewegende Berichte darüber verfasst, wie dieser Streik ihr Leben verändert hat. Er hat neue Horizonte eröffnet und ihnen Selbstvertrauen gegeben. Nichts war mehr so wie zuvor.

Aufgrund der gestiegenen Zahl von weiblichen Beschäftigten ist es heute wahrscheinlicher, dass Frauen für ihre eigenen Rechte als Arbeiter*innen aktiv werden und in Streiks treten. Das gilt besonders für den Öffentlichen Dienst, wo Frauen oft die Mehrheit der Beschäftigten stellen. Erzieher*innen, Lehrer*innen und Hilfslehrer*innen, Angestellte in Ämtern und medizinischen Einrichtungen und viele andere haben entschlossenen Widerstand gegen Kürzungen, Privatisierungen und sich verschlechternde Arbeitsbedingungen geleistet.

Wenn Regierungen noch härtere Angriffe auf öffentliche Ausgaben starten, um Schulden abzubauen und Arbeiter*innen für die Krise zahlen zu lassen, werden Frauen erbitterte Kämpfe zur Verteidigung ihrer Arbeitsplätze, Löhne und Dienstleistungen führen.

Kampagnen zu frauenspezifischen Themen

Wie schon in der Vergangenheit werden Frauen auch weiterhin zu frauenspezifischen Themen aktiv – in Gewerkschaften und Arbeiter*innenorganisationen oder in speziellen eigenen Organisationen und Kampagnen.

In manchen Fällen haben die Erfahrungen von Frauen in sozialen Kämpfen gegen Lohnkürzungen, Sozialabbau oder Privatisierungen dazu geführt, dass auch ihr Selbstbewusstsein gestiegen ist, Probleme anzusprechen und anzugehen, die Frauen betreffen, wie die Fragen von sexueller Belästigung und der Selbstbestimmung über den eigenen Körper.

In anderen Fällen sind Frauen über Kampagnen zu Genderfragen zur Teilnahme an sozialen verallgemeinerten Kämpfen gekommen. Die Beteiligung an Ein-Punkt-Bewegungen wie gegen den Abbau demokratischer Rechte, für Umweltschutz, gegen Rassismus oder gegen Kriege kann ebenfalls die Sensibilität von Frauen für Genderthemen und Unterdrückung in allgemeinerem Sinne zur Folge haben. In den letzten Jahren waren Frauen, besonders junge Frauen, in solchen Ein-Punkt-Bewegungen besonders aktiv.

Insbesondere infolge der »Großen Rezession« von 2007/08 wuchs die Wut über die grassierende wirtschaftliche Ungleichheit und verband sich mit einem wachsenden Selbstbewusstsein, sich gegen geschlechtsspezifische Ungleichheit, Unterdrückung und Ungerechtigkeit zu wehren. In einer Reihe von Ländern kam es zu wichtigen Kämpfen gegen geschlechtsspezifische Gewalt, sexuelle Belästigung und Sexismus. Der Zündstoff war so groß geworden, dass ein einziger Funke – etwa die brutale Ermordung einer jungen Frau oder ein empörendes Vergewaltigungsurteil – genügte, um Proteste auszulösen, die in einigen Fällen zu Massenbewegungen anwuchsen. Gleichzeitig errang eine Welle von Bewegungen für das Recht auf Abtreibung bedeutende Siege in Irland und in mehreren Ländern Lateinamerikas.

Die globale Wirtschaftskrise war jedoch auch der Katalysator für die Machtübernahme rechtspopulistischer Regierungen in mehreren Ländern. Insbesondere dort, wo entweder etablierte politische Kräfte auf der Linken eine pro-kapitalistische Agenda verfolgten oder wo neue linke Kräfte es versäumt hatten, sich zu organisieren und eine Alternative zum Kapitalismus vorzuschlagen, entstand ein politisches Vakuum, das die Populisten ausfüllen konnten. Die antifeministische und frauenrechtsfeindliche Agenda von Rechtspopulisten wie den Präsidenten Jair Bolsonaro in Brasilien und Donald Trump in den USA spiegelte nicht die gesellschaftlichen Einstellungen wider. Ihre Wahl löste Massenprotestbewegungen von Frauen aus. Dennoch gelang es ihnen, mit Wahlversprechen auf die Einschränkung der Abtreibungs- und LGBTQ-Rechte eine konservative und religiöse Minderheit zu mobilisieren. In den USA führte dies zum größten Angriff auf die Frauenrechte seit 50 Jahren, als der Oberste Gerichtshof im Juni 2022 »Roe v. Wade« aufhob. Infolge dessen verweigerte fast die Hälfte der US-Bundesstaaten Millionen von Frauen das Recht auf Abtreibung.

Der Kampf um die Verteidigung und Ausweitung des gesetzlichen Rechts auf Abtreibung wird wahrscheinlich in vielen Ländern weitergehen. Aber dieser Kampf kann nicht vom Kampf um die materiellen Ressourcen getrennt werden, die Frauen erst ermöglichen, diese Rechte in der Praxis auszuüben. Dies schließt ein kostenloses, allgemeines, voll finanziertes und demokratisch kontrolliertes Gesundheitswesen ein. Sozialist*innen und Marxist*innen kämpfen für das Recht aller Frauen, selbst zu entscheiden, ob und wann sie Kinder bekommen wollen. Wir fordern freien Zugang zu Verhütungsmitteln, das Recht auf kostenlose Abtreibung – so früh und sicher wie möglich – um eine ungewollte Schwangerschaft zu beenden und das Recht auf kostenlose Behandlung für alle, die Kinder bekommen möchten aber nicht können. Wir setzen uns außerdem für soziale Forderungen ein wie menschenwürdige Löhne, eine gute Kinderbetreuung, qualitativ hochwertigen Wohnraum und die Befriedigung anderer Grundbedürfnisse, damit niemand aufgrund von sozialen Problemen daran gehindert wird, Kinder zu bekommen.

In Bewegungen besteht die Herausforderung für Sozialist*innen und Marxist*innen darin, zu erklären, wie Ungleichheit und Frauenunterdrückung und das kapitalistische System zusammenhängen. Ein wichtiges Ziel ist es, die Bewegung auf die organisierte Arbeiterbewegung zu orientieren, denn so besteht die Chance, vorübergehende und dauerhafte Erfolge für Frauen zu erzielen. Dies ist uns in der »Campaign against domestic violence« erfolgreich gelungen. Wir haben betont, dass häusliche Gewalt eine Klassenfrage ist, deren Ursache in der Struktur und der Ideologie der Klassengesellschaft liegt. Ein wichtiger Bestandteil der Kampagne war zudem, darauf hinzuweisen, wie der organisierten Arbeiter*innenklasse eine Schlüsselrolle zukommt, um Verbesserungen zu erkämpfen und die Gesellschaft insgesamt zu verändern.

Es ist wahrscheinlich, dass auch Kampagnen gegen Sexismus eine höhere Bedeutung erlangen. Das Comeback und die »Normalisierung« sexistischer Darstellungen haben besonders unter jungen Frauen zu geteilten Meinungen geführt. Während einige die irrige Auffassung vertreten, dass neuer Sexismus kein wirkliches Problem sei, sind andere, besonders Studentinnen, aktiv geworden und wehren sich gegen Formen von neuem Sexismus wie beispielsweise Motto-Parties, deren Gestaltung an die Sex-Industrie angelehnt sind, Schönheitswettbewerbe und Ähnliches und wenden sich Themen wie sexueller Belästigung oder der Sicherheit von Frauen zu.

Der Kampf für LGBT-Rechte hat auch eine wichtige Rolle bei der Radikalisierung einer neuen Generation von jungen Frauen gespielt. Die erfolgreiche Kampagne in Irland 2015 rund um das Referendum über die gleichgeschlechtliche Ehe war besonders lehrreich. Sie hat die reaktionäre Haltung der katholischen Kirche in sozialen Fragen in diesem Land auf spektakuläre Weise in Frage gestellt. Sie hat auch gezeigt, wie ein Massenkampf gesellschaftliche Einstellungen verändern kann. Es ist kein Zufall, dass die meisten Stimmen für das Referendum genau in den Arbeitervierteln abgegeben wurden, wo sich die Bewohner*innen zuvor an einem Massenkampf gegen Wassergebühren beteiligt hatten.

Es ist davon auszugehen, dass in der Zukunft eine Zunahme gemeinsamer betrieblicher und sozialer Kämpfe auch Kampagnen zu frauenspezifischen Themen beflügeln wird. Umgekehrt können Auseinandersetzungen um Genderthemen oder andere Fragen selbst zum Auslöser für eine verallgemeinerte Bewegung werden.

Arbeiter*innenorganisationen

Wir dürfen jedoch nicht selbstverständlich davon ausgehen, dass alle Gewerkschaften und Arbeiter*innenorganisationen automatisch verstehen werden, dass es notwendig ist, zu frauenspezifischen Fragen aktiv zu werden. Frauen mussten in den Arbeiter*innenorganisationen immer wieder enormen Druck aufbauen, damit ihre Anliegen beachtet wurden und statt Lippenbekenntnissen auch konkrete Kampagnen für ihre spezifischen Bedürfnisse gestartet wurden.

In letzter Zeit gab es verschiedene Beispiele dafür, dass Arbeiter*innenparteien und -organisationen sich gegen die Forderung nach freier Abtreibung gestellt haben. Zum Beispiel haben sich CWI-Mitglieder in Brasilien an einem wichtigen Kampf in der »Partei für Sozialismus und Freiheit« (PSOL) beteiligt. Die bekannteste Führerin der PSOL lehnte im Wahlkampf öffentlich Abtreibungen ab und weigerte sich, für das Selbstbestimmungsrecht von Frauen einzutreten.

Dagegen konnten dort, wo Arbeiter*innenorganisationen das Thema aufgegriffen haben, wichtige Erfolge erzielt werden. So kam es beispielsweise im Jahr 1979 in Großbritannien zu Massenprotesten von Arbeiter*innen gegen die Einführung des »Corrie Bill«, ein Gesetz, das Abtreibungen nach der 20. Woche (anstatt wie zuvor nach der 28. Woche) verboten hätte. Die Proteste waren erfolgreich, das Gesetz konnte nicht eingeführt werden.

Die wichtigsten sozialen Verbesserungen für Frauen wurden gerade in Phasen größerer allgemeiner Radikalisierung und wachsender Klassenkämpfe errungen. Heute spielen Frauen eine entscheidende Rolle beim Wiederaufbau und der Stärkung von Gewerkschaften und Arbeiter*innenparteien und dabei, sie wieder zu Kampforganisationen zu machen, die für die Rechte aller Arbeiter*innen in Betrieb und Gesellschaft eintreten.

Sozialistinnen

In der Geschichte mussten Frauen viele Hürden überwinden, um in Arbeiter*innenorganisationen aktiv zu werden. Durch die Doppelbelastung von Erwerbsarbeit und Hausarbeit haben viele Frauen wenig Zeit sich aktiv zu beteiligen. Hannah Mitchell, eine Arbeiterin, die in Nordengland in der Bewegung für das Frauenwahlrecht kämpfte, brachte das zum Ausdruck, als sie beklagte, dass Frauen »mit einer Hand gefesselt« für das Wahlrecht kämpfen.[72]

72 Vgl. Jill Liddington; Jill Norris: a.a.O.

Leider waren und sind Arbeiter*innenorganisationen nicht immun gegen Vorurteile, die in der Gesellschaft bestehen, und manchmal hatten und haben Frauen mit heftigem Sexismus und Diskriminierung durch männliche Aktivisten zu kämpfen. Häufig wurden diese Vorurteile durch gemeinsamen Widerstand überwunden. Das war zum Beispiel in den achtziger Jahren der Fall, als sich die Einstellung vieler Bergarbeiter durch die wichtige Rolle, die Frauen in Solidaritätskomitees spielten, und aufgrund der Unterstützung des Streiks durch schwule und lesbische Aktivist*innen veränderte.

Sozialistische Frauen haben oft eine wichtige Rolle im Kampf für die Rechte von Arbeiter*innen gespielt und sie ermutigt, aktiv zu werden. Eleanor Marx, die jüngste Tochter von Karl Marx, hat geholfen, ausgebeutete Arbeiter*innen im Londoner East End zu organisieren. Die deutsche Sozialistin Clara Zetkin, Freundin und Genossin von Rosa Luxemburg, schlug 1910 auf einer internationalen sozialistischen Frauenkonferenz vor, dass jedes Jahr ein internationaler Frauentag begangen werden sollte. Dazu inspiriert hatten sie Zehntausende von Frauen, die in den USA für ihre Rechte auf den Straße demonstriert hatten. Über eine Million Menschen nahmen aktiv am ersten Internationalen Frauentag 1911 teil. Eine Woche später wurden über 140 Arbeiter*innen Opfer eines Brandes beim »Triangle Fire« in New York. Dies war ein grausamer Beweis dafür, dass im Kapitalismus die Profite Vorrang vor der Gesundheit und Sicherheit von Arbeiter*innen haben. Dieser Unfall unterstrich die Bedeutung für Arbeiter*innen, sich zusammenzuschließen und zur Wehr zu setzen.

In den meisten Ländern wird der Internationale Frauentag bis heute am 8. März gefeiert. An diesem Tag begann auch die russische Revolution im Jahr 1917, als Frauen sich erhoben und Frieden und Brot forderten. Die russische Revolutionärin Alexandra Kollontai kommentierte 1920:

> *»Der Tag der arbeitenden Frauen 1917 ist zu einem bedeutenden Datum in der Geschichte geworden. An diesem Tag erhoben die russischen Frauen die Fackel der proletarischen Revolution und setzten die Welt in Brand.«*

Doch im Laufe der Jahre geriet die ursprüngliche Bedeutung des Frauentages so sehr in Vergessenheit, dass er in vielen Ländern zunehmend dem Muttertag ähnelt, wo die Frauen einen Tag lang »verwöhnt« werden und Blumen geschenkt bekommen. Es liegt an der neuen Generation von arbeitenden Frauen, den Faden der Geschichte wieder aufzunehmen und aus dem 8. März wieder einen internationalen Kampftag für Frauenrechte zu machen.

Positive Diskriminierung

Der wichtige theoretische Beitrag Alexandra Kollontais zur Frage der Frauenunterdrückung wurde bereits erwähnt. Sie trat dafür ein, dass die Bolschewiki sich gezielt an die Frauen aus der Arbeiter*innenklasse wenden und für Verbesserungen kämpfen, die diesen direkt zu Gute kommen. Sie befürwortete die Einrichtung einer Frauenabteilung der Partei, welche deren Arbeit unter den Frauen organisieren und bilanzieren sowie die Rekrutierung und Integration weiblicher Mitglieder speziell vorantreiben sollte.

In vielen Ländern stehen Beschäftigte heute vor der Aufgabe, die Gewerkschaften wieder zu Kampforganisationen zu machen und Arbeiter*innenparteien aufzubauen, die in der Lage sind, eine Massenbasis zu erlangen. Frauen könnten in diesem Prozess an vorderster Front stehen, aber ihre Beteiligung am Kampf für die Verteidigung ihrer Rechte und einer Umwandlung der Gesellschaft ergibt sich nicht automatisch aus ihrer doppelten Belastung. Im Gegenteil kann gerade diese Doppelbelastung sie oft davon abhalten, sich voll einzubringen. Bis heute sind Frauen zum Beispiel in der Gewerkschaftsbewegung unterrepräsentiert, sogar in Ländern, in denen sie die Mehrheit der Gewerkschaftsmitglieder stellen.

Dieses Problem hat zu Forderungen und zur Einführung Maßnahmen sogenannter »positiver Diskriminierung« geführt. Dazu gehören Frauenquoten und Mandate nur für Frauen in den Gewerkschaften. Dahinter steht die Idee, dass dadurch Diskriminierung überwunden und die Stellung von Frauen verbessert werden könnte. Auch in einigen neuen Arbeiter*innenparteien und neuen linken Formationen gibt es eine ähnliche Debatte dazu, wie eine gleichberechtigte Vertretung von Frauen innerhalb der Organisation und bei Parlamentswahlen erreicht werden kann.

Bei all dem kann »positive Diskriminierung« als sehr attraktive Möglichkeit erscheinen, jahrelange Diskriminierung zu überwinden und die Beteiligung von Frauen in den Organisationen der Arbeiterbewegung zu verbessern. Aber es gibt immer die Gefahr, dass solche Maßnahmen als organisatorische Abkürzung verstanden werden, um die Probleme von Frauen zu überwinden. Die Gefahr ist groß, dass diese Maßnahmen ihr Ziel verfehlen und stattdessen polarisieren und die tatsächlichen Ursachen für die Benachteiligung von Frauen verschleiern.

Aktionsprogramm

Wenn Maßnahmen wie Frauenquoten nicht mit einer aktiven Beteiligung von Frauen an der Basis und Rechenschaftspflicht einhergehen, kann dies auch zur Entwicklung einer abgehobenen Schicht von Frauen führen, die vor allem ein Interesse daran hat, ihre privilegierte Position zu verteidigen und sich dadurch von den Interessen der arbeitenden Frauen an der Basis immer weiter entfernt.

Das Geschlecht einer Kandidatin führt also nicht automatisch zu Verbesserungen der Lage aller lohnabhängigen und erwerbslosen Frauen. So wäre auch eine Kandidatin einer linken Partei, die sich zum Beispiel für Bündnisse mit bürgerlichen Parteien ausspricht, die für Sozialabbau stehen, sicherlich nicht im Interesse von weiblichen Beschäftigten.

Es gibt Fälle, in denen organisatorische Maßnahmen zur Durchsetzung von Geschlechtergerechtigkeit in linken Parteien zur Folge hatten, dass demokratische Prozesse untergraben und sogar zu einem bürokratischen Instrument in der Auseinandersetzung mit unliebsamen politischen Positionen wurden.

Frauen in Führungspositionen einer Organisation können eine positive Wirkung auf Frauen außerhalb haben und sie zur Beteiligung ermutigen. Trotzdem ist die Existenz von Frauen in führenden Positionen nicht der Hauptgrund, warum Frauen in Gewerkschaften und Parteien aktiv werden. Der wichtigste Grund ist die Überzeugung, dass die jeweilige Organisation für ihre grundlegenden Interessen eintritt. In ihrem Interesse sind also Gewerkschaften, die Arbeitsplätze und -bedingungen verteidigen, für gute Löhne kämpfen und sich aktiv gegen alle Formen von Diskriminierung zur Wehr setzen. Wenn die Gewerkschaften einen entschlossenen Kampf für diese Ziele organisieren und zu Streiks aufrufen, würden sich sicher auch mehr Frauen aktiv beteiligen. Einer Gewerkschaft, die bei diesen Aufgaben versagt, wird es nicht gelingen, Frauen ausreichend zu beteiligen, egal, ob diese den Strukturen gleichberechtigt vertreten sind oder nicht.

Fördernde Maßnahmen

Trotz aller Verbesserungen sind Frauen immer noch benachteiligt. Sie sind weiterhin hauptverantwortlich für die Kindererziehung und verrichten den Großteil der Hausarbeit. Es bleibt vielen Frauen also wenig Zeit, sich an Treffen und Aktivitäten zu beteiligen. Alleinerziehende sind besonders benachteiligt, weil sie die Belastung oft mit niemandem teilen können.

Deshalb ist es extrem wichtig, dass Arbeiter- und linke Organisationen Maßnahmen entwickeln, um Frauen bei der Überwindung dieser Hindernisse zu helfen. Zum Beispiel können sie, wenn möglich, Kinderbetreuung organisieren oder bezahlen und Treffen und Aktivitäten zu Uhrzeiten anbieten, die sich am Alltag der Frau orientieren. Eine Sensibilität für Schwierigkeiten, mit denen Frauen konfrontiert sind, ist erforderlich. Zum Beispiel kann es Sinn machen sein, vor und nach Aktivitäten die Frauen abzuholen und nach Hause zu bringen, damit sie nicht unnötig Zeit verlieren. Das kann auch abends aus Sicherheitsgründen sinnvoll sein.

Innerhalb von Organisationen muss konsequent daran gearbeitet werden, das Bewusstsein zu frauenrelevanten Themen zu erhöhen und eine Atmosphäre zu schaffen, in der Frauen sich wohl fühlen. Die Einheit zwischen Männern und Frauen im Kampf für eine andere Gesellschaft und die Überwindung von Ausbeutungsverhältnissen ist von entscheidender Bedeutung, darf aber nicht dazu führen, sexistisches Verhalten nicht zu thematisieren und anzugehen. Sexismus darf in keiner Form toleriert werden. Diskussionen und Schulungen können helfen, um das Bewusstsein von Mitgliedern zu erhöhen.

Selbstorganisierung oder Separatismus?

Auch die herrschende Ideologie kann einen negativen Einfluss auf Frauen aus der Arbeiter*innenklasse haben. Während zweifellos viele Frauen ohne Probleme in politische Organisationen integriert sind und mitarbeiten, trauen sich das andere nicht zu, weil sie kein Vertrauen in ihre eigenen Fähigkeiten haben oder glauben, dass Aktivismus und Politik »nichts für sie« sei. Dieses Problem kann überwunden werden, wenn das Selbstbewusstsein von Frauen gezielt gefördert wird. Dazu kann sinnvoll sein, Struktur und Ablauf von Treffen zu überdenken. Möglich sind auch, wenn nötig, zusätzliche Treffen, Seminare und Schulungen speziell für Frauen.

Manchmal gibt es Einwände gegen extra Frauentreffen oder zusätzliche Gremien die Frauen vorbehalten sind. Es wird argumentiert, dass solche Treffen und Strukturen Männer diskriminieren und ausschließen würden. Wenn das stimmen würde, könnte man das gleiche über jede Struktur sagen, die eine Gruppe von zum Beispiel abhängig Beschäftigten zusammenbringt, die besondere Erfahrungen teilen, sei es aufgrund ihres Geschlechts, ihrer Herkunft, ihrer Sexualität, ihrer Behinderungen oder einfach, weil sie jung sind oder in der gleichen Branche arbeiten.

Es wird auch behauptet, solche Initiativen würden zu Separatismus führen. Das ist sicherlich eine Gefahr, aber es gibt keinen Automatismus dafür. Es ist wichtig, dass alle Diskussionen, die auf speziellen Treffen stattfinden, in die gesamte Organisation zurückgetragen werden, um alle Mitglieder an diesen Diskussionen zu beteiligen. Dies trägt zur Ausbildung der männlichen und weiblichen Mitglieder bei und erhöht das Problembewusstsein. Es ist dabei auch von großer Bedeutung, dass Frauenfragen nicht an den Rand gedrängt werden. Eigene Treffen, Komitees und Workshops können wichtige Foren für Frauen sein, um Fragen zu diskutieren, ein Programm auszuarbeiten und Kampagnen zu entwickeln. Doch sollten sie in keiner Weise die demokratischen Entscheidungsstrukturen der Gesamtorganisation ersetzen oder umgehen.

Die Befreiung erkämpfen

Wenn sich Frauen aus der arbeitenden Bevölkerung nicht aktiv am Kampf für eine umfassende Veränderung der Gesellschaft beteiligen, ist es unter den heutigen sozialen Umständen unmöglich, Ausbeutung und Unterdrückung zu überwinden. Arbeitende Frauen werden aufgrund ihrer materiellen Lebensbedingungen unweigerlich in den Kampf gezogen – wenn ihre Klasse insgesamt von Angriffen betroffen ist, aber auch wenn es um Themen geht, die für sie als Frauen eine besondere Bedeutung haben.

In manchen Fällen werden sie sich mit anderen Frauen verbünden, die ein Interesse daran haben, gegen die gemeinsam erlebte Unterdrückung auf Grundlage ihres Geschlechts zu kämpfen. Aber die wirkliche Befreiung wird nur durch den gemeinsamen Kampf mit dem männlichen Teil der Arbeiter*innenklasse gegen den Kapitalismus und für eine sozialistische Gesellschaft erreicht werden.

Eine erfolgreiche Umgestaltung der Gesellschaft ist nur auf Grundlage der bewussten Analyse des Charakters und der Ursachen von Frauenunterdrückung möglich. Es sind alle Hindernisse aus dem Weg zu räumen, die Frauen davon abhalten können, ihre zentrale Rolle bei der eigenen Befreiung und der Befreiung der gesamten Arbeiter*innenklasse wahrzunehmen.

Teil 3
Anhang

Friedrich Engels und die Befreiung der Frau

»Der Ursprung der Familie, des Privateigentums und des Staats«[73]

von Christine Thomas

Über 135 Jahre sind seit der Erstveröffentlichung des Buches »Der Ursprung der Familie, des Privateigentums und des Staats« von Friedrich Engels vergangen. Für Marxist*innen war der Text lange ein bedeutender Beitrag zur Erklärung der Ursprünge der Unterdrückung der Frau. Kritisiert wurde das Werk von denen, die andere Erklärungen dafür bevorzugen, dass Frauen in der Gesellschaft als Menschen zweiter Klasse behandelt werden.

Im Vorwort der ersten Ausgabe zu »Der Ursprung der Familie, des Privateigentums und des Staates« erklärt Friedrich Engels bescheiden, seine Arbeit könne nur *»nur einen geringen Ersatz bieten für das, was meinem verstorbenen*

73 Dieser Artikel von Christine Thomas erschien ursprünglich in der Theoriezeitschrift der Socialist Party, Socialism Today, Nr. 181 (September 2014), anlässlich des 130-jährigen Jubiläums der Veröffentlichung von »Der Ursprung der Familie, des Privateigentums und des Staates« von Friedrich Engels.

Freunde zu tun nicht mehr vergönnt war.«[74] Im Zusammenhang mit seiner allgemeinen Analyse der Funktionsweise und der geschichtlichen Entwicklung des Kapitalismus zeigte Karl Marx in seinen letzten Lebensjahren ein besonderes Interesse am Studium früherer Gesellschaften. Engels bezog sich auf unveröffentlichte Notizen von Marx. Zudem räumte er offen ein, wie viel sein Buch der sieben Jahre zuvor veröffentlichten, bahnbrechenden Arbeit »Die Urgesellschaft« des amerikanischen Rechtsanwalts und Amateur-Anthropologen Lewis Henry Morgen zu verdanken hatte.

Der Ausgangspunkt für das Verständnis der historischen Entwicklung der Gesellschaft, argumentierte Engels, sei der Produktions- und Reproduktionsprozess. Veränderungen der Art und Weise, wie wir unseren Lebensunterhalt erwirtschaften, verändern durch ein komplexes Zusammenspiel wirtschaftlicher und gesellschaftlicher Kräfte die Produktionsweise und die sozialen Beziehungen. Soziale Institutionen, wie der Staat, die Familie – und die damit verbundene Unterdrückung der Frauen – sind historisch spezifische Phänomene und daher Veränderungen unterworfen. Vornehmlich gestützt auf Morgans Studien über die nordamerikanischen Irokesen und polynesische Gesellschaften, versuchte Engels zu zeigen, wie in der Vergangenheit egalitäre Gesellschaften existierten, in denen es weder Privateigentum, noch Staaten oder eine systematische Unterdrückung der Frauen gab und in denen die Familie nicht die elementarste soziale Institution war.

Im Licht von mehr als 100 Jahren archäologischer und anthropologischer Forschungen können wir heute sagen, dass die generelle Stoßrichtung der Engelsschen Argumentation ihre Gültigkeit behalten hat. Allerdings muss »Der

74 Engels: Ursprung der Familie, des Privateigentums und des Staats, Berlin: Manifest 2020, S. 20.

Ursprung« als Produkt seiner Zeit verstanden werden: Revolutionär und voller Sprengstoff in seinem Bestreben, die herrschende Ideologie, die die Institutionen der kapitalistischen Gesellschaft für universell und naturgegeben erklärte, in Frage zu stellen. Gleichzeitig jedoch eine Arbeit, die dadurch behindert wird, dass sie sich auf die dünn gesäten, wissenschaftlichen Erkenntnisse stützt, die in den 1880er Jahren verfügbar waren.

Im Ergebnis beinhaltet »Der Ursprung« zwangsläufig sachliche Fehler in Bezug auf Details früherer Gesellschaften und ihrer Entwicklung. Engels selbst erkannte an, dass sein Buch der Überarbeitung bedürfe, sobald neuere Erkenntnisse vorlägen.

Klassenlose Urgesellschaft

In enger Anlehnung an Morgan identifiziert Engels die gemeinschaftlichen, egalitären »Gentes« (Gruppen oder Sippen) als soziale Grundeinheit der klassenlosen Gesellschaft. Moderne Anthropologen akzeptieren die historische Existenz der »Gentes«, auch wenn sie heute als »kinship group« (also als Verwandte) oder als »kin corporate group« (also als Bezugsgruppe) bezeichnet werden. Auch dürfte ein allgemeines Einvernehmen darüber bestehen, dass über bedeutende geschichtliche Zeitabschnitte hinweg klassenlose, soziale Gruppen existierten, die weder Privateigentum – im Sinne von privatem Eigentum an den Produktionsmitteln – noch staatliche Strukturen kannten.

Nicht mehr akzeptiert würde hingegen die von Engels beschriebene Entwicklungslinie bei der Entstehung der »Gentes.« Es gibt keine Beweise für die verschiedenen, von ihm skizzierten Entwicklungsstufen von der ungehemmten »Promiskuität« über die »Blutsverwandtschaftsfamilie«

(keine sexuellen Beziehungen zwischen den Generationen) zur »Gruppenfamilie« (Heiratsverbot zwischen den Nachkommen). Sie basieren auf reiner Spekulation. Wie Morgan vor ihm, glaubte Engels fälschlicherweise, dass die in den untersuchten Gesellschaften vorherrschenden, verwandtschaftlichen Bezeichnungen – also die Worte, mit denen Menschen ihre Beziehungen zueinander beschrieben, zum Beispiel »Schwester«, »Vater«, »Ehefrau« Verwandtschaftsbeziehungen und Heiratsgewohnheiten aus ferner Vergangenheit widerspiegelten. Tatsächlich drückten die Begriffe zeitgenössische soziale und ökonomische Beziehungen aus.

Morgans und Engels' egalitäres Kollektiv der »Gentes« bildete die grundlegende soziale Organisationsform der auf einfacher Landwirtschaft (Hack- und Gartenbau)[75] basierenden Gesellschaften. Bei diesen handelte es sich oft um matrilineare Gesellschaften (die Verwandtschaft wird über die mütterliche Linie vermittelt), in denen Frauen beachtliche Autorität besitzen konnten.

Eleanor Burke Leacock[76] beschrieb, wie Frauen der Irokesen das Anlegen von Vorräten, von Gemüse, Fleisch und anderen Gütern, kontrollierten, Ehen arrangierten und »Sachems« (»Friedenshäuptlinge« beziehungsweise »Stammessprecher«) nominierten und absetzten.

Einige Leser*innen von Engels' Buch zogen daraus den Schluss, dass dem Patriarchat (also der institutionalisierten Kontrolle der Männer über die Frauen) eine Zeit des »Matriarchats«, also der »Frauenherrschaft« vorausging. Tatsache ist, dass es dafür keine Beweise gibt. Wo Engels von

75 Der Hack- beziehungsweise Gartenbau ist die ursprüngliche Form der Landwirtschaft. Die Feldwirtschaft mit Hilfe von Pflügen (Pflugbau) und Bewässerungssystemen entstand später. Die Übergänge sind auf Grund unterschiedlicher geographischer Bedingungen allerdings fließend.
76 Leacock: Myths of Male Dominance, Monthly Review Press

»Mutterrecht« spricht, meint er offensichtlich matrilineare Verwandtschaftsbeziehungen und nicht Matriarchat – im Sinne von Frauenherrschaft.

Engels nahm an, dass matrilineare Gesellschaften den patrilinearen Gesellschaften grundsätzlich immer vorausgingen, Leacock scheint hiermit übereinzustimmen, wenn sie feststellt, dass es zwar zahlreiche Beispiele dafür gibt, dass sich matrilineare Gesellschaften in patrilineare Gesellschaften verwandelt haben, nicht jedoch für eine umgekehrte Entwicklung. Es gibt allerdings weder in die eine, noch in die andere Richtung belastbare Beweise, so dass diese Frage vorerst ungeklärt bleibt.

Darüber hinaus betrieben die ersten bekannten Gesellschaften keineswegs Hack- beziehungsweise Gartenbau, sondern die technologisch weniger anspruchsvolle Lebensweise des Jagens/Fischens und Sammelns.

Anthropologen wie Leacock und Richard Lee[77] führten extensive Studien an Jäger- und Sammler-Gesellschaften (sogenannten Wild- und Feldbeutern) durch. Sie werteten die konkreten Erfahrungen mit Völkern, die ihre Lebensweise bis in die heutige Zeit bewahrt haben, aus und analysierten zudem historische Dokumente, einschließlich der Aufzeichnungen der Jesuiten bezüglich der indigenen kanadischen Montagnais-Naskapi auf der Labrador-Halbinsel.

Jede dieser Gesellschaften wies eindeutig eigene, spezifische Charakteristika auf, die durch die Unterschiede der umgebenden Geographie und Umwelt bestimmt wurden. Dennoch schließen diese Unterschiede die Möglichkeit, allgemeine Merkmale herauszuarbeiten, die allen Jäger- und Sammler-Gesellschaften eigen sind, nicht aus.

---

77 Leacock and Lee: Politics and History in Band Societies, Cambridge University Press, 1982; Lee, The Kung San, Cambridge, 1979

Jede Regel hat ihre Ausnahme. Daher ist es wichtig, zu erkennen, ob die untersuchte Jäger- und Sammler-Gruppe beispielsweise bereits Kontakte zu Gesellschaften mit anderen Produktionsmethoden hatte oder ob sie eventuell nach einer Periode der Produktion nach einem technologisch fortschrittlicheren System zur Lebensweise der Wild- und Feldbeuter zurückkehrte.

Auch ist es notwendig, sich bei der Auswertung von Quellen darüber bewusst zu sein, dass die ursprünglichen Berichterstatter beziehungsweise Forscher möglicherweise durch Vorurteile oder unbegründete Vermutungen beeinflusst wurden.

Auch unter Berücksichtigung der genannten Vorbehalte ist es möglich, einige allgemeine Feststellungen zu den organisatorischen Prinzipien der Jäger- und Sammler-Gesellschaften zu treffen.

Verschieden aber gleichberechtigt

Obwohl die Größe einer Gemeinschaft in Abhängigkeit zur Umwelt und zum verfügbaren Nahrungsangebot variieren konnte, lebten die Jäger und Sammler in kleinen sozialen Gruppen oder Verbänden, die auf Verwandtschaftsverhältnissen basierten. (30-40 Menschen stellten normalerweise die ideale Höchstgrenze dar).

Die Zusammensetzung einer Gruppe konnte recht lose, die Zugehörigkeit fließend sein und »Verwandtschaft« wurde durchaus flexibel interpretiert und musste nicht zwangsläufig Blutsverwandte beschreiben. Die Gruppen lebten nomadisch und waren bei der Nahrungssuche mobil. Zu verschiedenen Anlässen gab es Treffen mit anderen Gruppen, die der Zusammenarbeit, der Geselligkeit et cetera dienten. Die Herstellung und die Verteilung der Güter erfolgte kollektiv und kooperativ, die Produktionsmittel waren sehr einfach.

Auch wenn es einige persönliche Besitztümer gab, waren die Produktionsmittel Eigentum der gesamten Gruppe. Die Akkumulation von Besitzständen war auf Grund der nomadischen Lebensweise kaum möglich. Obwohl zwischen verschiedenen Gruppen Geschenke ausgetauscht wurden, wurde überwiegend für den direkten Verbrauch produziert.

Alle Erwachsenen, die dazu körperlich in der Lage waren, waren gewöhnlich direkt an der Produktion und der Verteilung der Nahrungsmittel beteiligt. Die wichtigste Arbeitsteilung basierte auf dem Geschlecht. Im Allgemeinen waren die Männer für die Jagd verantwortlich, während sich die Frauen hauptsächlich mit dem Sammeln von Früchten, Nüssen, Beeren et cetera beschäftigten. Die Erträge beider Geschlechter wurden kollektiv durch die Gruppe verteilt.

Da Engels' Quellen hauptsächlich aus Gartenbau betreibenden Gesellschaften stammten, bezog er sich nicht auf die Rolle der Frau als Sammlerin, sondern konzentrierte sich stattdessen auf ihre Verantwortung für Kinderbetreuung und die Verwaltung des Haushaltes. Dennoch hatte Engels Recht, wenn er den »öffentlichen« Charakter der Rolle der Frau in auf Verwandtschaftsgruppen basierenden Gesellschaften betonte.

Die Versorgung der Kinder war eine soziale Aufgabe, die zum Wohl der gesamten Gruppe erledigt wurde. Es gab keine künstliche Trennung zwischen der privaten Rolle der Frau in einem individuellen Haushalt und ihrer öffentlichen Rolle in Gesellschaft, wie es im Kapitalismus und anderen Klassengesellschaften der Fall ist.

In Jäger- und Sammler-Gesellschaften konnten die persönlichen Beziehungen zwischen Männern und Frauen sowohl verbindlich, als auch unverbindlich sein. Je nach dem, was praktischer erschien, konnten sich die Partner nach der »Hochzeit« sowohl bei der Gruppe der Frau (matrilokal) als auch bei der Gruppe des Mannes (patrilokal) anschließen. Wegen der kooperativen Struktur der Gruppen führte der Abbruch einer Paarbeziehung nicht notwendiger Weise zu wirtschaftlichen Schwierigkeiten für Frauen und Kinder.

Die wichtigste soziale Einheit war die kollektive Gruppe, nicht die Familie oder der Haushalt und diese basierte auf der gegenseitigen, wirtschaftlichen Abhängigkeit innerhalb der Gruppe und nicht auf der der einzelnen Frauen von ihren männlichen Partnern.

Leacock, Stehanie Coontz und Peta Henderson[78] und Christine Ward Gaitley[79] warnen vor der Gefahr, auf Grundlage der im Kapitalismus herrschenden, ungleichen sozialen Beziehungen Aussagen über die Rolle der Frau in der Gesellschaft vor der Entstehung der Klassen zu treffen.

Arbeitsteilung zwischen Männern und Frauen bedeutet nicht unbedingt Ungleichheit. Der wirtschaftliche Beitrag der Frauen in Jäger- und Sammler-Gesellschaften lieferte in der Regel den Großteil der Nahrungsmittel für die Gruppe. Obwohl sich die Rollen von Männern und Frauen unterschieden, war keine der anderen über- oder untergeordnet, sondern gleichermaßen wertvoll und notwendig für die Gruppe.

Leacock zeigt, wie Frauen die Kontrolle über ihre eigenen Erzeugnisse ausübten und selbstständig über die Tätigkeiten in ihrem Verantwortungsbereich entschieden.

---

78 Coontz and Henderson: Women's Work, Men's Property, Verso, 1986
79 Gaitley: Kinship to Kingship, Gender Hierarchy and State Formation, University of Texas Press, 1987

Auch wenn überwiegend Frauen die Kinderbetreuung übernahmen und ihre Rolle bei der Fortpflanzung ihre Fähigkeit zu jagen normalerweise einschränkte (dies wäre für Schwangere und Frauen mit Kleinkindern gefährlich gewesen), verlieh ihnen dies keinen niedrigeren, sozialen Status. Tatsächlich war die Arbeitsteilung oft recht flexibel. Frauen fingen und jagten kleinere Tiere und begleiteten Männer zur Jagd, wenn sie nicht schwanger waren oder stillten. Ebenso übernahmen Männer bereitwillig die Kinderbetreuung, wenn dies erforderlich war.

Daher kann die benachteiligte Stellung der Frauen in der heutigen Gesellschaft nicht – wie es einige radikale Feminist*innen (und Nicht-Feminist*innen) versucht haben –, einfach mit ihrer Rolle bei der Fortpflanzung erklärt werden, ohne dabei die sozialen und wirtschaftlichen Beziehungen zu berücksichtigen.

Theorien, die die männliche Vorherrschaft mit größerer Körperkraft oder Aggressivität erklären, haben sich ebenfalls als unhaltbar erwiesen. Obwohl Gewalt und vereinzelt auch kriegerische Auseinandersetzungen in frühen, klassenlosen Gesellschaften durchaus vorkamen, waren sie dennoch sehr selten. Auf Grund ihrer Studien bezeichnet Leacock Kooperation, Reziprozität,[80] Solidarität, Großzügigkeit, Geduld und Respekt als die wichtigsten moralischen Werte der ursprünglichen, klassenlosen Gemeinschaften.

Anders als es der grobe biologische Determinismus des stereotypen Bildes des aggressiven männlichen Jägers vorspiegelt, war selbst die Jagd normalerweise eine Tätigkeit, die auf der Kooperation zwischen Männern – und manchmal auch Frauen – beruhte.

80 »Gegenseitigkeit« im Sinne von Tausch und Austausch, oft von Geschenken und Gefälligkeiten

Jäger- und Sammler-Gesellschaften zeichneten sich durch das Fehlen sozialer Schichten, eine nicht hierarchische Wirtschaftsweise und durch gesellschaftliche Beziehungen, die keine soziale Differenzierung auf der Grundlage des Reichtums kannten, aus.

Gesellschaft ohne Staat

Entscheidungsfindungen und Konfliktlösungen wurden normalerweise durch informelle Diskussion und Konsensbildung erreicht. Wenn sich ein Konflikt als unlösbar erwies, führte dies mit hoher Wahrscheinlichkeit dazu, dass jemand die Gruppe verließ.

Die Meinung bestimmter Mitglieder der Gruppe mag ein größeres Gewicht gehabt haben als die anderer Gruppenmitglieder, aber diese Art der Autorität basierte auf persönlichen Eigenschaften oder dem Alter dieser Personen und ergab sich nicht aus den Eigentumsverhältnissen.

Sie konnten andere überzeugen und überreden, hatten aber keine Macht, ihnen ihre Ansichten aufzudrängen oder sie zu einer bestimmten Verhaltens- oder Handlungsweise zu zwingen.

Die Neolithische Revolution

Der Zusammenbruch der gemeinschaftlichen »Gentes« und der Prozess der Entstehung des Privateigentums, der Klassen, der Familie als sozialer Institution, der Frauenunterdrückung und des Staates hatte für Engels seine Wurzeln in der Entwicklung der Produktivkräfte.

Im ersten Kapitel des »Ursprung« skizziert er unter Verwendung der heute offensichtlich nicht mehr verwendbaren, aber im 19. Jahrhundert gebräuchlichen Begriffe

– »Wildheit«, »Barbarei«, »Zivilisation« – ein Entwicklungsschema.

Heutige Anthropologen würden eher die Bezeichnungen »Jäger- und Sammler/ Wild- und Feldbeuter«, »kleinbäuerliche« und »städtische« Gesellschaft wählen.

Einige der Beweise, die Engels für die Art, wie sich Gesellschaften verändert haben, anführt, werden heute durch wissenschaftliche Befunde, die seit Engels' Buch geschrieben wurde, erhoben wurden, in Frage gestellt.

Dennoch gibt es eine überwältigende Zustimmung für die Auffassung, dass vor 8-10.000 Jahren eine revolutionäre Veränderung in der Produktionsweise stattfand. Diese Entwicklung wird im Allgemeinen als die »Neolithische Revolution« bezeichnet, ein Begriff, der durch den Archäologen V. Gorden Childe geprägt wurde. Sie hatte das Potenzial, eine Entwicklung hin zur Herausbildung sozialer Schichten, ungleicher Machtverteilung und Reichtums-Geschlechts- und Klassenunterschieden zu entfesseln.

Diese radikale Veränderung wurzelte in der neu erworbenen Fähigkeit der Gemeinschaften, Pflanzen und Tiere zu domestizieren. Engels glaubte irrtümlich, dass die Entwicklung von Weidewirtschaft beziehungsweise Viehzucht dem Anbau und der Ernte von Feldfrüchten vorausging. Tatsächlich belegen historische Aufzeichnungen, dass beide Wirtschaftsweisen in (für frühgeschichtliche Verhältnisse) engem zeitlichen Zusammenhang auftraten, vermutlich ursprünglich im sogenannten »Fruchtbaren Halbmond.«[81] Einfache Landwirtschaft (Hack- und Gartenbau) entwickelte sich unabhängig in mindestens fünf, möglicherweise mehr, Gegenden der Welt und bereitete

81 Ein sichelförmiges Gebiet, das die hügeligen Randbereiche des südwestasiatischen Gebirgsbogens zwischen Palästina und dem Nordwestiran einschließlich des Zweistromlandes (Euphrat und Tigris) umfasst

sich durch Abwanderung von Bauern, die Weitergabe des Wissens über neue Techniken oder durch Eroberungen immer weiter aus, so dass sie Europa vom westlichen Asien her um 3.500-6.000 vor unserer Zeitrechnung erreichte.

Hierbei handelte es sich nicht um eine gradlinige Entwicklung. Einige Gesellschaften begannen erst mit der landwirtschaftlichen Nahrungsmittelherstellung, nachdem sie mit Kolonialmächten in Berührung gekommen waren, andere widersetzten sich auch diesem Einfluss und behielten ihre Lebensweise als Jäger und Sammler bis in jüngste Zeit bei.

Dialektische Entwicklung

Engels ist oft dafür kritisiert worden, dass er im »Ursprung« die Vorstellung einer gradlinigen Gesellschaftsentwicklung vertritt, was im Widerspruch zu seinen und Marx' allgemeineren Werken zu historischen Entwicklungen stünde. Diese Kritik scheint eher auf den fehlenden Informationen, die Engels über verschiedene Gesellschaften zur Verfügung standen auf der einen, und den Fehlern seiner »Interpreten »und »Gefolgsleute« auf der anderen zu beruhen, als darauf, dass Engels tatsächlich dieser Auffassung war. Die Gründe dafür, dass historische Volksgruppen vom Jagen und Sammeln zu einfacher Landwirtschaft übergingen, unterschieden sich wahrscheinlich von Region zu Region.

Umweltfaktoren, wie der Rückgang wild vorkommender Nahrungsmittel oder eine Zunahme domestizierbarer Pflanzen könnten eine Rolle gespielt haben.

Einige Jäger und Sammler-Gemeinschaften, die in Gegenden mit ergiebigen natürlichen Ressourcen lebten (zum Beispiel der nord-westlichen Pazifikküste Nordamerikas) waren in der Lage, ein relativ sesshaftes Leben zu führen, aber die meisten lebten nomadisch und zogen umher, um das natürliche Nahrungsangebot optimal zu nutzen.

Dies begann sich mit der Einführung einfacher landwirtschaftlicher Techniken (Brandrodung, Hacke und Grabstock) zu ändern.

Der Boden musste nun vorbereitet und Feldfrüchte mussten gesät und geerntet werden. Dies erforderte mehr ständige Aufmerksamkeit der Produzenten.

Mit der Zeit wurden einige Verwandtschaftsgruppen immer sesshafter, bildeten kleine, dauerhafte Siedlungen und gaben die nomadische Lebensweise schließlich auf. Zusammen mit steigender Produktivität legte der sesshafte Lebensstil die Grundlage für eine höhere Fruchtbarkeit der Frauen und einen Bevölkerungszuwachs.

Die Größe einer Jäger- und Sammler-Gruppe war normalerweise dadurch begrenzt, dass auf die Besonderheiten des Nomadenlebens und die Verfügbarkeit des Nahrungsangebots Rücksicht genommen werden musste. Für Frauen war es nicht erstrebenswert, bei den Wanderungen mehr als ein Kind herumzutragen. Daher versuchten sie, die zeitliche Geburtenfolge (auf circa vier Jahre) auszudehnen, in dem sie den fruchtbarkeitsmindernden Effekt des Stillens ausnutzten, Abstinent lebten oder falls erforderlich, auch Abtreibungen und Infantizide[82] vornahmen. In sesshaften Gesellschaften verloren diese Einschränkungen an Bedeutung und Frauen bekamen regelmäßiger Kinder (im Durchschnitt alle zwei Jahre). Die Bevölkerung begann langsam zu wachsen.

In Gesellschaften, die einfache Landwirtschaft betrieben, wirtschafteten die einzelnen Haushalte- oder Hausgenossenschaften oft – wenn auch keineswegs immer –

82 Kindstötungen, vornehmlich das »Aussetzen« von Neugeborenen

selbstständig, das Land befand sich jedoch im kollektiven Besitz der Verwandtschaftsgruppe.

Die Nahrungsmittelverteilung erfolgte gemeinschaftlich und ökonomische und soziale Beziehungen waren im Allgemeinen auf Basis von Verwandtschaftsbeziehungen organisiert, die im Laufe der gesellschaftlichen Entwicklung dazu tendierten, immer stärker formalisiert zu werden.

Die gesellschaftlich akzeptierten Normen bezüglich des Zugangs zu Ressourcen – auf welcher Basis die Produktion organisiert wurde, wie die Arbeitsteilung aussah, wie die Erzeugnisse verteilt und innerhalb der eigenen, beziehungsweise mit anderen Gruppen ausgetauscht wurden, wer wen heiraten konnte et cetera – wurden mit der Zeit mehr und mehr reguliert und strukturiert. Sie waren jedoch noch immer auf der Grundlage von Verwandtschaft und auf den allgemeinen Wertvorstellungen der Kooperation und des Austausches, sowie der gegenseitigen Verpflichtungen und Verantwortlichkeiten, auf die sich die Gruppe verständigt hatte, organisiert.

Die Entstehung der Klassengesellschaften

Wie Engels erklärte, trugen die neuen wirtschaftlichen und sozialen Kräfte, die aus den veränderten Produktionsmethoden entstanden, bereits die Saat für potenzielle Konflikte in und zwischen den Verwandtschaftsgruppen in sich. Sie untergruben die egalitären, kollektiven Organisationsprinzipien, auf denen die Gruppen basierten.

Dennoch handelte es sich nicht um einen unvermeidlichen oder gradlinigen Prozess und jede Gesellschaft hatte ihre eigene Dynamik.

In einigen schritten die inneren Prozesse fort, bis sich Klassenunterschiede herausgebildet hatten. In anderen wurden sie in Zwischenstadien der Entwicklung aufgehalten, manche brachen zusammen, bevor der Prozess abgeschlossen war.

Viele Gesellschaften entwickelten die Klassengesellschaft nicht aus sich selbst heraus. Sie wurde ihnen von außen durch Kolonialmächte aufgezwungen. Zudem handelt es sich um Prozesse, die sich in den meisten Fällen über Tausende von Jahren nach und nach entfalteten.

In Jäger- und Sammler- Gesellschaften war die Produktion überwiegend für den direkten Verbrauch der Gruppenangehörigen bestimmt.

Mit der Entwicklung der Landwirtschaft und den sie begleitenden technischen Verbesserungen, wie der Töpferei und der Metallverarbeitung – und später durch intensivere Produktionsmethoden mit Hilfe des Pfluges und der Bewässerung –, wurde es mit der Zeit möglich, die Erträge über das zur Befriedigung der unmittelbaren Bedürfnisse der Gruppe hinaus Erforderliche zu steigern.

Es wurde möglich, Vorräte überschüssigen Getreides und anderer Nahrungsmittel anzulegen, auf die man in Notzeiten, die durch Missernten, die von Stürmen, Dürren, Schädlingsbefall und so weiter verursacht wurden, zurückgreifen konnte.

Eine wachsende Überproduktion ermöglichte es zudem, einige Individuen oder Gruppen, wie zum Beispiel Handwerker, Händler, Krieger oder Priester von der Verpflichtung zur Teilnahme an der Nahrungsproduktion freizustellen.

In einigen Gesellschaften übernahm ein besonderes Mitglied der Gruppe, das besonderes Prestige gewonnen hatte (Dorfältester, »Anführer« et cetera) die Verantwortung für die Sammlung und die Verteilung des Überschusses. Dies geschah oft bei zeremoniellen Festen.

Anfänglich verlieh dieses Amt, das für die Gruppe als Ganzes und zu ihrem Nutzen ausgeübt wurde, der Person, die es den Traditionen von Gegenseitigkeit und Großzügigkeit entsprechend ausübte und von der gewöhnlich erwartet wurde, mehr zu geben, als selbst zu nehmen, keine besondere Privilegien oder Kontrollmöglichkeiten.

Trotzdem war die Grundlage für die Entstehung von Differenzen und Wettbewerb zwischen den Nachkommen (Abstammungsgruppen beziehungsweise Familienverbänden) und Hausgemeinschaften gelegt, da mehr Produktivität mehr Prestige verlieh.

In einigen Fällen wurde das Amt des Anführers oder »Ältesten« einer Abstammungsgruppe vererbbar und es tauchten Häuptlinge auf, die in Gesellschaften mit ausgeprägteren sozialen Differenzierungen einen privilegierten Zugriff auf die Ressourcen gewannen, auch wenn sie noch keine absolute Kontrolle ausübten.

Rangfolgen, Hierarchien und ungleicher Zugang zu Ressourcen entwickelten sich neben und im Widerspruch zu den bestehenden horizontalen und kollektivistischen Organisationsprinzipien der Gruppen.

In Gesellschaften, in denen der dominante Nachkomme, eine Gruppe oder der Häuptling versuchte, von der Verpflichtung zur Reziprozität abzuweichen, war der Weg für die Entstehung von Klassenunterschieden geebnet, die es einer oder mehreren sozialen Gruppen erlaubten, sich einen Teil der Erzeugnisse und / oder der Arbeit anderer anzueignen, ohne die verwandtschaftliche Verpflichtung zur Gegenleistung zu erfüllen.

Die Festigung staatlicher Strukturen

Je mehr sich Ungleichheit und Klassendifferenzierung herausbildeten, desto größer wurde die Notwendigkeit, spezielle Institutionen und Gewaltmittel zu schaffen, um die zunehmend komplexen Gesellschaften zu verwalten, die Produzenten zu zwingen, die Produktion zu erhöhen, und Abgaben beziehungsweise Steuern und Arbeitskraft aus ihnen herauszupressen.

Diese wurden wiederum benutzt, um die privilegierte Position der herrschenden Gruppe zu schützen, zu legitimieren und dauerhaft aufrecht zu erhalten.

Natürlich gibt es Berichte von Widerstand und Rebellion gegen etablierte beziehungsweise entstehende Formen von Klassenherrschaft, aber die herrschenden Eliten stützten sich oft auf Verwandtschaftsbeziehungen, die weiter existierten, obwohl die Klassenverhältnisse die Gesellschaft bereits dominierten.

Die Ideologie der verwandtschaftlichen Kooperation spielte eine entscheidende Rolle bei der Rechtfertigung von sozialen Schichten und Ausbeutung und dabei, deren Akzeptanz innerhalb der breiteren sozialen Gruppe sicherzustellen.

Die erfolgreichsten Familien und ihre Führer wurden gewöhnlich als den Ahnen und Göttern der Gruppe besonders nahestehend betrachtet. Dieses Umfeld erklärte ihre Fähigkeit, die Produktion zu steigern, besonders fruchtbar zu sein und so weiter und rechtfertigte so den Fortbestand ihrer Herrschaft als erforderlich für das Wohlergehen der gesamten Gruppe.

Die Rolle der Priester und Priesterkasten war eng mit der ideologischen Legitimation der ökonomischen und politischen Macht der herrschenden Schicht verknüpft.

In einigen Fällen (zum Beispiel Mesopotamien) sind die herrschenden Gruppen selbst aus der Priesterkaste hervorgegangen.

Dort, wo sich dieser Prozess am weitesten entwickelte, wurde die Ideologie als Staatsreligion institutionalisiert. Die Entwicklung der Klassenbeziehungen variierte erheblich von Gesellschaft zu Gesellschaft und sie konnte ein veränderlicher Prozess sein, bei dem es zu Auseinandersetzungen zwischen verschiedenen Gruppen der Elite kam.

Im »Ursprung« skizziert Engels die Prozesse, die bei der Herausbildung der Sklaverei im klassischen Griechenland und in Rom eine Rolle spielten. Die ersten bekannten Klassengesellschaften basierten allerdings auf dem, was Marx als »asiatische Produktionsweise« bezeichnet. Die Bezeichnung ist irreführend, da sich solche Gesellschaften auch außerhalb Asiens entwickelten. Obgleich Sklaverei auch in diesen Gesellschaften existiert haben mag, war sie nicht die herrschende Produktionsweise. Grund und Boden befanden sich nicht in Privateigentum, wie dies in Feudalgesellschaften der Fall ist, sondern wurden als »Eigentum« des Staates betrachtet. Dieser Staat beutete die Kleinbauern und andere, untergeordnete Gruppen aus, indem er im Interesse der herrschenden Eliten Abgaben oder Steuern eintrieb und kollektive Arbeitseinsätze bei groß angelegten, öffentlichen Projekten wie Straßenbau, Bewässerung und dem Bau von Tempeln und Begräbnisstätten einforderte.

Die ersten dieser Stadtstaaten entstanden wahrscheinlich um 3.700 vor unserer Zeitrechnung in Mesopotamien. Die wirtschaftliche Umverteilung, Religion, Handwerk, Schrift, Handel und so weiter wurden dort durch und um die Tempel herum organisiert. Der Staat stellte den Kleinbauern die Produktionsmittel zur Verfügung und eignete sich den Überschuss an.

Der Niedergang der Stellung der Frau in der Gesellschaft im Vergleich zu der des Mannes war untrennbar mit den wirtschaftlichen und sozialen Prozessen verbunden, die auch zur Entstehung sozialer Schichten, Klassenungleichheit und staatlicher Strukturen führten.

Es handelt sich daher nicht, wie einige »Interpreten« von Engels anzudeuten scheinen, um ein plötzliches Ereignis, sondern um das Ergebnis einer langen, widersprüchlichen Entwicklung, die sich über Tausende von Jahren entfaltete. Im Laufe dieser Entwicklung existierten in verschiedenen Gesellschaften auf unterschiedlichen Entwicklungsstufen ganz unterschiedliche Grade der Unterordnung.

Engels liefert keine vollständige Erklärung, warum Männer – und nicht Frauen – das dominante Geschlecht wurden, aber die verfügbaren wissenschaftlichen Beweise deuten darauf hin, dass die bereits in den Verwandtschaftsgruppen existierende geschlechtsspezifische Arbeitsteilung dazu führte, dass überwiegend Männer die gesellschaftlichen Positionen innehatten, die am deutlichsten mit der Anhäufung, Lagerung und Verteilung des Überschusses in Verbindung gebracht wurde.

Auch wenn nachgewiesen ist, dass – insbesondere in afrikanischen Gesellschaften – auch Frauen Häuptlinge, Händler und Schamanen werden konnten, waren es überwiegend Männer, die diese Positionen einnahmen. Auch die Krieger, die für die Verteidigung und die Anhäufung des Überproduktes zuständig waren, waren überwiegend männlich.

In den Gesellschaften, in denen die landwirtschaftlichen Techniken schwerer und intensiver wurden, fiel Männern die Verantwortung für das Pflügen und die Bewässerung zu.

Die Arbeitsteilung führte unter den Bedingungen der egalitären, urkommunistischen wirtschaftlichen und sozialen Beziehungen nicht zu hierarchischen Geschlechterverhältnissen. Sie bildete jedoch die Grundlage für die durch Männer dominierte Kontrolle über das wachsende Mehrprodukt und schuf so später die Basis für das wachsende Prestige und die zunehmende Macht der beziehungsweise einiger Männer in der Gesellschaft.

Institutionalisierte Geschlechterungleichheit

Gleichzeitig steigerten die veränderten Produktionsmethoden die Bedeutung der individuellen Hausgemeinschaften und Haushalte in ihrer Eigenschaft als wirtschaftliche Einheiten neben und in Konkurrenz zu der Verwandtschaftsgruppe.

In den ersten Klassengesellschaften bediente sich der Staat bei der Aneignung eines Teils der Erzeugnisse der Hausgemeinschaften des Haushaltsvorstandes, dem es oblag, den Tribut zu übergeben. Hierdurch wurde die Kontrolle der Männer über die Erzeugnisse der Frauen des Haushaltes gestärkt. Als Konsequenz hieraus wurden Frauen wirtschaftlich immer abhängiger von einem einzigen männlichen Haushaltsvorstand und verloren ihre relative Selbständigkeit in der Gesellschaft. Gleichzeitig wurde ihre Arbeit, die bisher in einer gesellschaftlichen Funktion für die Verwandtschaftsgruppe geleistet wurde, nach und nach zu einer privaten Tätigkeit im individuellen Haushalt.

Auch Frauen, die zu der/den ökonomisch dominanten Gruppe/n gehörten, verloren normalerweise ihre wirtschaftliche Unabhängigkeit und gerieten unter die Kontrolle der Männer. Im Vergleich zu den untergeordneten Klassen, deren Arbeitskraft ausgebeutet wurde, um das Mehrprodukt zu erwirtschaften, behielten sie jedoch einen gewissen gesellschaftlichen Einfluss.

In frühen Verwandtschaftsgruppen diente »Exogamie« (also die Heirat außerhalb der Gruppe), anders als von Engels angenommen, nicht unbedingt zum Ausschluss einer Eheschließung zwischen Verwandten (Inzest), sondern vorwiegend dem Aufbau von Kooperationsbündnissen zwischen verschiedenen Gruppen.

Auch »tauschten« Männer Frauen nicht als Waren aus, wie Vertreter des anthropologischen Strukturalismus[83] und einige Feminist*innen behaupten. Vielmehr war die Verwandtschaftsgruppe als Ganzes, einschließlich der Frauen, in solche Entscheidungen eingebunden.[84]

Während Klassenungleichheit zunahm, übernahmen Eheschließungen innerhalb der herrschenden Eliten immer mehr eine politische Funktion mit dem Ziel, Reichtum, Macht und Prestige zu steigern und zu sichern.

Da die wirtschaftlich dominanten Gruppen danach trachteten, den Reichtum und die ökonomische Kontrolle in den herrschenden Familien und Hausgemeinschaften zu bewahren, erlangte die Erbschaft eine wachsende Bedeutung und stärkte und unterstützte die Verbreitung von Patrilokalität[85] und Patrilinearität.

Gleichzeitig wurde die Kontrolle über die Fortpflanzung und die Sexualität der Frauen verstärkt, bis außereheliche Beziehungen von Frauen schließlich mit drakonischen Strafen belegt wurden.

Mit der Zeit wurde die monogame, patriarchale Familie, auf die Engels Bezug nimmt, die wichtigste Form der Familieneinheit. In ihr übt ein männliches Individuum die totale Kontrolle über alle Mitglieder seines Haushaltes aus. Dies schließt das Recht, physische Gewalt auszuüben, ein.

83 Weiteres dazu vor allem bei Levi-Strauss
84 Weiteres dazu bei Leacock, Gaitley, Coontz and Henderson
85 Bei einer Heirat zieht die Frau in den Haushalt des Mannes.

Allerdings entstand diese Form der Familie erst in einem späteren Stadium der Entwicklung der Klassengesellschaft, als Engels vermutete.

Mit der Verfestigung der Klassenherrschaft wurden diese ungleichen Geschlechterverhältnisse nach und nach immer mehr institutionalisiert und in Gesetze gegossen, verstärkt und verewigt durch staatliche Ideologie und Religion.

Echte Befreiung

Trotz seiner Ungenauigkeiten bleibt Engels »Ursprung« ein kraftvolles Buch, das die Entstehung der Frauenunterdrückung als Teil eines historischen Prozesses erklärt und zeigt, dass männliche Dominanz und die systematische Unterdrückung der Frau keine naturgegebenen Zustände sind.

Es zeigte, dass sich die gesellschaftliche Stellung der Frau in der Vergangenheit gewandelt hat (genau wie sich wirtschaftliche und soziale Bedingungen gewandelt haben). Und es zeigte, dass auch zukünftige Veränderungen die Basis für eine Veränderung des Lebens der Frauen und für ein Ende ihrer Unterdrückung schaffen können.

Engels schreibt, *»dass die Befreiung der Frau zur ersten Vorbedingung hat die Wiedereinführung des ganzen weiblichen Geschlechts in die öffentliche Industrie«*[86].

Über die letzten Jahrzehnte hinweg haben wir gesehen, wie strukturelle Veränderungen im Kapitalismus in vielen Ländern der Welt zu einem signifikanten Anstieg der Beteiligung der Frauen am Arbeitsleben geführt haben. Während dies zweifellos einen positiven Effekt auf die Vorstellungen und Erwartungen der Frauen selbst hatte und auch die sozialen Einstellungen im weiteren Sinne beein-

86 Engels: Ursprung der Familie, des Privateigentums und des Staats, Berlin: Manifest 2020, S. 70.

flusste, bleibt die soziale und persönliche Unabhängigkeit der Frau durch die Bedürfnisse des kapitalistischen Systems beschränkt.

Engels führt weiter aus, dass diese Wiedereinführung in die öffentliche Produktionssphäre wiederum »*die Beseitigung der Eigenschaft der Einzelfamilie als wirtschaftlicher Einheit der Gesellschaft*« erfordert.

Die Institution Familie und die Rolle der Frau in ihr haben offenkundig signifikante Veränderungen erfahren, seit Engels »Der Ursprung der Familie, des Privateigentums und des Staats« geschrieben hat. Dennoch hat sie ihre wirtschaftliche und ideologische Bedeutung für den unter einer systematischen Krise leidenden und von Widersprüchen zerrissenen Kapitalismus des 21. Jahrhunderts behalten: Sie ermöglicht es, Frauen am Arbeitsplatz als billige Arbeitskräfte auszubeuten, während sie gleichzeitig zu Hause ihre traditionelle Rolle als unbezahlte Pflegepersonen weiterspielen.

Die kapitalistische Ideologie hat sich in Bezug auf die Rolle der Frau und ihre Stellung in der Gesellschaft seit dem 19. Jahrhundert verändert. Aber die Ideen und Werte dieses auf Warenproduktion zur Profitmaximierung und der ungleichen Verteilung von Reichtum und Macht basierenden Systems stützen sich auf die Rückstände überholter Vorstellungen von männlicher Autorität und Überlegenheit, die ihre Wurzeln in früheren Klassengesellschaften haben. Sie verbinden sich mit ihnen und schreiben sie fort.

Als Konsequenz daraus sind Frauen weiterhin Gewalt, sexuellem Missbrauch und der Einschränkung ihr Sexualität und Fortpflanzung unterworfen, während sie sich mit Sexismus, Diskriminierung und Geschlechterstereotypen konfrontiert sehen und feststellen müssen, dass in Bezug auf das Geschlecht weiterhin mit zweierlei Maß gemessen wird.

Für Engels war die Überführung der Produktionsmittel in Gemeineigentum die Voraussetzung für die Lösung der Probleme, mit denen Frauen in der Gesellschaft konfrontiert sind: *»Mit dem Übergang der Produktionsmittel in Gemeineigentum hört die Einzelfamilie auf, wirtschaftliche Einheit der Gesellschaft zu sein. Die Privathaushaltung verwandelt sich in eine gesellschaftliche Industrie. Die Pflege und Erziehung der Kinder wird öffentliche Angelegenheit; die Gesellschaft sorgt für alle Kinder gleichmäßig (…).«*[87]

In einer sozialistischen Gesellschaft werden die persönlichen Beziehungen von den wirtschaftlichen und gesellschaftlichen Zwängen befreit, die sie bis heute einschränken. Hierdurch wird die Grundlage für eine wirkliche Befreiung gelegt. 130 Jahre nachdem sie geschrieben wurden, haben Engels Worte zur Beendigung der Unterdrückung der Frau nichts von ihrer Kraft verloren.

87 Engels: Ursprung der Familie, des Privateigentums und des Staats, Berlin: Manifest 2020, S. 71.

Von Privilegien und Rucksäcken

»Identity politics« und der Kampf gegen Unterdrückung (2015)

Auf der Suche nach einem Weg, Diskriminierung und Unterdrückung zu bekämpfen, beschäftigen sich vor allem viele Jugendliche mit Identity politics. Dies kann einen wichtigen ersten Schritt in der Entwicklung von sozialistischem Bewusstsein darstellen – wenn es zu einem Verständnis des Klassencharakters der kapitalistischen Gesellschaft und zur Einsicht in die Notwendigkeit für gemeinsame Massenkämpfe führt.

von Hannah Sell

In den letzten Jahren wuchs die Unterstützung für das, was im weitesten Sinne als »Identity politics« bezeichnet wird, vor allem unter jungen Menschen, die berechtigterweise durch ihre Erfahrungen mit Sexismus, Rassismus, Homophobie, Vorurteilen gegenüber Menschen mit Behinderung und andere Formen der Unterdrückung verärgert sind und sich dadurch radikalisieren. Identity politics sind gewissermaßen ein zwangsläufiger Bestandteil des politischen Erwachens vieler Angehöriger unterdrückter gesellschaftlicher Gruppen. Die Erkenntnis, dass man unterdrückt wird und dagegen gemeinsam mit anderen kämpfen kann, die von derselben Unterdrückung betroffen sind, ist ein entscheidender erster Schritt.

Allerdings zeigt die Geschichte des Kampfes gegen Unterdrückung, dass diejenigen, die daran teilnehmen, auf der Basis ihrer Erfahrungen über Identity politics hinausgehen, sobald sie erkennen, dass die Wurzel ihrer Unterdrückung in der Struktur der Gesellschaft liegt. So wurde der Höhepunkt der riesigen Bewegung gegen Rassismus in den USA in den 1950ern und 1960ern von den Black Panthers erreicht, die 1966 auf der Grundlage einer großen Idee gegründet wurden:

> *»Wir bekämpfen nicht Rassismus mit Rassismus. Wir bekämpfen Rassismus mit Solidarität. Wir bekämpfen den ausbeuterischen Kapitalismus nicht mit ›schwarzem‹ Kapitalismus. Wir bekämpfen Kapitalismus mit Sozialismus.«*

Heute sind sowohl die #BlackLivesMatter-Rebellion als auch die Bewegung für einen Mindestlohn von 15 Dollar pro Stunde die ersten Stufen einer neuen Massenerhebung gegen Armut und Rassismus in den USA. Allerdings haben der weltweite Rückgang des Bewusstseins in den Jahrzehnten nach dem Zusammenbruch des Stalinismus in den 1980ern und der damit einhergehende kapitalistische Triumphzug dazu geführt, dass diese neuen Bewegungen nicht dort weitermachen, wo die Black Panthers aufgehört haben: bei einer sozialistischen Perspektive. Trotzdem wächst die antikapitalistische Stimmung unter jungen Menschen in den USA, was einen ersten Schritt hin zu sozialistischen Schlussfolgerungen darstellt.

Gleichzeitig sind Identity politics der politische Ausgangspunkt für viele Aktivist*innen. Während sie von denjenigen, die in Bewegungen aktiv sind, als Mittel zur Gegenwehr betrachtet werden, beschränkt sich die von den Universitäten ausgehende und in den letzten Jahrzehnten vorherrschende Form von Identity politics überwiegend darauf, über persönliche Unterdrückungserfahrungen zu diskutieren, anstatt Wege zu finden, Unterdrückung zu beenden.

Das betrifft all die Strömungen von Identity politics, die in den letzten Jahren bekannt wurden, wie Intersektionalität und Privilege theory. In Großbritannien sind diese Konzepte in der breiteren Gesellschaft wenig bekannt, gelten aber beispielsweise in universitären feministischen Gruppen als allgemein anerkannt. Vertreter*innen der Intersektionalität gehen davon aus, dass sich verschiedene Unterdrückungsweisen überschneiden (engl. intersection = Überschneidung). Das tun sie tatsächlich: Beispielsweise wird eine schwarze Frau aus der Arbeiter*innenklasse dreifach unterdrückt. Aber Vertreter*innen der Intersektionalität sehen ihre Aufgabe häufig eher darin, Unterdrückung zu katalogisieren und zu bestimmen als sie abzuschaffen.

Anhänger*innen der Privilege theory sind dafür bekannt, Leute in (häufig Online-) Diskussionen aufzufordern, ihre »Privilegien zu hinterfragen.« Peggy McIntosh, die Begründerin der Privilege theory, argumentierte, dass beispielsweise ein weißer, heterosexueller Mann aus der Oberschicht einen »unsichtbaren Rucksack« voller unverdienter Privilegien mit sich herumtrage. Ihre Argumentation geht davon aus, dass Macht nicht in den Händen einer gesellschaftlichen Klasse oder im Staat konzentriert, sondern über die ganze Gesellschaft verteilt sei, und demzufolge in allen sozialen und zwischenmenschlichen Beziehungen bestehe. Die Privilege theory betrachtet jedes Individuum als Teil vielfältiger unterdrückerischer Beziehungen. Sie beschränkt sich überwiegend auf Ermahnungen an Individuen, sich zu verändern und ihre Privilegien zu hinterfragen.

Allerdings ist es nicht möglich, Unterdrückung oder Privilegien auszumerzen, indem lediglich Individuen dazu aufgerufen werden, ihr Verhalten zu ändern. Vielmehr ist es so, dass in den letzten Jahrzehnten in vielen Ländern große Fortschritte bei den gesellschaftlichen Einstellungen zu verschiedenen Unterdrückungsformen stattfanden, dass diese Fortschritte aber nicht zur Beendigung der jeweiligen Unterdrückung geführt haben.

Die Wurzeln von Rassismus

So sind beispielsweise in Großbritannien noch gewisse rassistische Vorurteile verbreitet, während plumpe rassistische Ideen weit weniger gesellschaftlich akzeptiert sind als vor dreißig Jahren. Dies hat verschiedene Gründe – in erster Linie die Entschlossenheit und das gestiegene Selbstbewusstsein, mit denen schwarze und asiatische Menschen gegen Diskriminierung und Rassismus kämpfen. Ein weiterer wichtiger Faktor war die breite Einbindung schwarzer und asiatischer Arbeiter*innen in den Gewerkschaften in gemeinsame Kämpfe mit weißen Arbeiter*innen. Diese beiden Faktoren haben unter einem großen Teil der weißen Bevölkerung, und vor allem unter Jugendlichen, das Gefühl befördert, dass Rassismus falsch ist und bekämpft werden muss.

Trotzdem ist Rassismus weiterhin tief in der britischen Gesellschaft verwurzelt. Es ist für Schwarze und Asiat*innen bis zu 28 mal wahrscheinlicher, von der Polizei kontrolliert zu werden. Trotz einer Veränderung der gesellschaftlichen Einstellungen haben sich die Lohnunterschiede zwischen weißen Arbeiter*innen und Arbeiter*innen aus ethnischen Minderheiten in den letzten Jahren vergrößert. Mehr als die Hälfte junger schwarzer Männer ist arbeitslos, womit unter ihnen der Arbeitslosenanteil mehr als doppelt so hoch ist wie unter jungen weißen Männern.

In den USA ist die Situation noch krasser. Während es weiterhin tief verwurzelten Rassismus gibt, gab es zwar auch dort Fortschritte bei den gesellschaftlichen Einstellungen. Außerdem haben sich dort eine schwarze Mittelschicht und sogar eine kleine schwarze Elite entwickelt. Diese beiden Prozesse spiegelten sich in der Wahl eines Schwarzen zum US-Präsidenten wider. Aber trotzdem gehört die riesige Mehrheit der schwarzen Bevölkerung zu den Ärmsten und am meisten Unterdrückten in der Gesellschaft und ist von gewaltsamer staatlicher Repression betroffen. Allein in der ersten Hälfte des Jahres 2015 wurden 135 Afroamerikaner*innen von der Polizei getötet.

Rassismus speist sich nicht bloß aus individuellen Vorurteilen, sondern hat auch eine viel grundlegendere Ursache: die historisch entstandene Natur des Kapitalismus. Malcolm X sagte richtigerweise: »*Es gibt keinen Kapitalismus ohne Rassismus.*« Karl Marx sagte, das Kapital kam »*aus allen Poren blut- und schmutztriefend*« auf die Welt (Das Kapital, Bd. I, Kapitel 24). Hierbei bezog er sich insbesondere auf die Rolle der neuzeitlichen Sklaverei bei der ursprünglichen Akkumulation des Kapitals. Mit dieser Sklaverei entwickelten sich alle möglichen pseudo-wissenschaftlichen Rassentheorien, um die Versklavung der afrikanischen Völker zu begründen. Danach wurden rassistische Ideen aufgegriffen, um die koloniale Ausbeutung großer Teile der Welt zu rechtfertigen. Der Kapitalismus war im 20. Jahrhundert wegen der gewaltigen revolutionären antikolonialen Bewegungen gezwungen, die direkte Kolonialherrschaft abzuschaffen. Trotzdem ist die wirtschaftliche Ausbeutung heute brutaler als je zuvor, denn vor 250 Jahren betrug das Verhältnis zwischen den reichsten und den ärmsten Ländern etwa 5:1 – während es heute 400:1 beträgt. Rassismus wird zur Rechtfertigung dafür genutzt, dass es diese riesige Kluft gibt und schwarze Arbeiter*innen selbst in den »reichen« Ländern zu den ärmsten und am meisten unterdrückten Teilen der Arbeiter*innenklasse gehören.

Unterdrückung von Frauen

Ähnlich wird – insbesondere in den wirtschaftlich stark entwickelten kapitalistischen Ländern – offener Sexismus nicht mehr auf die selbe Weise akzeptiert wie in der Vergangenheit. In den letzten Jahrzehnten haben Frauen mehr Rechte errungen. Dazu haben mehrere Faktoren geführt, nicht zuletzt die Entwicklung verbesserter und leicht erhältlicher Verhütungsmittel. Und vor allem können viele Errungenschaften auf das gestiegene Selbstbewusstsein von Frauen zurückgeführt werden, von denen immer mehr einer Lohnarbeit nachgehen, anstatt zu Hause isoliert zu sein.

Nichtsdestoweniger werden Frauen auch weiterhin unterdrückt. Diese Unterdrückung liegt nicht so sehr in den Einstellungen der Männer begründet, sondern vielmehr in der Rolle von Frauen in der kapitalistischen Gesellschaft und früheren Klassengesellschaften. Die meisten Menschen verstehen unter »Familie« ihre Angehörigen und Verwandten. Aber aus einer historischen Perspektive kann die Familie als eine Institution betrachtet werden, die in Klassengesellschaften soziale Kontrolle ausübt, indem dem Vater als »Haushaltsvorstand« die Verantwortung übertragen wird, Frau und Kinder zu disziplinieren. Dieses Konzept wurde in der Neuzeit durch das gestiegene Selbstbewusstsein von Frauen geschwächt, wurde aber noch lange nicht beseitigt. Weiterhin bleibt die Idee tief verwurzelt, Frauen seien das Eigentum von Männern und müssten ihrem Partner treu und gehorsam sein – und Gewalt und Zwang seien angemessene Mittel für Männer, dies sowohl gegenüber »ihren« Frauen als auch »ihren« Kindern durchzusetzen.

Heutzutage wird es nicht mehr gesellschaftlich akzeptiert, Frauen offen als Eigentum von Männern zu bezeichnen – aber bis vor relativ kurzer Zeit waren diese Ansichten in der Gesetzgebung verankert. Vergewaltigung in der Ehe wurde in Großbritannien erst 1991 verboten, in Spanien 1992 und in Deutschland 1997. Obwohl sie nicht mehr rechtlich oder öffentlich akzeptiert wird, ist Vergewaltigung in der Ehe immer noch weit verbreitet und wird nur selten bestraft. Es wird davon ausgegangen, dass in Großbritannien nur 15 Prozent aller Vergewaltigungen bei der Polizei angezeigt werden und dass es nur bei sieben Prozent der angezeigten Vergewaltigungen zu einer Verurteilung kommt. Laut UN wurde 2012 fast die Hälfte aller weltweit ermordeten Frauen von Partnern oder Familienmitgliedern umgebracht. Hingegen wurden nur sechs Prozent aller Morde an Männern von Partnern oder Familienmitgliedern begangen.

Gleichzeitig tragen Frauen weiterhin die Hauptlast der Haushaltstätigkeiten, obwohl immer mehr von ihnen zusätzlich arbeiten gehen. Häufig sind Frauen weiterhin, wie es der russische Revolutionär Leo Trotzki ausdrückte, »Sklavinnen von Sklaven.« Beispielsweise erkennen Studien zufolge in Großbritannien die meisten Männer an, dass sie genauso viel Hausarbeit wie Frauen machen sollten, aber es gibt einen erheblichen Unterschied zwischen Anspruch und Realität: Einer Umfrage zufolge verrichten Frauen durchschnittlich 17 Stunden Hausarbeit pro Woche (Kinderbetreuung nicht mit eingerechnet), während Männer weniger als sechs Stunden verrichten.

Insofern ist es wahr, dass Männer aus dem Umstand, dass Frauen einen unverhältnismäßig hohen Anteil an der Hausarbeit auf ihren Schultern tragen, einen gewissen Nutzen ziehen, weil sie dadurch einige Stunden mehr Freizeit haben. Aber Den Hauptnutzen daraus ziehen die Kapitalisten: Indem sie die Belastungen der Hausarbeit, des Großziehens der nächsten Generation (aus der sich die Arbeitskraft der Zukunft speist) und der Pflege der Kranken und Alten auf die Frauen abwälzen, entziehen sie sich der gesamtgesellschaftlichen Verantwortung.

Machtkonzentration bei der Kapitalist*innenklasse

Zu behaupten, dass die Macht nicht in den Händen einer Klasse konzentriert ist, bedeutet, das Wesen des Kapitalismus grundlegend falsch zu verstehen. Heute sind Reichtum und Macht in weniger Händen – den Händen der Eigentümer der großen Banken und Konzerne – konzentriert als zu Marx‘ Zeiten. Laut Oxfam verfügen die 85 reichsten Menschen der Erde – so viele, wie in einen Doppeldeckerbus passen – über so viel Vermögen wie die ärmere Hälfte der Weltbevölkerung. Unter diesen 85 reichsten Menschen befinden sich fünf Frauen und ein Afrikaner, während weiße Männer überwiegen. Ihre gesellschaftliche Rolle ist jedenfalls nicht auf ihre Hautfarbe oder ihr Geschlecht zurückzuführen, sondern darauf, dass sie Teil einer kleinen superreichen herrschenden Elite sind.

Die 100 größten Unternehmen der Erde kontrollieren heute 70 Prozent des Welthandels. Selbst wenn in ihren Vorständen mehr Schwarze oder Frauen vertreten wären, würde es keinerlei materiellen Unterschied für die Ausbeutung machen, unter der die Arbeiter*innenklasse und die Armen weltweit leiden, darunter nicht zuletzt schwarze Frauen. Schauen wir nach Südafrika, so sehen wir, dass die Eingliederung einer kleinen Minderheit der Schwarzen in die Kapitalist*innenklasse keinen Unterschied in der schrecklichen Armut gemacht hat, unter der die Mehrheit der Menschen dort leidet. Und der Kapitalismus erweist sich zunehmend als unfähig, die Gesellschaft weiterzuentwickeln. Viele Rechte, die von bisherigen Generationen in Europa teilweise als selbstverständlich betrachtet wurden, wie relativ sichere Arbeitsplätze, Wohnungen und Renten, gehören inzwischen der Vergangenheit an.

Zu sagen, dass die sozialen Beziehungen in der modernen Gesellschaft kapitalistische Beziehungen sind, ist kein »wirtschaftsdeterministischer« Blick auf die Gesellschaft, der davon ausgehen würde, dass jeder Aspekt des gesellschaftlichen Überbaus – Staat, Politik, öffentliche Meinung usw. – starr durch die wirtschaftliche Basis vorherbestimmt ist. Im Gegenteil besteht ein Wechselverhältnis zwischen Basis und Überbau. Denn Politik und gesellschaftliche Einstellungen spiegeln nicht nur den gegenwärtigen Charakter des Kapitalismus wider, sondern auch Überreste der Vergangenheit und – insbesondere in Form von Massenkämpfen der Arbeiter*innenklasse und der Unterdrückten – die Keime einer potenziellen besseren Zukunft. Aber trotzdem ist klar: Solange wir in einer kapitalistischen Gesellschaft leben, in der Reichtum und Macht bei der kleinen Elite liegen, die Industrie, Wirtschaft und Technologie besitzt und kontrolliert, wird der Überbau dieser Gesellschaft letzten Endes die Interessen dieser herrschenden Elite widerspiegeln und ihr dienen.

Egal, wie häufig Menschen aufgefordert werden, ihre »Privilegien zu hinterfragen«: Das wird nicht die gesellschaftlichen Einstellungen beseitigen, die vom Kapitalismus hervorgebracht und aufrechterhalten werden. Der Kapitalismus kann durch entschlossene Massenbewegungen bis zu einem gewissen Grad zur Anpassung gezwungen werden – so war es mit LGBT-Rechten (LGBT = engl. Abkürzung für Lesben, Schwule, Bisexuelle und Transgender, AdÜ), Lohngleichheitsgesetzen und anderen Maßnahmen – aber dauerhafter, tief verwurzelter Wandel, vor allem dort, wo er die Funktionsweise des Kapitalismus bedroht, kann ausschließlich durch die sozialistische Veränderung der Gesellschaft erreicht werden.

Die abschreckende bürokratische Degeneration und schließlich der Zusammenbruch der Sowjetunion haben verschleiert, welche Bedeutung die Russische Revolution spielte, uns einen flüchtigen Blick darauf zu ermöglichen, was Sozialismus für die von Unterdrückung Betroffenen bedeuten würde. In Russland führte 1917 die Arbeiter*innenklasse eine Bewegung der Unterdrückten an, die zum ersten und bisher einzigen Mal erfolgreich den Kapitalismus stürzte. Russlands extreme Armut und die Isolation des neuen Arbeiter*innenstaates führten zu der genannten Degeneration. Und trotzdem: In seiner Anfangszeit gab dieser Arbeiter*innenstaat einen Blick darauf frei, wie eine neue Gesellschaft Unterdrückung überwinden kann, die seit Jahrtausenden bestand.

Im »rückständigen« Russland wurden in kurzer Zeit viele rechtliche Änderungen vorgenommen, die über Jahrzehnte fortschrittlicher waren als in irgendeinem kapitalistischen Land. Diese umfassten universelles Wahlrecht, Zivilehe und Scheidungsmöglichkeit für beide Partner*innen, gleiche Bezahlung, bezahlten Mutterschaftsurlaub, das Recht auf Abtreibung und die Legalisierung der Homosexualität. Unterdrückte Nationalitäten bekamen ein vollständiges Selbstbestimmungsrecht. Es wurden Maßnahmen zur Förderung von Nationalitäten und Kulturen unternommen, die unter dem Zarismus unterdrückt worden waren, zum Beispiel die erstmalige Entwicklung von Schriften für einige Sprachen.

Selbstverständlich beenden rechtliche oder formale Maßnahmen alleine nicht die Unterdrückung. So verdienen auch Jahrzehnte nach der Verabschiedung der Lohngleichheitsgesetze in Großbritannien Frauen jährlich im Durchschnitt 5000 Pfund weniger als Männer. In Hinblick auf die Frauenunterdrückung in der Sowjetunion erklärte Trotzki, dass die rechtliche Gleichheit ein Schritt vorwärts war, aber die wirkliche Gleichheit in den sozialen Beziehungen einen viel »tiefergehenden Pflug« bräuchte, der echte ökonomische Gleichheit und die Wegnahme der häuslichen Belastung von der Frau ermöglichen sowie die seit Jahrtausenden verwurzelten gesellschaftlichen Einstellungen verändern würde. Eine große Zahl an Maßnahmen wurde direkt nach der Revolution ergriffen (z. B. kostenlose Kinderbetreuung, Gemeinschaftsküchen und öffentliche Wäschereien), was einen Eindruck davon gab, wie das Joch der Hausarbeit abgeworfen werden könnte – obwohl die Maßnahmen aufgrund der Degeneration der Sowjetunion nie vollständig umgesetzt werden konnten. Das hätte wiederum das Fundament für den Aufbau einer Gesellschaft legen können, die auf der Gleichheit von Mann und Frau basiert.

Viele Vertreter*innen der Intersektionalismus-Theorie legen ziemlich wenig Betonung auf Kampagnen für ökonomische und praktische Maßnahmen, um die Belastung von Frauen aufzuheben; stattdessen beschränken sie sich fast ausschließlich auf gesellschaftliche Einstellungen und versuchen, unterdrückungsfreie Räume in der Gesellschaft aufzubauen. Dabei ist die Befreiung der Frauen davon, die Pflegerinnen, Köchinnen und Putzfrauen der Gesellschaft zu sein, eine wesentliche Voraussetzung für das Ende der Frauenunterdrückung. Der Kapitalismus des 21. Jahrhunderts fährt jedoch genau in die Gegenrichtung: Austerität trifft Frauen schwer. Sie bedeutet große Kürzungen bei öffentlichen Angeboten, die wenigstens teilweise die Last erleichtert haben, die auf Frauen liegt. Die Parole der »großen Gesellschaft« von David Cameron (konservativer Premierminister des Vereinigten Königreichs, AdÜ) kann zusammengefasst werden als die Forderung an Frauen, die Kürzungen in den Bereichen Gesundheit, Kinderbetreuung und Altenpflege zu kompensieren, indem sie deren Aufgaben auf sich nehmen. Das zeigt deutlich, dass Errungenschaften, die von unterdrückten Gesellschaftsgruppen erkämpft wurden, im Kapitalismus niemals garantiert und dauerhaft sind. Das gilt übrigens auch für die verheerenden, teilweise lebensbedrohlichen Folgen der Austerität für Menschen mit Behinderung.

Kampf gegen Vorurteile

Die Einsicht in die Notwendigkeit, grundlegende gesellschaftliche Veränderungen zu erreichen, schmälert keineswegs die Wichtigkeit, gegen unterdrückerische und reaktionäre Ideen und Verhaltensweisen anzukämpfen, solange wir in dieser Gesellschaft leben – und das auch innerhalb der Arbeiter*innenbewegung. Dies ist notwendigerweise ein permanenter Kampf. Vertreter*innen der Intersektionalismus-Theorie fordern »geschützte Räume« mit keinerlei Toleranz für irgendetwas, das als unterdrückerisch gelten könnte. Aber es ist utopisch, einen Schutzraum schaffen zu wollen, der abgeriegelt ist von der Gesellschaft, in der wir alle leben und die uns alle prägt. Sich abzukapseln, anstatt rauszugehen und eine Bewegung aufzubauen, die wirkliche Veränderungen erreichen kann, ist zum Scheitern verurteilt und führt zu Frustration. Denn weit davon entfernt, tatsächlich geschützte Räume zu schaffen, führt so etwas häufig zu einer undemokratischen Umgebung, in der die in einem »Raum« dominierenden Individuen behaupten, sie würden sich von Ideen und Meinungen unterdrückt fühlen, die ihnen oft einfach nicht passen.

Es gibt außerdem die gefährliche Entwicklung dahin, zu glauben, dass der Wert eines Diskussionsbeitrages darauf zurückzuführen sei, unter welchen Unterdrückungen die/der Beitragende leidet. Das ist komplett falsch. Die erste und einzige Premierministerin Großbritanniens, Margaret Thatcher, war zweifelsfrei von ihrer individuellen Unterdrückung als Frau betroffen, aber das neoliberale Programm, dass sie durchgezogen hat, war komplett gegen die Interessen von Frauen aus der Arbeiter*innenklasse gerichtet. Vor kurzem wurde Jeremy Corbyn, der neue linke Anführer der Labour Party, dafür angegriffen, dass er angeblich nicht genug Frauen in seinem Schattenkabinett habe, obwohl in dessen erster Reihe erstmals mehrheitlich Frauen stehen. Bei der Wahl zum Parteivorsitz stimmten mehr Frauen für Corbyn als für die Kandidat*innen vom rechten Flügel (unter denen zwei Frauen waren), weil er gegen Austerität war. Wenn er anstelle des linken Abgeordneten John McDonnell eine für Austerität stehende Frau zur SchattenkanzlerIn gemacht hätte, wären die meisten Frauen, die ihn gewählt hatten, berechtigterweise tief enttäuscht gewesen.

Die Frage der »geschützten Räume« hängt auch mit der Herangehensweise der Vertreter*innen der Intersektionalismus-Theorie an Geschlechterfragen zusammen: Sie meinen, dass das Konzept der zwei Geschlechter ein soziales Konstrukt sei und Gender (soziales Geschlecht) in Wahrheit eher als breites Spektrum aufzufassen sei. Sie legen ihren Schwerpunkt darauf, Transgender-Personen und all jene zu unterstützen, die gegen gesellschaftliche Geschlechterrollen rebellieren. Dies schließt auch diejenigen ein, die sich weder als männlich noch weiblich betrachten, sondern als »gender-nonkonform.« Darin drückt sich die begrüßenswerte Ablehnung einer wachsenden Zahl junger Menschen gegenüber den üblichen Geschlechterverhältnissen und Homophobie aus. Sozialist*innen treten freilich für das demokratische Recht von Individuen ein, ihre Genderzugehörigkeit und ihre Sexualität selbst zu bestimmen. Aber dass sich in dieser Frage eine wichtige Schicht von Leuten radikalisiert, bedeutet nicht, dass es möglich wäre – wie es einige Vertreter*innen der Intersektionalismus-Theorie versuchen – innerhalb der kapitalistischen Gesellschaft Räume zu schaffen, die frei von jedem Druck in Hinsicht auf Gender sind.

Der Kapitalismus formt unsere Ansichten von Geburt an, mit all den Verzerrungen der menschlichen Persönlichkeit, die er hervorbringt. Dazu gehört auch, welches unserem sozialen Geschlecht (Gender) »angemessene« Verhalten von uns erwartet wird. Es ist nicht möglich, sich dem vollständig zu entziehen; in dieser Gesellschaft sind kapitalistische Geschlechterrollen objektive Realität. Sogar kapitalistische Geschlechterrollen abzulehnen bedeutet, auf diese Rollen zu reagieren und somit von ihnen beeinflusst zu werden. Es ist nicht genau vorhersehbar, wie sich zwischenmenschliche Beziehungen einschließlich der Geschlechterrollen in der Zukunft entwickeln werden, wenn wir von den engen Zwangsjacken befreit sind, in die uns der Kapitalismus aktuell zwingt. Deshalb lautet die entscheidende Frage für alle, die entschlossen sind, Unterdrückung zu beenden: Wie kann der Kapitalismus abgeschafft und mit dem Aufbau einer Welt ohne Unterdrückung – einem »Schutzraum« für alle – begonnen werden?

Die Rolle der Arbeiter*innenklasse

Heute wie damals, als Marx die Arbeiter*innenklasse als »Totengräber des Kapitalismus« bezeichnet hat, ist sie die entscheidende Kraft auf unserem Planeten, die uns von diesem bankrotten System befreien kann. Sowohl die Privilege theory als auch die Intersektionalität würden die gesellschaftliche Klasse unter dem Begriff »Klassismus« als eine unter vielen Formen von Unterdrückung bezeichnen. Häufig diskutieren sie die Klasse in Hinblick auf die Vorurteile, mit denen Menschen konfrontiert sind, weil sie aufgrund ihres Sprachgebrauchs oder ihrer Postleitzahl (z. B. bei Bewerbungen; AdÜ) der Arbeiter*innenklasse zugeordnet werden. Dabei wird das Entscheidende, nämlich die Bedeutung von Klassen für die Gesellschaftsstruktur, gar nicht erkannt. Bei dieser Herangehensweise würde überhaupt nicht verstanden werden, dass ein nigerianischer Arbeiter mehr Gemeinsamkeiten mit einer Arbeiterin in Großbritannien oder den USA hat als mit Aliko Dangote, dem einzigen Afrikaner, der es auf die Liste der 85 reichsten Menschen der Erde geschafft hat. Der Umstand, dass die Arbeiter*innenklasse letztlich die Profite der Kapitalisten erschafft und durch gemeinsame Klassenkämpfe die kapitalistische Gesellschaft zum Stillstand bringen kann, wird als altmodisch abgetan.

Aber die Arbeiter*innenklasse ist nicht am Verschwinden. Sie ist heutzutage sogar potenziell stärker als zur Zeit der Russischen Revolution. Viele Länder, in denen die Arbeiter*innen vor hundert Jahren noch eine kleine gesellschaftliche Minderheit waren, haben heute große und kraftvolle Arbeiter*innenklassen. In den wirtschaftlich fortgeschrittenen Ländern wie Großbritannien hat die Deindustrialisierung zwar zu einem starken Schrumpfen der Industriearbeiter*innenklasse geführt. Aber trotzdem bestehen weiterhin Gruppen von Arbeiter*innen mit einer gewaltigen Kraft, die Gesellschaft mit Streiks zum Stillstand zu bringen – das wissen alle, die in letzter Zeit einen der Streiks bei der Londoner U-Bahn miterlebt haben. Die Deindustrialisierung hat nicht dazu geführt, dass Jugendliche nun Teil der »Mittelschicht« sind, sondern sie hat diese zu schlecht bezahlter, befristeter Arbeit, häufig im Dienstleistungsbereich, gezwungen. Gleichzeitig wurden große Schichten der Bevölkerung,wie Lehrer*innen und Beamt*innen, die sich früher selbst als Teil der Mittelschicht betrachtet haben, in die Reihen der Arbeiter*innenklasse hinunter gedrückt, was ihren Lebensstandard und ihre soziale Perspektive angeht.

Die Geschichte des zwanzigsten Jahrhunderts hat mehrfach die Bereitschaft der Arbeiter*innenklasse, für Sozialismus zu kämpfen, demonstriert. Zugleich hat sie gezeigt, dass die Kapitalist*innenklasse sich mit allen Mitteln an die Macht klammert und nicht zuletzt versucht, nach dem Prinzip »teile und herrsche« die verschiedenen Teile der Arbeiter*innenklasse gegeneinander auszuspielen.

In den letzten Jahren gab es einen weltweiten Anstieg von Radikalisierung und Kämpfen bis hin zu revolutionären Bewegungen. Wenn diese auch vielfach erfolglos waren, so werden aus ihnen heraus doch die Schlussfolgerungen gezogen, was notwendig ist, um die Gesellschaft zu verändern: Notwendig ist eine revolutionäre Massenbewegung, die die verschiedenen Schichten der Arbeiter*innenklasse mit ihren verschiedenen Erfahrungen und Perspektiven in einer Massenpartei zusammenführt – mit einem klaren Programm und einer entschlossenen und rechenschaftspflichtigen Führung.

Solch eine Partei wäre kein Modell einer neuen Gesellschaft, aber ein Werkzeug, um sie zu erreichen. Es ist entscheidend, dass in einer solchen Partei auch die am heftigsten unterdrückten Schichten der Arbeiter*innenklasse vertreten sind, und dass sie eine lebendige und demokratische Kraft darstellt, in der alle Beteiligten ihre Sichtweisen zum Ausdruck bringen können. Ihr Programm muss – wie damals das Programm der Bolschewiki in Russland – den Kampf für die Rechte nicht nur der Arbeiter*innenklasse im Allgemeinen, sondern auch für ihre diversen besonders unterdrückten Schichten beinhalten.

Zweifelsohne würde eine solche Bewegung auch die Unterstützung breiter Teile der Mittelschichten und sogar von einzelnen Personen aus der Kapitalist*innenklasse erhalten, die die Notwendigkeit für einen Bruch mit dem Kapitalismus sehen. Das beträfe vor allem diejenigen, die im Kapitalismus unter Unterdrückung leiden und einsehen, dass die einzige Möglichkeit, Homophobie, Rassismus oder Frauenunterdrückung zu beenden, in der Beteiligung am Kampf für eine neue Gesellschaft liegt.

Vereint im Kampf

Es wäre lächerlich und aberwitzig, zu fordern, dass diejenigen, die gegen ihre spezifische Unterdrückung kämpfen, sich zurückhalten und auf den vereinigten Kampf der gesamten Arbeiter*innenklasse warten sollen. Im Kampf für gesellschaftlichen Fortschritt sind Massenkämpfe tausendmal wirkungsvoller als Ermahnungen an Individuen, ihre Einstellungen zu verändern. Eine Bewegung hat immer dann größere Erfolgsaussichten, wenn sie in der Lage ist, auf andere Schichten der Arbeiter*innenklasse überzugreifen. Und darum ist es wichtig, dass das Programm, für das eine Bewegung eintritt, dies versucht. Aber das bedeutet auf keinen Fall, dass eine Gruppe ihren Kampf künstlich hinauszögern sollte, bis sie beispielsweise mehr weiße oder männliche Arbeiter von ihrer Sache überzeugt hat.

Gleichwohl erfordert zum Beispiel die dauerhafte Abschaffung des Rassismus in den USA die Abschaffung des Kapitalismus und muss daher in einem gemeinsamen Kampf erfolgen, der verschiedene Teile der Arbeiter*innenklasse zusammenführt: Schwarze, Hispanics, Asiat*innen und Weiße. Das ist eine praktische Frage. Die afroamerikanische Bevölkerung, die am stärksten unter Polizeirassismus leidet, macht 13 Prozent der Gesamtbevölkerung aus und wird nicht alleine gewinnen können. Die Kapitalist*innenklasse wird versuchen, die Spaltung zwischen verschiedenen Schichten der Unterdrückten zu vertiefen, vor allem in Zeiten verstärkten Kampfes. Die Unterdrückten sind darauf angewiesen, ihre Stärke zu erhöhen, indem sie nach größtmöglicher Einheit streben. Die »$15 Now« Bewegung (für 15 Dollar Mindestlohn) in den USA und die Wahl von Kshama Sawant von der Socialist Alternative in Seattle haben die wachsenden Möglichkeiten gezeigt, in den USA eine vereinte Arbeiter*innenbewegung aufzubauen.

Das Streben nach Einheit bedeutet jedoch nicht, die Wichtigkeit des Kampfes gegen die spezifische Unterdrückung verschiedener gesellschaftlicher Gruppen herunterzuspielen. Im Gegenteil: Es ist unerlässlich, dass Sozialist*innen sich dafür einsetzen, dass die Arbeiter*innenbewegung den Kampf gegen jede Form von Unterdrückung aufnimmt. Die Socialist Party blickt dabei auf eine stolze Geschichte zurück: So standen wir in den 1990ern an der Spitze der Bewegung gegen häusliche Gewalt, die entscheidend dabei war, dass die Gewerkschaften dieses Thema aufgegriffen haben.

Die Intersektionalität an den britischen Universitäten hat die Tendenz, feministische Campus-Gruppen nach innen zu kehren und sich fruchtlosen Versuchen zu widmen, Unterdrückung in Listen zu erfassen, anstatt für ihre Beendigung zu kämpfen. Aber viele Menschen, die ursprünglich von diesen Ideen angezogen wurden, suchen nach einem Weg, die Gesellschaft zu verändern, und werden dabei schnell an die Grenzen der Identity politics in ihren unterschiedlichen Ausprägungen stoßen.

Ein kleiner Hinweis darauf ist die Beliebtheit des Films »Pride« unter jungen Menschen, der die wahre Geschichte der Gruppe »Lesben und Schwule für Bergarbeiter« (engl. LGSM) erzählt. LGSM hatte die Gemeinsamkeiten zwischen ihrem Kampf gegen die konservative Tory-Regierung und dem Bergarbeiterstreik von 1984/85 erkannt. Ihre Bemühungen, die Bergarbeiter zu unterstützen, stießen durchaus auf Schwierigkeiten, führten aber schließlich zu wirklicher Einheit. LGSM hatte nämlich verstanden, dass ein Sieg der Bergarbeiter eine massive Niederlage für die Premierministerin Thatcher, die Tories (konservative Partei) und die Kapitalist*innenklasse gewesen wäre – und dass dies im Interesse von Lesben und Schwulen war. Sie haben niemals weiße, heterosexuelle Bergarbeiter, die anfangs häufig homophob waren, aufgefordert, ihre »Privilegien zu hinterfragen.« Ein Ergebnis ihres heldenhaften

Engagements war, dass große Teile der Arbeiter*innenbewegung von ganzem Herzen den Kampf für die Befreiung von Lesben und Schwulen unterstützt haben. So führte ein Block von aus dem ganzen Land angereisten Mitgliedern der Bergarbeitergewerkschaft NUM die Pride-Demonstration (vergleichbar mit dem Christopher Street Day im deutschsprachigen Raum; AdÜ) 1985 in London an.

Der Bergarbeiterstreik war ein historisches Ereignis im britischen Klassenkampf, aber er wird in den Schatten der Ereignisse treten, die in Zukunft vor dem Hintergrund des krisengeschüttelten Kapitalismus stattfinden werden, der versuchen wird, die Lebensstandards der Mehrheit der Menschen in den Dreck zu werfen.[88]

Einige VertreterInnen der Intersektionalismus-Theorie werden die gewaltige Macht der Arbeiter*innenklasse in Aktion erleben müssen, um zu der Einsicht zu kommen, dass der Weg zur Beendigung ihrer spezifischen Unterdrückung nicht über zersplitterte Kleingruppen führt, sondern über die Beteiligung am Klassenkampf. Wie auch immer: Immer mehr junge Menschen, besonders wenn sie in konkreten Kämpfen aktiv werden, sind bereits begeistert von sozialistischen Ideen als dem einzigen Weg zur tatsächlichen Befreiung der ganzen Menschheit.

88 Siehe auch Smith, Kenneth: Bürgerkrieg ohne Gewehre. Die Lehren des Bergarbeiter*innenstreiks von 1984-85 in Großbritannien, Berlin, 2023, Manifest Verlag

Covid, Kapitalismus und die Doppelbelastung der Frauen

Ein fesselndes neues Buch befasst sich mit den sich verändernden Mustern der Frauenarbeit in Großbritannien seit der industriellen Revolution. Da Covid-19 möglicherweise einen neuen Wendepunkt in der Geschichte der Frauenerwerbstätigkeit markiert, hätte es zu keinem günstigeren Zeitpunkt veröffentlicht werden können, schreibt CHRISTINE THOMAS.

Double Lives: a history of working motherhood
By Helen McCarthy
Published by Bloomsbury, 2020, £21

Es gibt kaum einen Aspekt der Gesellschaft, der nicht ernsthaft von der Coronavirus-Pandemie betroffen ist. Eine der Hauptfolgen war die Vergrößerung und Verschärfung aller bestehenden Ungleichheiten in der kapitalistischen Gesellschaft. Das Zusammenspiel von Klasse und *Rasse* hat beispielsweise beeinflusst, wer sich mit dem Virus ansteckt, wie schwer es ist und wie hoch die Wahrscheinlichkeit ist, dass Menschen daran sterben. Die gleichen Faktoren bestimmen, wer unter den wirtschaftlichen Folgen leidet.

Auch die Wechselwirkung zwischen Klassen- und Geschlechterunterschieden wurde hervorgehoben und verstärkt. Es stimmt zwar, dass Männer, die an dem Coronavirus erkrankt sind, mit größerer Wahrscheinlichkeit ernsthaft erkranken oder sterben, aber Frauen - insbesondere Frauen aus der Arbeiter*innenklasse - arbeiten eher in Bereichen, in denen die Belastung durch Covid-19 höher ist. Bei ihnen ist die Wahrscheinlichkeit, dass sie beurlaubt werden, um 30 % höher, 47 % höher, dass sie ihren Arbeitsplatz verlieren, und 50 % höher, dass ihre Arbeitszeit gekürzt wird.

Genauso wie Frauen unverhältnismäßig stark von den Sparmaßnahmen nach der Finanzkrise 2007-08 betroffen waren, sind sie aufgrund der doppelten Benachteiligung, die Frauen aus der Arbeiter*innenklasse in der kapitalistischen Gesellschaft bereits vor dem Einbruch von Covid-19 erlitten haben - für schwarze, asiatische und ethnische Minderheiten-Frauen sogar in dreifacher Hinsicht - am stärksten von der sich abzeichnenden wirtschaftlichen Verwüstung nach der Pandemie betroffen. In einer kürzlich durchgeführten Studie der Universität Sussex wurde berichtet, dass die Abriegelung das Leben einiger Frauen in die 1950er Jahre zurückversetzt hat. Das ist zwar übertrieben, aber es besteht kein Zweifel daran, dass Jahrzehnte hart erkämpfter Errungenschaften in Gefahr sind. Wie weit sie zurückgeworfen werden, hängt davon ab, inwieweit die Arbeiter*innenklasse in der Lage ist, Widerstand zu leisten.

Bei der Lektüre von Helen McCarthys gut recherchiertem und detailliertem Bericht über berufstätige Mütter fällt vor allem eines auf: das Ausmaß, in dem sich die sozialen Einstellungen im Laufe der Jahre drastisch gewandelt haben - allerdings ohne die entsprechenden strukturellen

Veränderungen in der Gesellschaft. Dies hat zu einer widersprüchlichen Situation geführt, in der die Bedürfnisse und Wünsche der Frauen ständig mit der materiellen Realität kollidieren.

Vor der Pandemie waren 75 % der Frauen mit abhängigen Kindern erwerbstätig - in den frühen 2000er Jahren waren es noch 60 %. Das ist weit entfernt von den geschätzten 13 % der verheirateten Frauen, die 1901 arbeiteten, oder den 10 % in der Zwischenkriegszeit. Wie McCarthy hervorhebt, entwickelte sich die berufstätige Mutterschaft von einem unvermeidlichen »sozialen Übel« für verwitwete und verlassene Frauen oder für Frauen, deren Ehemänner arbeitslos oder behindert waren oder die einer verzweifelt schlecht bezahlten und unregelmäßigen Arbeit nachgingen, zu einer sozialen Norm, die nur von wenigen Menschen in Frage gestellt wird.

Während bis zum Zweiten Weltkrieg verheiratete Frauen von vielen Arbeitsplätzen ausgeschlossen waren - bei der Post, im öffentlichen Dienst, im Bildungswesen, bei den lokalen Behörden usw. -, setzten die Unternehmer*innen und die New-Labour-Regierung in den 1990er Jahren sowohl die Peitsche als auch das Zuckerbrot ein, um auch Alleinerziehende ins Berufsleben zu drängen. Dies entsprach dem Bedarf der Kapitalist*innenen an billigen, flexiblen Arbeitskräften und dem Wunsch der Regierung, die Ausgaben für Sozialleistungen zu kürzen. Dieser historische Prozess bedeutete eine dramatische Verschiebung der geschlechtsspezifischen Beschäftigungsmuster und hatte enorme Auswirkungen auf das Leben und die Ambitionen von Frauen sowie auf die allgemeine gesellschaftliche Einstellung.

Verankerte, historische Unterdrückung

Es ist jedoch ebenso auffällig, wie fest verankert und beständig andere soziale Merkmale waren. Wenn McCarthy darauf hinweist, dass ein Teil der Frauen aus der Arbeiter*innenklasse schon immer außer Haus gearbeitet hat, und zwar in erster Linie, wenn auch nicht ausschließlich, aufgrund wirtschaftlicher Notwendigkeiten, dann betrachtet er die Art der Tätigkeiten, die Frauen im Laufe der Jahre ausgeübt haben, und hier wird deutlich, wie wenig sich insbesondere für Frauen aus der Arbeiter*innenklasse geändert hat. Sie sind überwiegend in Wirtschaftssektoren beschäftigt, die eine Erweiterung der Pflege- und Hausarbeit darstellen, die sie traditionell unbezahlt zu Hause verrichten. Folglich wurden diese Tätigkeiten abgewertet und unterbezahlt.

So wurden Frauen zu Textilarbeiterinnen in den Mühlen von Lancashire, arbeiteten in Wäschereien und waren als Näherinnen beschäftigt. Sie wurden Putzfrauen und arbeiteten in lebensmittelverarbeitenden Fabriken. Als der Wohlfahrtsstaat expandierte, übernahmen sie die Aufgaben von Lehrerinnen, Krankenschwestern, Hebammen, Gesundheitsberaterinnen und Sozialarbeiterinnen. Und heute, während der Pandemie, sind diejenigen, die ihr Leben an vorderster Front in Krankenhäusern, Pflegeheimen und Supermärkten riskieren, überwiegend Frauen - zwei Drittel aller systemrelevanten Arbeiter*innen, 79 % der Beschäftigten im Gesundheitswesen -, die überwiegend zu Hungerlöhnen arbeiten - 2,6 Millionen verdienen weniger als 10 £ pro Stunde. In den Jahren seit der industriellen Revolution hat das Zusammenspiel von Ideologie, kapitalistischen Profitbedürfnissen, der Angst der männlichen Arbeitnehmer vor Konkurrenz um ihre Arbeitsplätze und der historischen geschlechtsspezifischen Arbeitsteilung im Haushalt dafür gesorgt, dass die geschlechtsspezifische Trennung am Arbeitsplatz bis in die Gegenwart fortbesteht.

Double Lives befasst sich nur mit den arbeitenden Müttern in der kapitalistischen Gesellschaft, beginnend in der frühen viktorianischen Zeit. Daher berücksichtigt das Buch nicht die Ursprünge des sozialen Status der Frauen als Menschen zweiter Klasse und die Unterdrückung, die sie aufgrund ihres Geschlechts ertragen mussten. Während der jüngsten Proteste von Black Lives Matter gegen Polizeibrutalität und Rassismus haben wir oft mit einem Zitat von Malcolm X erklärt, dass es keinen Kapitalismus ohne Rassismus geben kann. Kapitalismus und Rassismus sind gemeinsam entstanden, wobei die aufstrebende Kapitalistenklasse die rassistische Ideologie nutzte, um den Sklavenhandel zu rechtfertigen, der die Kapitalakkumulation für die Entwicklung des breiteren kapitalistischen Profitsystems ermöglichte.

Die Unterdrückung der Frauen ist jedoch älter als der Kapitalismus - ihre Wurzeln reichen Tausende von Jahren zurück, als sich die Gesellschaften erstmals entlang von Klassenlinien aufteilten - mit einer Ausbeuterklasse, die über die Mittel zur Produktion von Reichtum verfügte, und einer ausgebeuteten Klasse von Sklaven, Bauern usw. Als integraler Bestandteil dieses Prozesses wurde die Rolle der Frau in der Gesellschaft in erster Linie eine private Rolle innerhalb der Familie, in der sie die künftige Generation gebärt und aufzieht und sich um den Haushalt kümmert. Die Frauen der herrschenden Klasse wurden als Eigentum ihrer Väter/Ehemänner betrachtet, von denen erwartet wurde, dass sie ihre Sexualität kontrollierten, wenn nötig auch mit Gewalt. Dieser Status zweiter Klasse wurde gesetzlich verankert und durch die Ideologie verstärkt.[89]

89 Siehe »Friedrich Engels und die Befreiung der Frau« ab S. 158

Die Ungleichheit der Frauen ist also nicht das Ergebnis des Kapitalismus, sondern ein System, das auf dieser bestehenden Ungleichheit aufbaut und sie für seine eigenen wirtschaftlichen, sozialen und politischen Interessen ausnutzt. Sie wurde benutzt, um die Zahlung niedrigerer Löhne an Frauen zu rechtfertigen, um die Profite zu steigern; um die Last der Kürzungen im öffentlichen Dienst auf die Frauen in der Familie abzuwälzen; um Frauen für die schlechte Gesundheit der Kinder verantwortlich zu machen und sie zu Sündenböcken für soziale Probleme wie Jugendkriminalität, Drogenkonsum und Schulschwänzen zu machen; um den Körper der Frauen in eine Ware zu verwandeln, direkt durch die Sexindustrie und indirekt durch die Werbung und die Schönheitsindustrie usw.; und um Männer und Frauen zu spalten, insbesondere am Arbeitsplatz, um sie daran zu hindern, sich im Kampf gegen die Ausbeutung und das kapitalistische System, das sie hervorbringt, zusammenzuschließen.

Ungleiche Arbeitsteilung

Bei Covid-19 haben sich die Ungleichheiten, die Frauen in der Vergangenheit am Arbeitsplatz, in der Familie und in der Gesellschaft im weiteren Sinne erfahren haben, zu spezifischen Problemen während der Schließung und zu potenziell viel größeren Problemen bei der sich abzeichnenden wirtschaftlichen Katastrophe zusammengefügt. McCarthys Buch zeigt, dass trotz des enormen Wandels in der gesellschaftlichen Einstellung gegenüber Frauen mit Kindern, die außer Haus arbeiten, die Annahme, dass sie die Hauptverantwortung für Kinderbetreuung und Hausarbeit tragen, nach wie vor tief in der Gesellschaft verankert ist. Vor Covid verrichteten Frauen im Durchschnitt 60 % der unbezahlten

Arbeit im Haushalt. Diese ungleiche Aufteilung der Hausarbeit hat sich durch die Abriegelung noch verschärft.

Erhebungen haben zwar ergeben, dass Männer, die im Urlaub sind oder von zu Hause aus arbeiten, mehr Zeit für die Betreuung der Kinder und die Hausarbeit aufwenden, aber Frauen tun im Durchschnitt viermal mehr als Männer. Die Umfrage der University of Sussex ergab, dass 70 % der Frauen die gesamte oder den größten Teil der häuslichen Erziehung übernehmen. Siebenundsechzig Prozent fühlten sich als der Standard-Elternteil, zu dem die Kinder gehen, wenn sie etwas brauchen; Mütter, die von zu Hause aus arbeiten, wurden doppelt so häufig unterbrochen wie Väter. Eine Frau sagte dem Guardian, wenn ihr Haus die Schule sei, sei sie die Köchin, Putzfrau, Hausmeisterin und Lehrerin. All dies hat zu Erschöpfung und Stress geführt und zu psychischen Problemen beigetragen, die bei Frauen während der Pandemie häufiger auftraten als bei Männern.

Diese ungleiche geschlechtsspezifische Arbeitsteilung im Haushalt hat die Art der Arbeitsplätze bestimmt, in denen Frauen mit Kindern beschäftigt waren. Beide Faktoren wirken sich bereits jetzt auf die Beschäftigungsaussichten von Frauen aus und werden sich wahrscheinlich noch stärker auswirken, wenn die Wirtschaftskrise wirklich zu greifen beginnt. Frauen sind mit dem Nachteil eines geschlechtsspezifischen Lohngefälles von durchschnittlich rund 9.000 Pfund pro Jahr in den Ruhestand gegangen. Die Kämpfe der Frauen und der Arbeiter*innenklasse insgesamt führten in den 1970er Jahren zu rechtlichen Errungenschaften für Frauen. Viele Unternehmer*innen versuchten jedoch sofort, das Lohngleichheitsgesetz zu umgehen, indem sie z. B. eine Umstufung vornahmen, bei der Frauen und Männer nicht die gleiche Arbeit verrichteten, so dass ihr Lohn nicht verglichen werden konnte.

Obwohl die Gesetzgebung 1983 auf »gleichwertige« Arbeit ausgedehnt wurde, bedeutet die Tatsache, dass Männer und Frauen, die für denselben Unternehmer*innen arbeiten, weiterhin in hauptsächlich »weiblichen« und »männlichen« Sektoren getrennt sind, dass immer noch große Kämpfe geführt werden müssen, um die Lohngleichheit zu erreichen. Die weiblichen Beschäftigten der Asda-Verkaufsstellen haben einen langen juristischen Kampf geführt, um die gleiche Bezahlung wie die männlichen Vertriebsmitarbeiter zu erreichen. Der historische Sieg von 8.000 überwiegend schlecht bezahlten Frauen, die für die Stadtverwaltung von Glasgow arbeiten, nach einem militanten Streik im Jahr 2018, der durch eine Solidaritätsaktion von männlichen Müllwerkern unterstützt wurde, ist ein besseres Modell dafür, wie Lohngleichheit erreicht werden kann.

Aufgrund von Betreuungsaufgaben sind 40 % der Frauen teilzeitbeschäftigt, wobei die Löhne eher niedrig sind. Umfragen haben gezeigt, dass die meisten von ihnen lieber ihre Arbeitszeit aufstocken oder Vollzeit arbeiten würden, dies aber wegen des Mangels an erschwinglicher Kinderbetreuung nicht tun können. Als die Schulen wegen Covid geschlossen wurden, musste in einigen Haushalten entschieden werden, wer weiter arbeiten und wer zu Hause bleiben und sich um die Kinder kümmern sollte. Da Frauen aus der Arbeiter*innenklasse in der Regel weniger verdienen als ihr Partner oder weniger Stunden arbeiten, war es in den meisten Fällen wirtschaftlich sinnvoller, wenn die Frau zu Hause blieb. In Alleinerziehenden-Haushalten gab es natürlich keine Wahlmöglichkeit.

Selbst wenn die Schulen wieder öffnen, wird dies wahrscheinlich nicht zu denselben Bedingungen geschehen wie vor Covid. Was passiert, wenn sie nicht ganztägig geöffnet sind oder die Anfangs- und Endzeiten gestaffelt sind? Oder wenn es mehr lokale Schließungen wie in Leicester gibt? Was wird mit den Arbeitsplätzen von Frauen geschehen, die ihre Arbeitszeiten nicht flexibel gestalten können, oder mit denen, die gezwungen sind, zu Hause zu bleiben, um sich um die Kinder zu kümmern? Wenn Unternehmer*innen entscheiden, wen sie nach einer Beurlaubung wieder einstellen und wen sie entlassen, werden Frauen mit Betreuungspflichten wahrscheinlich benachteiligt, weil sie als unzuverlässig gelten. Laut einem Fragebogen von Pregnant Then Screwed gaben 50 % der berufstätigen Mütter an, dass sich die fehlende Kinderbetreuung negativ auf ihre Wahrnehmung am Arbeitsplatz auswirkt.

Kapitalistische Ideologie

Double Lives zeigt, wie die Einstellungen und die Politik zur Kinderbetreuung im Laufe der Geschichte des Kapitalismus zum Nachteil der arbeitenden Mütter geprägt wurden. Für die Familien der kapitalistischen Klasse im 19. Jahrhundert wurde ein ernährender Ehemann und eine zu Hause bleibende Hausfrau zu einem Zeichen von Reichtum und Respektabilität. Die wirtschaftlich dominierende Klasse beeinflusst auch die Ideen und Werte in der Gesellschaft, und diese »bürgerliche« Familienform wurde zur Norm, nach der alle Klassen strebten.

Berufstätige verheiratete Frauen wurden gesellschaftlich inakzeptabel: Ihr »natürlicher Platz« war im Haus, wo sie die Kinder versorgten und sich um die emotionalen Bedürfnisse ihres Mannes kümmerten. Mütter aus der Arbeiter*innenklasse, die keine andere Wahl hatten, als zu arbeiten, wenn ihre Familien nicht verhungern oder im Arbeitshaus landen sollten, wurden entweder zu schweißtreibender Heimarbeit gezwungen oder mussten sich selbst um die Kinderbetreuung kümmern, indem sie informelle Vereinbarungen mit Familienmitgliedern oder Nachbarn trafen. Für viele Frauen ist die Kinderbetreuung auch heute noch auf diese Weise organisiert. Covid hat aufgedeckt, wie sehr die Frauen auf die Großeltern angewiesen sind, die aufgrund der sozialen Distanzierungsvorschriften nicht mehr in der Lage waren, sich um ihre Enkelkinder zu kümmern.

Die kapitalistische Ideologie in Bezug auf die Rolle der Frau als Hausfrau und Erzieherin war in der Zwischenkriegszeit weiterhin vorherrschend. Die Reformen sollten die »natürliche Rolle« der Frau durch Verbesserungen der Mütter- und Kinderfürsorge verbessern. Auch das Beveridge-Modell für den Wohlfahrtsstaat der Nachkriegszeit ging davon aus, dass die meisten verheirateten Frauen Vollzeit-Hausfrauen sein würden. Die Zahl der kommunalen Kindergärten sank von 40.000 im Jahr 1950 auf 28.000 im Jahr 1955 und 21.500 im Jahr 1963. Die Kriterien für die Aufnahme von Kindern wurden gegen Ende der 1960er Jahre verschärft, so dass die Kindertagesstätten zu einer öffentlichen Einrichtung wurden, die fast ausschließlich für »Problemfamilien« zugänglich war.

Zwar wurden die Kindergärten ausgebaut, doch wurden sie vor allem als Bildungseinrichtung für Kleinkinder angesehen und nicht als Mittel, um Frauen die Teilnahme am Erwerbsleben zu ermöglichen. Im Jahr 1965 gab es nur für 3 % der 3- bis 5-Jährigen einen Platz. Im Jahr 1977, als nach der Wirtschaftskrise von 1974-75 die Ausgaben gekürzt wurden, hatte nur noch eines von 30 Vorschulkindern Zugang zu einer städtischen Kindertagesstätte. Die Plätze in den Kindergärten waren meist Teilzeitplätze, in der Regel 2 bis 3 Stunden pro Tag, und für berufstätige Mütter nur von begrenztem Nutzen.

Das einzige Mal, dass der Staat wirklich eingriff und kollektive Verantwortung für die Kinderbetreuung übernahm, war während des Ersten und Zweiten Weltkriegs, als die Zentralregierung Kindertagesstätten subventionierte. Da die Männer an der Front kämpften, wurde die Arbeitskraft der Frauen dringend benötigt, insbesondere in den Munitionsfabriken, aber auch im Verkehrswesen und in anderen Bereichen. Die Qualität der Kindergärten war zwar unterschiedlich, aber sie ermöglichten es den Müttern, Beruf und Familie zu vereinbaren. Nach dem Ende der Kriege wurden die Subventionen jedoch gestrichen, die meisten Kinderkrippen wurden geschlossen und die Frauen mussten ihre relativ gut bezahlten Arbeitsplätze aufgeben, um den aus dem Krieg zurückkehrenden Männern Platz zu machen.

Während der Depression der 1930er Jahre, als Massenarbeitslosigkeit herrschte, war es für Frauen fast unmöglich, eine Arbeit zu finden, ganz zu schweigen von Frauen mit Kindern. Die wenigen berufstätigen verheirateten Frauen mit einem verdienenden Ehemann wurden verteufelt und als egoistisch abgestempelt, weil sie eine Arbeit annahmen, die ein arbeitsloser Mann bekommen konnte (obwohl Männer und Frauen nur selten um Arbeitsplätze im gleichen Sektor konkurrierten). Im Zuge der Kürzungen wurde verheirateten Frauen die Arbeitslosenunterstützung mit der Begründung verweigert, sie hätten keine Chance auf einen Arbeitsplatz, weil sie verheiratet seien.

Frauen in der Arbeitswelt

Die Situation nach dem Zweiten Weltkrieg war ganz anders. Während die Zahl der erwerbstätigen Frauen von 1943-47 um fast eine Million zurückging, warb die Regierung bereits 1947 dafür, die Hausfrauen, die sie gerade erst verlassen hatten, wieder in die Fabriken zu holen, um wichtige Exportsektoren anzukurbeln. Diesem Aufruf folgten hauptsächlich ältere Frauen, deren Kinder bereits erwachsen oder im schulpflichtigen Alter waren. Dies wurde als vorübergehender Ausweg betrachtet, war aber in Wirklichkeit der Beginn eines Wandels in der Beschäftigung von Müttern, der bis heute anhält. Der wachsende Bedarf der kapitalistischen Wirtschaft an mehr Arbeitskräften in einer Zeit der Vollbeschäftigung der Männer, die Ausweitung des Wohlfahrtsstaates, die Möglichkeit der Frauen, Schwangerschaften zu planen und einzuschränken, da nun mehr Verhütungsmittel zur Verfügung standen, und der Wert der zusätzlichen Löhne der Frauen für die Verbesserung des Lebensstandards der Arbeiter*innenfamilien trugen alle dazu bei, dass die Erwerbsbeteiligung der Frauen zu dieser Zeit zunahm.

McCarthy gibt ein umfassendes Bild der Gründe, warum Frauen aus der Arbeiter*innenklasse mit Kindern in wachsender Zahl außer Haus arbeiteten, und zwar mit ihren eigenen Worten. Die Möglichkeit, Konsumgüter zu kaufen, in den Urlaub zu fahren oder über der Armutsgrenze zu bleiben, war ein Aspekt. Die befragten Frauen, von denen viele in schlecht bezahlten »niederen« Berufen arbeiteten, sprachen auch über die Bedeutung der Unabhangigkeit, die ein eigenes Einkommen mit sich brachte: die Möglichkeit, außerhalb der häuslichen Isolation soziale Kontakte zu knüpfen, eine Pause von der mühsamen Hausarbeit zu haben und sich selbst gut zu fühlen. Die Aufnahme einer Arbeit veränderte die Ambitionen und Perspektiven der Frauen.

Die Arbeit wurde zu einem festen Bestandteil ihres Lebens. Sie wurden selbstbewusster, wenn es darum ging, eine unglückliche Beziehung zu verlassen. Sie entdeckten, dass häusliche Gewalt kein privates Problem ist, das nur sie betrifft, sondern ein gesellschaftliches Problem, das Millionen von Frauen betrifft. Gemeinsam mit anderen Arbeiter*innen entwickelten sie ein kollektives Bewusstsein und setzten sich dafür ein, dass Themen wie häusliche Gewalt, sexuelle Belästigung und reproduktive Rechte in ein Kampfprogramm der Gewerkschaften aufgenommen wurden. Der Wandel in ihrer Sichtweise trug wiederum dazu bei, die Einstellung der Gesellschaft zur Frage der Gleichstellung, Diskriminierung und Unterdrückung der Geschlechter zu verändern.

In den letzten Jahrzehnten haben weitere wirtschaftliche und soziale Veränderungen die Erwerbsbeteiligung erwerbstätiger Mütter gefördert, vor allem die Verlagerung vom verarbeitenden Gewerbe zum Dienstleistungssektor. Andere Faktoren, wie die Zunahme von Scheidungen (meist von Frauen initiiert) und die Zunahme von Alleinerziehenden, haben ebenfalls eine Rolle gespielt. In den 1970er und 80er Jahren übertraf die Zunahme der Teilzeitarbeit, die hauptsächlich Frauen vorbehalten war, bereits die der Vollzeitarbeit, und dieser Trend hat sich fortgesetzt, da die Kapitalisten versuchen, die Arbeitskosten zu senken und eine flexiblere Belegschaft zu nutzen, was die Unsicherheit für alle Arbeitnehmer, insbesondere aber für Frauen, erhöht. Der prekäre Charakter der Arbeit wurde durch die Massenprivatisierung öffentlicher Dienstleistungen noch verstärkt.

Labour- und Tory-Regierungen haben auf den Bedarf des Kapitalismus an flexiblen weiblichen Arbeitskräften reagiert, indem sie die Kinderbetreuung auf der politischen Agenda nach oben setzten. Doch im Einklang mit dem neoliberalen Denken wurde die Bereitstellung überwiegend dem gewinnorientierten Privatsektor überlassen, der Kredite oder Gutscheine zum Kauf von Kinderbetreuung auf dem privatisierten Markt vergibt. Der Schwerpunkt liegt nach wie vor darauf, dass die Frauen selbst für die Kinderbetreuung sorgen, obwohl es oft keine, nur unzureichende oder unbezahlbare Angebote gibt. Für die meisten Frauen aus der Arbeiter*innenklasse mit Kindern war das Leben ein ständiger Kampf zwischen Arbeit und Betreuungspflichten, was zu Stress und einer großen Portion Schuldgefühlen führte.

Die Folgen des Virus bewältigen

Die Coronavirus-Pandemie hat nun den Grundstein für ein Desaster in der Kinderbetreuung gelegt. Nach Angaben der Fawcett Society könnten bis zu 150.000 Kinderbetreuungseinrichtungen schließen, weil sie nicht in der Lage sind, rentabel zu arbeiten. Schließungen in dieser Größenordnung wären verheerend, sowohl für die überwiegend weiblichen Beschäftigten in der Branche als auch für die Frauen, die auf diese Anbieter angewiesen sind, damit sie arbeiten können. Die einzige Lösung für eine Krise dieses Ausmaßes besteht darin, den gesamten privaten Kinderbetreuungssektor in öffentliches Eigentum zu überführen, das vollständig finanziert und demokratisch von den Beschäftigten und den Nutzern der Dienste geleitet wird. Dies würde die Bereitstellung einer qualitativ hochwertigen und flexiblen Kinderbetreuung ermöglichen, die Eltern und Kindern zugute käme. Sie gibt einen Einblick in den enormen Unterschied, den eine sozialistische Planwirtschaft im Leben von Frauen aus der Arbeiter*innenklasse bewirken könnte, wobei der Staat auch für qualitativ hochwertige Wohnungen, Verkehrsmittel und andere Dienstleistungen wie Altenpflege, Behindertenbetreuung und sogar Restaurants sorgen würde. Sie würde die Nachteile der »Doppelschicht« beseitigen, mit denen so viele Frauen aus der Arbeiter*innenklasse immer noch konfrontiert sind.

In jeder größeren Rezession seit dem Zweiten Weltkrieg haben Frauen ihren Arbeitsplatz verloren, obwohl die Männer im Allgemeinen am stärksten betroffen waren und der langfristige Prozess, dass immer mehr Mütter erwerbstätig werden, nicht umgekehrt wurde. Die derzeitige Wirtschaftskrise und der bevorstehende Entlassungs-Tsunami könnten jedoch das erste Mal sein, dass mehr Frauen als Männer arbeitslos werden. Das liegt zum einen an den negativen Auswirkungen, die ihre Betreuungspflichten auf ihre Arbeitsplätze haben könnten, und zum anderen daran, dass Frauen in den Sektoren arbeiten, die am meisten unter der Schließung gelitten haben - Gastgewerbe, Einzelhandel, Freizeit usw. - und die auch weiterhin von sozialen Distanzierungsmaßnahmen betroffen sein werden. Es wird nicht leicht sein, eine alternative Beschäftigung zu finden, auch wenn einige begrenzte Bereiche der Wirtschaft Arbeitskräfte einstellen. Wie viele Frauen mit Kinderbetreuungspflichten, die in einem Bekleidungsgeschäft in der Einkaufsstraße entlassen wurden, werden sich um eine Stelle als selbständige Fahrerin bewerben, die in unregelmäßigen Schichten für ein Vertriebsunternehmen arbeitet?

Die Massenarbeitslosigkeit von Frauen hat nicht nur wirtschaftliche Auswirkungen für die betroffenen Frauen. Sie könnte auch die Fähigkeit von Frauen einschränken, eine missbräuchliche Beziehung zu verlassen. Der massive Anstieg der Zahl der Frauen, die sich während der Pandemie an Beratungsstellen und Dienste für häusliche Gewalt gewandt haben, und der Anstieg der Zahl der von ihren

Partnern getöteten Frauen hat das Ausmaß der häuslichen Gewalt in der Gesellschaft offenkundig gemacht. Es hat auch deutlich gemacht, dass es an kurzfristigen Zufluchtsorten und langfristigen Unterkünften für Frauen, die vor Missbrauch fliehen, mangelt. Wenn nicht ernsthaft dafür gekämpft wird, dass die Regierung alle lokalen Dienste vollständig finanziert, werden die Frauen der Arbeiter*innenklasse die Hauptlast der künftigen Ausgabenkürzungen tragen, genau wie während des Jahrzehnts der Sparmaßnahmen.

Kein Zurück mehr

Was die gesellschaftliche Einstellung gegenüber berufstätigen Müttern betrifft, so ist eine Rückkehr zur Ideologie der 1950er Jahre nicht in Sicht. Selbst in der Rezession der frühen 1980er Jahre hatten die Angriffe der rechten Medien auf verheiratete Frauen, die arbeitslosen Männern die Arbeit wegnehmen, wenig Erfolg. In diesem Sinne sind die Bedingungen ganz anders als in den 1930er Jahren. Berufstätige Mütter sind eine gesellschaftliche Realität, und ihr Recht auf Arbeit wird in dieser Krise wahrscheinlich nicht in Frage gestellt, auch wenn ihre Fähigkeit, dies zu tun, ernsthaft unterminiert werden könnte.

Frauen werden nicht bereit sein, eine Rückkehr ins Haus passiv zu akzeptieren - und das nicht nur aus wirtschaftlichen Gründen. Es stimmt, dass einige Haushalte während der Pandemie eine Vorstellung davon gewonnen haben, wie eine andere »Work-Life-Balance« aussehen könnte. Jeder sollte in der Lage sein, bei einem angemessenen Lohn viel kürzer zu arbeiten, so dass mehr Zeit für Freizeit und persönliche Beziehungen bleibt. Dies würde jedoch eine grundlegende Änderung der Wirtschafts- und Gesellschaftsstruktur erfordern, bei der das Gewinnstreben abgeschafft und eine demokratische Planung auf rationaler Grundlage eingeführt würde.

Die Frauen werden für den Erhalt ihrer Arbeitsplätze und die Rückkehr in den Arbeitsmarkt kämpfen wollen, aber sie werden Organisationen und eine Führung brauchen, die dieser Aufgabe gewachsen sind. Einer der positiven Aspekte der Covid-Pandemie war der Zustrom von Arbeiter*innen in mehrere der großen Gewerkschaften. Dies war zwar kein gleichmäßiger Prozess, aber er spiegelt das wachsende Bewusstsein für die Bedeutung der Gewerkschaften als Instrumente für den Kampf um Sicherheit und die Verteidigung von Arbeitsbedingungen, Löhnen und Arbeitsplätzen wider. Außerdem sind viele von ihnen nicht nur der Gewerkschaft beigetreten, sondern haben sich sofort als Sicherheitsbeauftragte und Vertrauenspersonen zur Verfügung gestellt. Schon vor Covid machten Frauen mehr als die Hälfte der Gewerkschaftsmitglieder aus, im Vergleich zu 27 % im Jahr 1975, obwohl die Gesamtzahl der Gewerkschaftsmitglieder damals höher war. Wenn man sich die Sektoren ansieht, in denen die größten Zuwächse zu verzeichnen sind, wie z. B. im Bildungswesen und in der Sozialfürsorge, wird deutlich, dass Frauen eine entscheidende Rolle bei der wichtigen Aufgabe zukommt, die Gewerkschaften in Organisationen umzuwandeln, die in der Lage sind, für ihre Interessen und die Interessen aller Arbeiter*innen zu kämpfen.

Covid-19 ist ein Wendepunkt in der Geschichte. Er hat die gesamte Gesellschaft erschüttert und wird sowohl den Wunsch wecken, zu kämpfen als auch nach einer besseren Art und Weise zu suchen, unser Leben zu organisieren. Mächtige Kämpfe werden notwendig sein, um Arbeitsplätze, Löhne, Arbeitsbedingungen und die Dienstleistungen, auf die vor allem die Frauen der Arbeiter*innenklasse angewiesen sind, aufrechtzuerhalten. Ein Teil dieses Kampfes wird darin bestehen, ein politisches Instrument für die Arbeiter*innenklasse zu schaffen, das massenhaft den vereinten, kollektiven Klassenkampf nicht nur gegen die Auswirkungen des krisengeschüttelten Kapitalismus, sondern gegen das System selbst sowie die Notwendigkeit von öffentlichem Eigentum und demokratischer sozialistischer Planung propagiert. Die Covid-Krise hat gezeigt, wie notwendig dies ist. Nur so kann die doppelte Unterdrückung von Frauen aus der Arbeiter*innenklasse beendet werden - und das Leben aller Menschen aus der Arbeiter*innenklasse verändert werden.

Eine Geschichte von zwei Feminismen

Der Kampf gegen die Unterdrückung der Frau heute

CHRISTINE THOMAS rezensiert zwei aktuelle Bücher von Autorinnen, die aus unterschiedlichen feministischen Perspektiven kommen, und fragt: Welche Strategie ist im Kampf gegen Gewalt gegen Frauen, Sexismus und Unterdrückung in der heutigen Zeit erforderlich?

Daring to Hope, by Sheila Rowbotham
Published by Verso, 2021, £20
Feminism for Women: The Real Route to Liberation, by Julie Bindel
Published by Constable, 2021, £16,99

Die Covid-Pandemie hat unter anderem dazu geführt, dass die Ungleichheit zwischen den Geschlechtern in der kapitalistischen Gesellschaft und insbesondere die Gewalt gegen Frauen, eine der extremsten Formen der Unterdrückung von Frauen, ins Rampenlicht gerückt ist. Leider werden viele Frauen irgendwann in ihrem Leben damit konfrontiert. Jede vierte Frau wird in der Familie misshandelt, und jede siebte wird vergewaltigt. Im Durchschnitt werden zwei Frauen pro Woche von einem aktuellen oder ehemaligen Partner getötet. Die meisten Frauen fühlen sich nicht sicher vor Gewalt, Missbrauch oder sexueller Belästigung, sei es zu Hause, am Arbeitsplatz oder im öffentlichen Raum, einschließlich der sozialen Medien. Erstaunliche 97 % der Frauen berichten, dass sie schon einmal sexuell belästigt wurden. Es ist daher nicht überraschend, dass Gewalt gegen Frauen in letzter Zeit der Auslöser für eine ganze Reihe von Bewegungen war; in Großbritannien vor allem nach dem Mord an Sarah Everard in Südlondon im Jahr 2021.

Es gab viele Faktoren, die zusammenkamen, um die Empörung über den Mord an Sarah auszulösen: die Tatsache, dass ihr Mörder ein Polizeibeamter war; die Tatsache, dass sie im Anschluss an eine Covid-Sperre getötet wurde, in der die Zahl der häuslichen Tötungen von Frauen und die Zahl der Anrufe bei der Polizei und bei Beratungsstellen erheblich zugenommen hatte - was deutlich machte, wie verbreitet häusliche Gewalt in der Gesellschaft ist und wie die Fluchtwege durch die Sozialkürzungen untergraben wurden; und die Ängste junger Frauen, dass sie nicht sicher sind und dass die Gesellschaft ihre Sicherheit nicht ernst nimmt und sogar ihr Aussehen oder ihr Verhalten für die Gewalt und die Belästigung, die sie erfahren, verantwortlich macht.

Die Ermordung von Sarah sollte jedoch auch im Zusammenhang mit den Massenprotesten von Frauen gesehen werden, die in den letzten Jahren in einer ganzen Reihe von Ländern ausgebrochen sind und in deren Mittelpunkt oft das Thema Gewalt gegen Frauen oder Angriffe und Einschränkungen der reproduktiven Rechte - selbst eine Form des Missbrauchs - stehen. Diese Bewegungen sind ein hervorstechendes Merkmal der Instabilität in der Zeit nach der »Großen Rezession« von 2007-08, die das Vertrauen in die Institutionen und die Ideologie der kapitalistischen

Gesellschaft erschüttert und eine brennende Wut gegen Ungleichheit und Ungerechtigkeit in all ihren Formen hervorgerufen hat; eine Wut, die durch die wirtschaftlichen, politischen und sozialen Folgen der Covid-Pandemie noch verstärkt wird. Diese Bewegungen haben unweigerlich zu der Frage geführt, was getan werden muss, um Gewalt gegen Frauen und die Unterdrückung der Geschlechter im Allgemeinen zu beenden. Daring to Hope und Feminism for Women geben zwei sehr unterschiedliche, aber nützliche Einblicke in die Art von Bewegung, die notwendig sein wird.

»Rebellion überall um uns herum.«

Die Memoiren von Sheila Rowbotham stammen aus den 1970er Jahren, als der lange Nachkriegsboom zu Ende ging. Die selbsterklärte »sozialistische Feministin« war Mitglied der Frauenbefreiungsbewegung (WLM), nahm 1970 an deren erster Konferenz im Ruskin College in Oxford teil und war aktiv an den Aktivitäten lokaler Gruppen im Osten Londons beteiligt. Dies geschah vor dem Hintergrund einer allgemeinen Radikalisierung in der Gesellschaft und einer Verschärfung der kollektiven Kämpfe an den Arbeitsplätzen. *»Rebellion«*, schreibt sie, *»war überall um uns herum.«*

Mitte der 1970er Jahre waren zwei Drittel der Menschen der Meinung, dass »ein Klassenkampf im Gange« sei. Der Streik der Näherinnen gegen die ungleiche Einstufung in der Autofabrik von Dagenham im Jahr 1968 hatte bereits einen wichtigen Einfluss auf die entstehende Frauenbefreiungsbewegung gehabt. In den 1970er Jahren kam es im Vergleich zu den vorangegangenen zehn Jahren zu einem beträchtlichen Anstieg der registrierten Streiks, der Zahl der Beschäftigten, die sich an den Aktionen beteiligten, und der Zahl der Ausfalltage. Dazu gehörten der erste landesweite Bergarbeiterstreik seit 1926, Aktionen von Hafenarbeitern, Bauarbeitern und die Besetzung der Upper Clyde Shipyard. Diese Kämpfe betrafen vor allem Arbeiter, aber die zunehmende Beteiligung von Frauen an der Erwerbsbevölkerung (von 42,6 % im Jahr 1971 auf 60 % im Jahr 1979) ging einher mit einer wachsenden Militanz und gewerkschaftlichen Organisierung (insgesamt ein Anstieg von 73 % in diesem Jahrzehnt). Die Bekleidungsarbeiterinnen von Leeds organisierten 1970 bei ihrem Streik für höhere Löhne fliegende Streikposten. Zwei Jahre später fand die erste reine Frauenbesetzung in einer Schuhfabrik in Fakenham, Norfolk, statt. Streiks von Nachtreiniger*innen in London breiteten sich im ganzen Land aus.

Da die Inflation zwischen 1975 und 1978 durchschnittlich 13 % betrug und die Löhne von Frauen für die Aufrechterhaltung des Lebensstandards der Arbeiter*innenklasse immer wichtiger wurden, waren Aktionen gegen niedrige Löhne ein zentrales Merkmal der Kämpfe insbesondere von Arbeiterinnen, die im »Winter der Unzufriedenheit« 1978/79 ihren Höhepunkt erreichten. Zum ersten Mal traten Teile der Arbeiterinnen in Aktion, die sich zuvor nicht an Kämpfen beteiligt hatten, darunter auch Frauen aus ethnischen Minderheiten. Viele Kämpfe, wie der 1976 von Frauen in der Scheibenwischerfabrik Trico in Brentford, Middlesex, geführte, drehten sich darum, die Unternehmer zu zwingen, den Equal Pay Act tatsächlich umzusetzen. Das 1970 verabschiedete Gesetz trat erst mit fünfjähriger Verspätung in Kraft, so dass die Chefs alle möglichen Tricks und Manöver anwenden konnten, um es in der Praxis zu umgehen.

Obwohl die Führung der WLM überwiegend aus der Mittelschicht stammte, konnte sie von diesem zunehmenden Klassenkampf nicht unberührt bleiben. Neben »Bewusstseinsbildung« und direkten Aktionen erklärt Rowbotham, wie ihre örtliche Gruppe die Bergarbeiter unterstützte und an Demonstrationen gegen die Industrial Relations Bill der Tory-Regierung und die darin vorgesehene Beschneidung der Gewerkschaftsmacht teilnahm. Sie beteiligte sich aktiv an der gewerkschaftlichen Organisierung der Nachtreinigerinnen und unterstützte andere streikende Arbeiterinnen, wie z. B. die Kindergärtnerinnen, sowie kommunale Kampagnen für die Einrichtung von Kindergärten, Spielgruppen und Frauenhäusern und setzte sich gemeinsam mit der Claimants Union für die Verteidigung und Ausweitung staatlicher Leistungen ein.

Es wäre falsch, die Kräfte des WLM zu überschätzen. Ihre Aktivistinnenschicht war nie groß, und die Zahl der Frauen aus der Arbeiter*innenklasse, die sich als Mitglieder betrachteten, war recht begrenzt. Aber genauso wie die zunehmende Militanz am Arbeitsplatz Auswirkungen auf die Bewegung hatte, hatten die Themen, für die die WLM sensibilisierte und kämpfte - Geschlechterstereotypisierung und -diskriminierung, Geschlechterungleichheit in der Familie, Gewalt gegen Frauen, Verhütungs- und Abtreibungsrechte usw. - eine breitere Resonanz, die viele Aspekte der Gesellschaft betraf, einschließlich der Gewerkschaften, der Labour Party und anderer sozialistischer und linker Organisationen zu dieser Zeit. Die Frauen der Arbeiter*innenklasse waren am Klassenkampf beteiligt, nicht an »feministischen Streiks«, auch wenn diese alle weiblich waren, aber die Diskriminierung, der sie als Frauen ausgesetzt waren, hatte eindeutig Auswirkungen auf diesen Kampf.

Frauen aus der Arbeiter*innenklasse kämpften dafür, dass Themen, die sie als Frauen besonders betrafen, von der Gewerkschaftsbewegung als Ganzes aufgegriffen wurden. Dies war kein einfacher Prozess, wie Rowbotham darlegt. Selbst bei einem »Brot-und-Butter«-Klassenthema wie dem Niedriglohn mussten die streikenden Frauen oft nicht nur gegen den Unternehmer, sondern auch gegen den Sexismus der Gewerkschaftsführer kämpfen, die ihre Aktionen herabstuften oder ihnen die Unterstützung verweigerten, weil sie für »Nadelgeld« streikten. Frauen galten als schwer zu organisieren, und natürlich konnten die Art ihrer Arbeit und die von ihnen übernommenen Betreuungsaufgaben ein Hindernis darstellen, wenn auch kein unüberwindbares. Oft waren die Einstellung der Gewerkschaftsführer und die Bürokratisierung der Gewerkschaften ein größeres Hindernis, auch wenn dies keine einheitliche Erfahrung war.

Es war ein harter Kampf, die Gewerkschaften davon zu überzeugen, für die umfassenderen Themen der Geschlechterunterdrückung zu mobilisieren, auf die die WLM-Aktivistinnen hinwiesen und die nicht direkt mit den Arbeitsplätzen zusammenhingen. Aber das Zusammenkommen der Frauenbewegung und der Gewerkschafts- und Arbeiter*innenbewegung war wahrscheinlich am größten bei der Verteidigung des Abtreibungsgesetzes von 1967, das dreimal unter Beschuss geriet - 1974/75 mit James Whites Abtreibungsänderungsgesetz (das von 86 Labour-Abgeordneten unterstützt wurde), 1977 mit dem Benyon-Gesetz und 1979 mit dem Corrie-Gesetz. Mit jedem Angriff wuchs das Engagement der Gewerkschaften. 80.000 Menschen demonstrierten gegen das Corrie-Gesetz - das erste Mal, wie Rowbotham betont, dass der Trades Union Congress (TUC) eine Demonstration zu einem solchen Thema unterstützte.

Doch wie bei klassenübergreifenden Bewegungen üblich, wurde auch die WLM von Spaltungen und Spannungen heimgesucht: über das Verhältnis von Klasse und Geschlecht, Patriarchat und Kapitalismus, »Schwesternschaft« und Identität, Debatten, die Rowbotham in diesen Memoiren nur kurz streift, obwohl sie sie in ihren früheren Schriften weiter ausführt. Selbst die sozialistischen Feministinnen, die sich in der WLM engagierten, hatten unterschiedliche Vorstellungen, vor allem darüber, wie sich die Bewegung zu den bestehenden politischen Organisationen auf der Linken verhalten sollte: ob sie der Labour Party angehörten, die damals noch von der großen Mehrheit der Arbeiter*innenklasse als eine Partei angesehen wurde, die potenziell ihre kollektiven Interessen vertreten konnte, oder ob sie Gruppen außerhalb der Labour Party angehörten, oder, wie Rowbotham, »ungebunden« waren. Sie wünschte sich einen grundlegenden Strukturwandel, glaubte aber, dass dieser irgendwie durch die horizontalen Methoden der neuen sozialen Bewegungen an der Basis erreicht werden könnte, ohne dass es einer organisierten revolutionären Partei mit einem Programm für sozialistische Veränderungen bedürfte, trotz der Erfahrungen mit der russischen Revolution und der negativen Erfahrungen mit gescheiterten revolutionären Bewegungen seitdem.

1978 hielt die WLM ihre letzte Konferenz ab, und wie sowohl Bindel als auch Rowbotham schreiben, zersplitterte die Bewegung, wobei einige ihren Feminismus als Einzelpersonen in die Labour Party und die Gewerkschaften trugen, andere ihre Energie in die Leitung von Zufluchtsstätten, Vergewaltigungskrisenzentren usw. steckten und wieder andere in Untätigkeit und Selbstbeobachtung versanken. In den folgenden Jahrzehnten verlief diese Zersplitterung parallel zur Übernahme der Logik des freien

Marktes durch die Gewerkschaftsführer und zur Umwandlung der Labour Party von einer Arbeiter*innenpartei an der Basis mit einer kapitalistischen Führung in eine offen kapitalistische Partei, sowie zu den nachfolgenden Auswirkungen dieser Prozesse auf den Kampf der Arbeiter*innenklasse, die bis heute spürbar sind.

Der Rückzug des sozialistischen Feminismus

Der negative Einfluss dieser Auswirkungen ist in »Feminism for Women« von Julie Bindel deutlich zu erkennen, das einige der Gedankengänge widerspiegelt, die in den jüngsten Bewegungen zu der Frage aufgetaucht sind, warum Frauen immer noch weit verbreitete Gewalt und Unterdrückung erleben und was dagegen getan werden kann. Bindel ist wahrscheinlich am bekanntesten für ihre kontroversen Ansichten über die Rechte von Transsexuellen, setzt sich aber auch seit vielen Jahren für das Problem der Gewalt gegen Frauen ein. Im Rahmen der Kampagne gegen häusliche Gewalt (Campaign Against Domestic Violence, CADV), einer breit angelegten Kampagne, die Anfang der 1990er Jahre von Militant Labour, dem Vorläufer der Socialist Party, initiiert wurde, haben wir oft mit ihr und ihren Unterstützern in der feministischen Organisation Justice for Women über diese Themen debattiert.

Für Bindel ist *»männliche Gewalt zentral für die Mittel und Wege, mit denen Männer die Kontrolle über Frauen aufrechterhalten und sie weiterhin unterdrücken.«* Gewalt und Unterdrückung werden durch das Patriarchat verursacht, schreibt sie, und Feminismus muss ein Bestreben sein, Frauen davon zu befreien. Das Problem ist, dass sie zu keinem Zeitpunkt erklärt, was genau das Patriarchat ist. Einer Definition kommt sie am nächsten, wenn sie argumentiert, dass Frauen eine Geschlechtsklasse sind, die von Männern als Geschlechtsklasse unterdrückt wird, und dass der Unterschied zwischen Männern und Frauen in der Macht besteht: Diese Macht, sagt sie, führt zu häuslicher Gewalt, Vergewaltigung, sexueller Belästigung, Kontrolle über die Sexualität und Reproduktion von Frauen, Pornografie, Prostitution usw.

Bindels Überlegungen zur männlichen Macht haben einen gewissen Widerhall, wenn man bedenkt, dass häusliche Gewalt, sexuelle Belästigung und andere Formen der Unterdrückung durch Männer gegenüber Frauen nach wie vor weit verbreitet sind und die Art und Weise, wie Institutionen wie die Polizei und das Rechtssystem insgesamt darauf reagieren. Diese scheinen nicht nur bei der Bewältigung der Probleme, mit denen Frauen konfrontiert sind, kläglich zu versagen, wie die extrem niedrige Verurteilungsquote bei angezeigten Vergewaltigungen beweist, sondern den Missbrauch sogar noch zu verstärken, wie die hohe Zahl der Anschuldigungen wegen sexueller Belästigung und Missbrauch durch die Polizei in der Met zeigt. Da Bindel jedoch keine theoretische Analyse darüber liefert, woher die männliche Macht bzw. das Patriarchat kommt und wie es aufrechterhalten wird, ist sie völlig unfähig, den »Weg zur Befreiung« anzubieten, den der Titel ihres Buches verspricht.

Sie weist zu Recht die von einigen der frühen radikalen Feministinnen vertretene Ansicht zurück, dass Gewalt den Männern angeboren ist, eine Folge ihrer Biologie. Diese Analyse führte unweigerlich entweder zu einem totalen Pessimismus, dass sich irgendetwas ändern könnte, oder zu einem separatistischen Weg: zur Schaffung von Räumen, in denen Frauen Männer aus ihrem Leben ausschließen würden - was Bindel als »Frauenland« bezeichnet - eine Strategie, die eindeutig nur für eine sehr kleine Minderheit von Frauen attraktiv sein konnte. Aber sie präsentiert keine alternative Erklärung. Hat es das Patriarchat schon immer gegeben? Das sagt sie nicht. Sie stellt fest, dass die Unterdrückung im Patriarchat viele Formen hat. Aber haben sich diese Formen im Laufe der Zeit verändert und wenn ja, wie? Dies sind keine abstrakten Fragen, sondern haben einen direkten Bezug zu dem konkreten und brennenden Thema, wie Gewalt und Unterdrückung heute beendet werden können.

Die Macht des Mannes über die Frau hat es nicht immer gegeben, sondern sie reicht Tausende von Jahren zurück bis zu den ersten nach Klassen getrennten Gesellschaften. Als sich die Gesellschaften von gemeinschaftlichen, egalitären Verwandtschaftsgruppen zu solchen entwickelten, die auf dem privaten Besitz von Reichtum basierten, wurde die Kontrolle der Sexualität und der Fortpflanzung der Frauen der herrschenden Klassen unerlässlich, um die Vaterschaft und das Erbe zu sichern. Männliche Haushaltsvorstände erlangten absolute Autorität über die Frauen in ihrer Familie (und andere Haushaltsmitglieder). (Siehe Engels und die Befreiung der Frauen, in Sozialismus heute Nr. 181, September 2014, für weitere Einzelheiten zu diesem historischen Prozess und warum es die Männer der herrschenden Klassen waren, die die wirtschaftliche Kontrolle übernahmen).[90]

Das Verhalten der Frauen der herrschenden Klasse wurde streng reglementiert, und Übertretungen etablierter Geschlechternormen im Zusammenhang mit ihrer sexuellen und reproduktiven Rolle wie Monogamie, Keuschheit, Abtreibung oder Entblößung in der Öffentlichkeit konnten schwer bestraft werden und sogar zum Tod führen.

90 Siehe »Friedrich Engels und die Befreiung der Frau« ab S. 158

Die Vergewaltigung von Frauen der herrschenden Klasse galt als Verbrechen gegen das männliche Eigentum, und die Prostitution etablierte sich als die Kehrseite der (für die Frau) monogamen Ehe. Außerhalb der »patriarchalischen« Familie waren die öffentlichen und politischen Rechte der Frauen eingeschränkt oder nicht existent. Als sich komplexere Gesellschaften und Staatsapparate entwickelten, wurden die männliche Autorität und die Unterordnung der Frauen gesetzlich kodifiziert und institutionalisiert und durchdrangen die Ideen und Praktiken der Gesellschaft als Ganzes.

Die ursprüngliche materielle Grundlage für die Unterdrückung der Frau - die Erhaltung, Konsolidierung und Ausweitung von privatem Reichtum und Eigentum und dessen Weitergabe durch die patriarchalische Familie an legitime männliche Erben - ist natürlich für den größten Teil der Gesellschaft, zumindest in den fortgeschrittenen kapitalistischen Ländern, längst verschwunden, nicht aber die Unterdrückung. Sie hat natürlich ihre Form geändert, was Bindel jedoch weitgehend ignoriert. Es ist nicht mehr gesetzlich verankert, dass Männer ihre Frauen schlagen sollten, um sie in Schach zu halten; im Gegenteil, es wurden wichtige Gesetze erlassen, die nicht nur körperliche Misshandlung, sondern auch »Zwangskontrolle« unter Strafe stellen, und dennoch wird »Ehefrauen schlagen« weiterhin praktiziert.

Ideen über den Status der Frauen als Menschen zweiter Klasse sowie Doppelstandards und Stereotypen in Bezug auf weibliches und männliches Verhalten und Rollen sind seit Jahrtausenden tief in der Gesellschaft verankert. Dies hat dazu geführt, dass trotz bedeutender sozialer Veränderungen, insbesondere in den letzten Jahrzehnten, die zu positiven Verbesserungen der gesellschaftlichen Einstellungen, Erwartungen und der allgemeinen Situation von Frauen geführt haben, sexistische Ideen und Verhaltensweisen überlebt haben. Positive soziale Veränderungen werden durch ein krisengeschütteltes kapitalistisches Wirtschaftssystem behindert; ein System, das die aus früheren Klassengesellschaften übernommene Geschlechterungleichheit der patriarchalischen Familie und den Zweitklassen-Status der Frauen historisch in sein Gefüge integriert hat, indem es sie seinen wirtschaftlichen Interessen entsprechend anpasste und gestaltete. Deshalb sind der Kampf gegen Gewalt und Unterdrückung und der Kampf gegen den Kapitalismus eng miteinander verwoben.

Eine begrenzte Vision

Bindel schreibt jedoch nur über den Kampf der Frauen, sich vom Patriarchat zu befreien. Wie soll das erreicht werden? Sie kritisiert den so genannten »Gleichheitsfeminismus«, der sich darauf beschränkt, die gleichen Rechte wie die Männer zu erreichen: *»Der Feminismus sollte nicht nach einem gleichberechtigten Platz am Tisch streben, sondern vielmehr den Tisch in Stücke schlagen.«* Aber in Wirklichkeit unterscheidet sich das, was sie vorschlägt, was der Feminismus in der Praxis tun sollte, nicht so sehr vom Gleichheitsfeminismus oder »liberalen« Feminismus, der nicht danach strebt, bestehende soziale Strukturen umzustürzen, sondern Verbesserungen für Frauen innerhalb dieser Strukturen zu erreichen.

Der Feminismus sollte, so Bindel, die Gewalt gegen Frauen aufdecken, das Bewusstsein dafür schärfen und fordern, dass sie ernst genommen wird. Und es besteht kein Zweifel daran, dass Kampagnen eine Sensibilisierung bewirken können und auch bewirkt haben, dass bedeutende rechtliche Fortschritte erzielt wurden. Infolgedessen trauen sich viele Frauen eher, sexuelle Belästigung anzusprechen, oder sie sind sich bewusst, dass sie häusliche Gewalt nicht hinnehmen müssen. Allerdings müssen das gestiegene Bewusstsein und das Selbstvertrauen auch als Ergebnis längerfristiger sozioökonomischer Veränderungen betrachtet werden, insbesondere des verbesserten Zugangs von Frauen zu höherer Bildung und zur Teilnahme am Erwerbsleben.

Die Bewusstseinsbildung und die gesetzlichen Änderungen selbst stoßen jedoch an die Grenzen eines krisengeschüttelten kapitalistischen Systems. Die materiellen Ressourcen müssen vorhanden sein, damit die Frauen die Vorteile der Gesetzgebung voll ausschöpfen können. Es gibt beispielsweise viele emotionale und psychologische Faktoren, die es Frauen erschweren, eine missbräuchliche Beziehung zu verlassen, nicht zuletzt die Tatsache, dass sie oft gerade dann, wenn sie diese Entscheidung treffen, am meisten gefährdet sind, und diese Faktoren können alle Frauen betreffen, unabhängig von ihrem Hintergrund. Es besteht jedoch kein Zweifel daran, dass Frauen aus der Arbeiter*innenklasse und aus ethnischen Minderheiten einem besonderen Druck ausgesetzt sein können. Natürlich ist es eine positive Entwicklung, wenn Frauen sich bewusst sind, dass sie keine Schuld an dem haben, was ihnen widerfährt, und dass sie nicht im Stillen leiden müssen, aber das wird durch die Kürzungen und die Unterfinanzierung von Zufluchtsstätten, vor allem in den letzten zehn Jahren, die dazu führen, dass 60 % der Frauen abgewiesen werden sowie durch den gravierenden Mangel an erschwinglichen dauerhaften Mietverhältnissen, untergraben. Niedrige Löhne, unsichere Arbeitsverhältnisse und Teilzeitarbeit, Leistungskürzungen und unbezahlbare oder nicht verfügbare Kinderbetreuung können die Fähigkeit einer Frau, die wirtschaftliche Unabhängigkeit zu erlangen, die notwendig ist, um dem Missbrauch zu entkommen, ernsthaft beeinträchtigen.

Ebenso können Kampagnen gegen Frauenfeindlichkeit oder Belästigung von Frauen in der Öffentlichkeit nicht losgelöst von der Notwendigkeit gesehen werden, sich für eine bessere Straßenbeleuchtung und ein gut finanziertes öffentliches Verkehrssystem einzusetzen, das die Sicherheit von Frauen auf Reisen, insbesondere nachts, verbessern kann. Sexuelle Belästigung von Studentinnen an Universitäten ist weit verbreitet, aber die Vermarktlichung der Hochschulbildung hat dazu geführt, dass weniger Mittel für ihre Bekämpfung oder für die Unterstützung der weiblichen Opfer zur Verfügung stehen, während der Kampf gegen sexuelle Belästigung am Arbeitsplatz sehr viel schwieriger ist, wenn man an einem schlecht bezahlten, prekären, unorganisierten Arbeitsplatz arbeitet, an dem Anti-Belästigungsmaßnahmen nicht durchgesetzt werden - wenn es sie überhaupt gibt - und das Aussprechen des Problems den Verlust des Arbeitsplatzes bedeuten kann. Kürzungen und Sparmaßnahmen wirken sich auch negativ auf die Reaktion der Polizei auf häusliche Gewalt und Missbrauch sowie auf die Bereitschaft der Staatsanwaltschaft aus, Vergewaltigungsvorwürfe zu verfolgen. Natürlich spiegeln Polizei und Justiz auch die Klassen- und Geschlechterverhältnisse in der Gesellschaft sowie Rassismus und andere Vorurteile wider. Deshalb ist die Forderung nach einer demokratischen Kontrolle und Überwachung beider Bereiche durch die Arbeiter*innenklasse und die Gemeinschaft wichtig, ebenso wie der Kampf gegen die Sparmaßnahmen.

Die CADV beschränkte sich nicht nur auf die Sensibilisierung, den Kampf für gesetzliche Änderungen und für die Rechte von Frauen, die misshandelnde Partner getötet hatten, sondern setzte sich auch für die wirtschaftlichen Ressourcen ein, die erforderlich sind, um Frauen einen sicheren Ausstieg aus misshandelnden Beziehungen zu ermöglichen. Sie setzte sich dafür ein, dass die Gewerkschaften ihre Millionen Mitglieder mobilisierten, um sich an diesem Kampf zu beteiligen, und dass sie (erfolgreich) politische Maßnahmen gegen häusliche Gewalt verabschiedeten und das Thema am Arbeitsplatz aufgriffen - wo eine Frau immer noch von ihrem Missbraucher bedroht sein kann und wo sich der Missbrauch auf ihre Krankenakte, ihre Arbeitsleistung usw. auswirken kann, wodurch ihre Aussichten und sogar ihr Arbeitsplatz selbst gefährdet sind.

Dies war nicht der Ansatz von Justice for Women und denjenigen, die Julie Bindels Ansichten teilten. Sie argumentierten, dass Männer für die Gewalt gegen Frauen verantwortlich seien, dass die Gewerkschaften männerdominiert seien und dass daher eine Orientierung an ihnen nicht die richtige Strategie sei. Bindel schreibt zwar, dass Feminismus nicht nur für privilegierte Frauen sein darf und dass Frauen aus der Arbeiter*innenklasse sich Gehör verschaffen sollten, aber sie sagt nichts über die Beziehung zwischen Gewalt, Sexismus, Unterdrückung und wirtschaftlicher Ausbeutung und materiellen Ressourcen.

Die wichtigste Strategie, die Bindel zur Beendigung von Gewalt und anderen Formen der Unterdrückung vorschlägt, besteht für Feministinnen darin, *»die Macht und die Privilegien von Männern nicht nur im öffentlichen Bereich, sondern auch in ihren intimsten Beziehungen und in ihrem sexuellen Verhalten gegenüber Frauen in Frage zu* *stellen.«* Sexistische Einstellungen und Verhaltensweisen sollten sicherlich überall dort, wo sie auftreten, in Frage gestellt werden, aber es kommt darauf an, wie dies geschieht. Es ist sinnvoller, zu erklären, warum ein solches Verhalten inakzeptabel ist, als es einfach nur »auszurufen.« Alle Vorwürfe der Belästigung und des Missbrauchs sollten ernst genommen und gründlich untersucht werden, und wenn der Täter für schuldig befunden wird, sollten angemessene Maßnahmen ergriffen werden, sei es am Arbeitsplatz, in der Schule, an der Universität, in einer öffentlichen Einrichtung, im öffentlichen Raum oder auch in einer Gewerkschaft oder Arbeiter*innenorganisation, die selbst nicht hermetisch von den in der Gesellschaft vorherrschenden Einstellungen abgeschottet sind. Auch die schulische Aufklärung über Konsens, Geschlechterstereotypen, Vorurteile usw. kann eine gewisse Wirkung haben, wenngleich das, was gelehrt wird und von wem, demokratisch kontrolliert werden sollte, unter Einbeziehung der Gewerkschaften im Bildungsbereich.

Unterdrückung ist jedoch nicht nur ein Überbleibsel rückständiger Ideen aus früheren Gesellschaften, das einfach durch Erziehung und Infragestellung männlicher Einstellungen, durch eine Änderung der »Kultur« in der Gesellschaft oder gar durch die »Zerschlagung des Patriarchats« beseitigt werden kann. Die Ungleichheiten in Bezug auf Reichtum und Macht sind in die Strukturen, Institutionen und die Ideologie der kapitalistischen Gesellschaft eingewoben und werden durch sie verstärkt. Die Hauptnutznießer des anhaltenden Zweitklassen-Status der Frauen sind nicht die »Männer als Geschlechtsklasse«, sondern die Kapitalist*innenklasse. Die Tatsache, dass Männer immer noch in den Vorstandsetagen der großen Unternehmen oder in politischen Machtpositionen dominieren, ist selbst ein Spiegelbild dessen, wie die kapitalistische Gesellschaft die Ungleichheit zwischen den Geschlechtern aufrechterhält. Mehr weibliche Vorstandsvorsitzende werden nichts an der Tatsache ändern, dass ihre Priorität die Erzielung von Profiten ist, die aus der Ausbeutung von Arbeiter*innen aller Geschlechter resultieren, genauso wie prokapitalistische Politikerinnen letztlich die politische Macht im Namen derselben wirtschaftlichen Interessen ausüben.

Geschlechterungleichheit im Kapitalismus

Die aufstrebenden Kapitalisten des 19. Jahrhunderts waren in der Lage, die aus früheren Klassengesellschaften stammende mindere soziale Stellung der Frauen und ihre Verbindung mit dem Haushalt und den Betreuungsaufgaben auszunutzen, um sie zu niedrigeren Löhnen und schlechteren Bedingungen als Männer zu beschäftigen. Dies führte zu einer Spaltung zwischen männlichen und weiblichen Arbeiter*innen, die ausgenutzt werden konnte, um den Kampf aller Arbeiter*innen für die Verbesserung ihrer Arbeits- und Lebensbedingungen und gegen das kapitalistische System insgesamt zu schwächen.

In ähnlicher Weise profitieren die Unternehmer*innen heute wirtschaftlich von der Tatsache, dass Frauen immer noch die Hauptverantwortlichen für die Kindererziehung und die Pflege von Familienmitgliedern sind, indem sie sie in »flexiblen« Teilzeitbeschäftigungen in Sektoren mit schlechten Löhnen und Arbeitsbedingungen einsetzen, die ihrerseits auf die historischen Geschlechterrollen und die Segregation der Arbeitsplätze zurückzuführen sind. Und die unbezahlte Arbeit, die von Frauen in der Familie geleistet wird, in den meisten Fällen zusätzlich zur bezahlten Arbeit außerhalb oder - seit Covid - zunehmend innerhalb des Hauses, spart dem kapitalistischen System insgesamt Milliarden, die sonst für öffentliche Dienstleistungen wie den Ausbau der Kinderbetreuung, die soziale Betreuung älterer und behinderter Menschen oder für höhere Löhne ausgegeben werden müssten, damit diese Dienstleistungen privat auf dem Markt gekauft werden können.

Dies ist nicht unbedingt eine bewusste Strategie: Obwohl Rechtspopulist*innen in einigen Ländern natürlich opportunistisch Angriffe auf den Feminismus und die Rechte der Frauen nutzen, um sexistische und frauenfeindliche Einstellungen heranzuziehen und eine soziale Basis unter einer Schicht aufzubauen, die wirtschaftlich gelitten hat und sich von der etablierten Politik politisch entfremdet fühlt. Es gibt jedoch keine »patriarchalische Verschwörung«, bei der sich Männer treffen, um die »Regeln der Weiblichkeit« aufzuerlegen, wie Bindel und viele andere Feministinnen unterstellen. Die Kapitalist*innenklasse, die selbst in Fraktionen gespalten ist, nutzt lediglich die bestehenden strukturellen Ungleichheiten und die Ideologie zu ihrem eigenen wirtschaftlichen und politischen Vorteil aus, was wiederum zu Spannungen und widersprüchlichen Prozessen führen kann. In einer Situation jedoch, in der die kapitalistischen Profite durch die Widersprüche und die Krise ihres eigenen Wirtschaftssystems ständig untergraben werden, wird der Druck der Kapitalist*innen, Steuern zu senken, weitere Kürzungen der öffentlichen Ausgaben und Privatisierungen immer stärker werden, was die Ungleichheit zwischen den Geschlechtern, die der Gewalt und dem Missbrauch zugrunde liegt, noch verschärft, aber auch die Bedingungen für Radikalisierung und Widerstand schafft.

Alle Aspekte der kapitalistischen Gesellschaft spiegeln und formen bestehende soziale Normen darüber, wie

Männer und Frauen aussehen und sich verhalten sollten. Im Alter von vier Jahren haben Kinder bereits feste Vorstellungen davon, was diese geschlechtsspezifischen Erwartungen sind. Das Großkapital kontrolliert den größten Teil der Medien und der Werbung. Die Schönheits-, Freizeit- und Modeindustrie propagiert ein unrealisierbares Ziel, wie wir aussehen sollten, um ihre Produkte zur »Selbstverbesserung« zu verkaufen, und verstärkt so die Vorstellung, dass unser Äußeres das Wichtigste an uns ist. Stark geschlechtsspezifische Spielzeuge säumen noch immer die Gänge der Geschäfte. Die zunehmende »sexuelle Befreiung« der Frauen wird zu einer Ware gemacht und uns als sexuelle Verfügbarkeit verkauft. In ihrer extremsten Form normalisiert die Pornoindustrie die gewalttätige Objektivierung von Frauen. Der Kampf gegen eine »Kultur«, die Frauen auf diese Weise abwertet, objektiviert und zur Ware macht, kann nicht vom Kampf gegen das kapitalistische Eigentum und die Kontrolle der großen Unternehmen, die die Wirtschaft und das Profitsystem insgesamt beherrschen, getrennt werden.

Da Bindels ahistorisches Verständnis der Frauenunterdrückung - das auch heute noch von vielen Feministinnen geteilt wird - diese im »Patriarchat« verortet, das von den Klassenstrukturen und -interessen der kapitalistischen Gesellschaft abgekoppelt ist, sieht sie keinen wirklichen Platz für Männer im Kampf gegen diese Unterdrückung. Sie legt zwar ein Lippenbekenntnis zu männlichen »Verbündeten« ab, aber das wird durch Aussagen wie »warum sollten wir Männer in einer Bewegung brauchen, deren Hauptziel es ist, ihnen ihre patriarchalische Macht zu nehmen« und »wir haben gelernt, dass Männer niemals in unserem Interesse handeln werden« negiert.

Einigkeit der Arbeiter*innen für einen Systemwechsel

Autonome Frauenbewegungen hatten in der Vergangenheit und können auch heute noch einen wichtigen Einfluss auf die Veränderung von Einstellungen und Gesetzen haben, können aber allein die kapitalistischen Strukturen, die die Ungleichheit und Unterdrückung der Geschlechter untermauern und verstärken, nicht grundlegend in Frage stellen. Selbst die alltäglichen Kämpfe gegen Belästigung, für Gesetzesänderungen und materielle Verbesserungen der Situation von Frauen werden massiv gestärkt, wenn sie die vereinte Kraft von Arbeiter*innen aller Geschlechter mobilisieren können, die in den Gewerkschaften und den Organisationen der Arbeiter*innenklasse und den sozialen Bewegungen organisiert sind, und durch Kämpfe wie diese kann das Bewusstsein für die Notwendigkeit eines umfassenderen systemischen Wandels wachsen. Der Kampf zum Sturz des Kapitalismus und damit zur Schaffung der wirtschaftlichen und sozialen Grundlage für die Beseitigung der Unterdrückung von Frauen und aller anderen Formen der Unterdrückung kann jedoch nur geführt werden, wenn im Zentrum dieses Kampfes die Klasse steht, die ein materielles Interesse an der Beendigung der kapitalistischen Ausbeutung aus Profitgründen hat - die Arbeiter*innenklasse.

Das bedeutet, dass jede Kampagne zur Bekämpfung der Unterdrückung nicht nur auf die Gewerkschaften und die Arbeitsplätze ausgerichtet sein sollte, sondern Forderungen erheben sollte, die weibliche und männliche Arbeiter*innen vereinen können, und solche ablehnen sollte, die zu einer Spaltung führen. Während beispielsweise Verweise auf »männliche Privilegien« oder »männliche Gewalt«

oder die Förderung von Frauen in Macht- und Führungspositionen unabhängig von ihrem politischen Programm harmlos oder sogar fortschrittlich erscheinen mögen, legen sie in Wirklichkeit fälschlicherweise den Schwerpunkt allein auf das Geschlecht und lenken die Aufmerksamkeit von strukturellen Ungleichheiten und den für deren Beseitigung erforderlichen Maßnahmen und Strategien ab. Darüber hinaus können sie geschlechtsspezifische Spaltungen verstärken und genau die Einheit der Arbeiter*innenklasse untergraben, die notwendig ist, um systemische Veränderungen zu erreichen.

Eines der Merkmale der jüngsten Bewegungen in Großbritannien und auf der ganzen Welt, die sich gegen die Unterdrückung der Geschlechter richten, ist die Offenheit insbesondere junger Frauen gegenüber der Teilnahme von Männern an Protesten, Demonstrationen und Organisationstreffen sowie der Versuch, die verschiedenen Aspekte der Ungleichheit zwischen den Geschlechtern, der *Rasse* und der Klasse sowie allgemeinere Ungerechtigkeiten wie staatliche Unterdrückung miteinander zu verbinden. Bindel sieht dies als eine überwiegend negative Entwicklung, die den Feminismus *»verwässert«* und *»sich verbiegt, um den Rechten und Gefühlen der Männer entgegenzukommen.« »Der Feminismus«*, schreibt sie, *»ist die einzige Bewegung für soziale Gerechtigkeit auf der Welt, die allen anderen Themen Vorrang vor ihrem eigenen Ziel einräumt: der Befreiung der Frauen.«* In Wirklichkeit sind kollektive soziale Kämpfe und der instinktive Wunsch nach Einheit und einer Ausweitung dieser Kämpfe, den viele Demonstrant*innen gezeigt haben, ein positiver Schritt nach vorn. Dies gilt insbesondere vor dem Hintergrund der »postfeministischen« Ideen mit ihrer Betonung der individuellen Selbstverbesserung und des individuellen Aufstiegs, die von den späten 1980er Jahren bis in die ersten Jahre des neuen Jahrhunderts vorherrschten und mit der Dominanz neoliberaler wirtschaftlicher Ideen zusammenfielen, die auch die Gewerkschaften und die Labour Party durchdrangen, insbesondere nach dem Zusammenbruch des Stalinismus in den Ostblockländern ab 1989.

In der neuen Ära nach der Großen Rezession und jetzt nach der Covid-Krise ist das Potenzial für diejenigen, die sich in sozialen Kämpfen engagieren, gewachsen, ein breiteres antikapitalistisches Verständnis zu entwickeln, obwohl dies kein unvermeidlicher Prozess ist. Für viele Frauen aus der Arbeiter*innenklasse, die auf die Straße gegangen sind, rührt ihr »intersektioneller« Ansatz von ihrer doppelten Unterdrückung als Frauen und als Arbeiterinnen her, und ein Verständnis für die Verbindung zwischen *Rasse* und Klasse wurde besonders bei den Black-Lives-Matter-Protesten der Arbeiter*innenklasse deutlich, die nach dem Tod von George Floyd in den USA in Großbritannien ausbrachen. Doch die an den Universitäten vorherrschenden Theorien der »Intersektionalität«, die auch in dieser neuen Welle sozialer Bewegungen aufgetaucht sind, betrachten die Klasse nur als eine in einer langen Liste von Unterdrückungen und die Arbeiter*innen nur als eine mögliche »Akteurin« für Veränderungen, ohne zu verstehen, dass die Klassengesellschaft die Wurzel aller Unterdrückungen ist und dass die Arbeiter*innenklasse eine zentrale Rolle im Kampf für deren Beseitigung spielt. Der wichtigste Weg, um das Bewusstsein zu schärfen und Einstellungen zu ändern, ist der Prozess des Kampfes selbst, etwas, wovon Bindel keine Vorstellung hat. Bewusstseinsveränderungen können jedoch beschleunigt und in die richtige Richtung gelenkt werden, wenn politische Organisationen mit einem Programm eingreifen, das die Verbindung zwischen Kämpfen um spezifische Themen und dem umfassenderen Kampf zur Beendigung des Kapitalismus herstellt und erklärt, wie dies erreicht werden kann.

Neue Ära, neue Bewegungen

In einer Situation, in der sich der kollektive Kampf der Arbeiter*innenklasse seit vielen Jahren auf einem historisch niedrigen Niveau befindet, ist es verständlich, dass seine zentrale Rolle bei der Beendigung der Unterdrückung von vielen der jungen Frauen und Männer, die in letzter Zeit zu Fragen spezifischer Unterdrückung mobilisiert wurden, nicht ohne weiteres verstanden wird. Der kollektive Kampf ist eindeutig nicht mehr auf dem Niveau der 1970er Jahre, an die Rowbotham in ihrem Buch erinnert, als die Gewerkschaften durch die nie wiederkehrenden wirtschaftlichen Bedingungen des Nachkriegsbooms gestärkt wurden. Die wachsende und oft erbitterte Militanz am Arbeitsplatz während der Pandemie und die Wahl von Gewerkschaftsführer*innen wie Sharon Graham in der Unite - die gewählt wurde, weil sie als Klassenkämpferin gilt und nicht wegen ihres Geschlechts - haben jedoch einen Eindruck von der potenziellen Macht der Gewerkschaften vermittelt, davon, wie sie gestärkt und als kämpferische Organisationen wieder aufgebaut werden können, und auch davon, wie eine neue kollektive politische Stimme für die Arbeiter*innenklasse entstehen kann. Und in der instabilen, krisenhaften und turbulenten Zeit nach der Pandemie wird diese Militanz wahrscheinlich weiter zunehmen.

Gleichzeitig werden angesichts der anhaltenden Unterdrückung von Frauen Themen wie häusliche Gewalt, Vergewaltigung, sexuelle Belästigung usw. weiterhin potenzielle »Brennpunkte« sein, an denen Bewegungen ausbrechen können. Dabei kann es sich um einzelne Proteste handeln, die auftauchen und dann wieder abklingen, oder sie können sich ausweiten, besser organisiert und strukturiert werden und länger andauern. Unabhängig davon, welche Form sie annehmen, wird mit der Zunahme der Kämpfe am Arbeitsplatz und der Tatsache, dass Frauen - die Hälfte der Beschäftigten und die Mehrheit der Gewerkschaften - eine noch größere Rolle spielen als in den 1970er Jahren, die Beziehung zwischen den Bewegungen und Anliegen im Zusammenhang mit Unterdrückung und den Arbeiter*innenorganisationen gestärkt, und die zentrale Rolle der Arbeiter*innenklasse im Kampf für die Beendigung geschlechtsspezifischer Gewalt und jeglicher Unterdrückung durch die Ersetzung des Kapitalismus durch eine sozialistische Gesellschaft wird viel deutlicher werden.

Ausgewählte Titel des Manifest Verlags

Gerda Lerner: Die Entstehung des Patriarchats
ISBN 978-3-96156-124-7, 16,90 Euro

Friedrich Engels: Der Ursprung der Familie, des Privateigentums und des Staates
ISBN 978-3-96156-097-4, 11,90 Euro

Friedrich Engels: Die Lage der arbeitenden Klasse in England
ISBN 978-3-96156-104-9, 12,90 Euro

Friedrich Engels: Entwicklung des Sozialismus von der Utopie zur Wissenschaft
ISBN 978-3-96156-028-8, 4,00 Euro

Wolfram Klein: Rosa Luxemburg. Ihre politischen Ideen.
ISBN 978-3-96156-089-9, 14,90 Euro

Karl Kautsky: Der Ursprung des Christentums
ISBN 978-3-96156-113-1, 14,90 Euro

August Bebel: Die Frau und der Sozialismus
ISBN 978-3-96156-044-8, 16,90 Euro

Steve Hollasky: Frei & Gleich. Die Menschen im Urkommunismus.
ISBN 978-3-96156-107-0, 11,90 Euro

Gert Brantenberg: Die Töchter Egalias. Ein Roman über den Kampf der Geschlecher
ISBN 978-3-96156-112-4, 13,90 Euro